BIO 기업 위기관리

이 재 은

도서출판 대영문화사

머리말

개인과 조직은 위기로부터 자유로울 수 없다. 우리는 일상을 언제나 크고 작은 위기로부터 위협을 받으며 살아가고, 우리의 삶은 항상 위험과 함께 살아간다. 인류는 탄생한 이후부터 지금까지 단 한순간도 위기가 없는 안전한 상황에서 살아온 적이 없다. 우리 인류는 언제나 위기를 극복하고 관리하면서 위험과 안전의 경계선상에서 살아가고 있는 것이다.

사람이 모여 공동의 목적을 효율적으로 달성하기 위해 만든 조직 또한 다양한 유형의 위기를 극복하기 위해 노력하고 있다. 조직은 특정한 공동의 목적을 달성하기 위해 상호 협력적인 시스템을 구축하여 외부 환경과 상호작용하는 하나의 사회적 단위라고 정의할 수 있다. 조직의 목적은 조직이 추구하는 이념이나 사상, 철학에 따라 매우 다양하지만, 궁극적으로 조직이 추구하는 목적은 행복한 삶을 추구하는 것이라고 할 수 있다.

기업, 정부, 비영리, 비정부, 친목, 학교, 군대 등 헤아릴 수 없을 정도로 많은 조직이 인류사회를 구성하고 있는데, 이들 조직이 존재하는 궁극적인 이유는 인간의 존엄성, 인간의 생명, 인간의 근본적 권리를 존중하고 구현하기 위한 것이라고 할 수 있다.

위기는 그 대상이 개인이든, 기업이든, 정부든 상관없이 발생할 수 있다. 바이오기업도 예외는 아니다. 특히 미래 사회는 다양한 바이오산업이 주축이 되는 바이오시대로 정의할 수 있다.

그러므로 바이오기업 위기관리는 바이오경제 시대에서 바이오기술 관련 기업이 직면할 수 있는 다양한 유형의 위험과 위기 상황을 예방, 대비, 대응, 회복하는 과정이라고 정의할 수 있다. 이는 바이오기업에서 연구개발(R&D)의 실패, 윤리적 문제의 발생, 규제 강화와 같은 바이오 환경의 변화, 제품의 리콜, 경기 변동의 영향, 공중보건 위기의 발생 등 다양한 유형의 위기가 발생할 때 이를 체계적으로 관리하는 것이다. 따라서 바이오기업의 위기관리 전략은 위기가 발생하기 전에 미리 계획을 수립하고, 위기가 발생한 경우 신속하고 효과적인 대응을 통해 기업의 손실을 최소화하며 브랜드 및 회사 이미지를 보호하기 위해 사전에 대비하는 데 중점을 둔다. 바이오기업의 위기관리는 기업의 재무, 운영, 기술, 법, 윤리 등 다양한 측면에서 기업의 지속가능성과 성장을 지원하는 기반이자 토대로 작용한다.

좀더 구체적으로 살펴보면, 바이오기술은 생물학적 과정, 유기체, 세포, 또는 생체 분자를 이용하여 제품을 만들거나 수정하는 기술이라고 이해할 수 있다. UN에서는 바이오기술을 생물학 시스템, 생명 유기체, 또는 파생물을 이용하여 특정 사용을 위해 제품이나 프로세스를 만들거나 변형하는 기술적 응용이라고 정의한다. 바이오기술은 의학, 농업, 산업, 환경보호 등 다양한 분야에 적용될 수 있는데, 의학 분야에서는 유전자 편집 기술을 통한 질병 치료나 백신 개발, 농업 분야에서는 작물의 수확량을 높이고 병해충에 강한 품종을 개발하는 등에 사용된다. 산업 분야에서는 생물학적 공정을 통한 화학물질의 생산 및 폐기물 처리에 활용할 수 있으며, 환경보호를 위해 오염 물질을 분해하거나 제거하는 데 이용될 수 있다. 궁극적으로 바이오기술은 생명 과학의 이해를 바탕으로 혁신적인 솔루션을 제공하여 인류의 삶의 질과 행복을 향상시키는 데 기여하는 것이다. 이는 결국 인간의 존엄성, 인간의 생명, 인간의 근본적 권리를 존중하고 구현하는 데 기여한다.

이러한 논의를 배경으로 하여 바이오산업이 주축이 되는 바이오경제 시대로의 진입과 함께 다가올 수많은 위기를 관리할 필요성이 그 어느 때보다 큰 것이 현실이다. 이러한 배경에서 「바이오기업 위기관리론」을 집필하게 되었다.

이 책은 크게 4개의 Part로 구성되어 있다. Part1에서는 가장 먼저 위기관리란 무엇인지, 위기관리의 성격, 위기관리의 과정, 위기관리의 의사결정 등 위기관리의 기초적인 내용들을 살펴본다.

Part2에서는 기업 위기관리가 무엇인지, 기업을 위협하는 요인은 무엇인지, 기업 위기관리의 변수와 모형, 업무 연속성 계획 등을 살펴본다.

Part3에서는 기업 중에서도 바이오기업을 중심으로 한 위기관리를 살펴본다. 바이오경제와 위기, 바이오기업 위기관리, 바이오기업의 취약성을 위협하는 위기는 무엇인지, 바이오기업의 위기를 관리하기 위한 커뮤니케이션에 대해 살펴본다.

Part4에서는 바이오기업에 취약성을 가져오거나 취약성을 위협하는 위기에는 어떤 것들이 있는지 살펴본다. 예를 들면, 바이오기업에서 발생할 수 있는 안전 사고와 공중보건 위기, 바이오기업의 운영 과정에서 발생하는 재정 위기, 경영 위기, 법적 위기, 바이오기업의 평판 위기, 오너 위기, 소비자 불매운동 위기, 첨단 바이오기업의 내부 정보 유출과 사이버 공격 위기, 그리고 바이오기업의 재난, 산업재해, 중대시민재해 위기 등을 살펴본다.

바이오와 관련된 생명윤리 분야는 국가 위기관리의 중요한 학문적 분야라고 할 수 있다. 생명윤리가 우리 사회의 절대적 가치인 인간의 존엄성을 바탕으로 하고 있으나, 생명과학기술은, 그러한 윤리성에 대한 사회적 합의 없이, 무제한적인 연구의 자유로 인해 오히려 재앙이 될 가능성이 크기 때문이다. 생명과학기술은 인간의 배아, 세포, 유전자 등을 대상으로 생명현상을 규명하고 활용하는 과학과 기술을 말한다고 볼 수 있다. 특히 오늘날에 국가 위기 개념이 급속도로 확대되고 국가적으로 생명윤리 문제가 중요한 사회적 의제로 떠오르고 있어서 생명윤리는 생활 위기로서 국가 위기관리의 중요한 분야로 자리매김되는 것이다.

이러한 맥락에서 바이오기업 위기관리는 바이오 분야의 전문가들만 관심을 갖는 학문 분야라고 하기 보다는 위기관리, 생명윤리, 생활안전, 재난, 기업 경영 등 정부와 다양한 정책 분야의 전문가들이 함께 고민하고 관리하며 극복하기 위해 공동의 노력을 기울여야 하는 분야인 것이다.

이 책을 집필하기까지 많은 망설임이 있었다. 행정학자로서 공공의 영역에서만 연구를 해온 저자가 기업과 관련된 위기관리 책을 집필하는 것이 적절한지를 많이 고민했다. 그 과정에서 충북대학교 경영학부의 김지대교수님은 바이오기업 위기관리는 경영학을 연구하거나 바이오 분야를 연구해 온 전문가보다는 위기관리를 전공한 전문가들만이 집필 가능한 책이라고 여러 차례 격려와 지원을 해 주셨다. 그 덕분에 용기를 갖고 수많은 선행연구들을 준비하고 정리하는 과정에서 저자는 공공 분야의 위기, 재난, 위험, 안전보다도 민간 분야에서 훨씬 더 다양하고 복잡하며 융합적인 새로운 유형의 위기들이 발생하고 있고, 이에 대한 학문적 연구가 필요하다는 사실을 깨닫게 되었다. 이제 위기관리 학자들은 공공 분야의 위기와 함께 민간 분야의 위기도 연구할 필요가 있다. 민간 분야의 위기를 관리하지 못하는 경우 그 위기가 공공 분야의 위기로 전환될 수 있기 때문이다. 바이오기업의 위기를 관리하지 못하면 자칫 COVID-19와 같은 팬데믹 위기가 일반 국민의 생명과 건강, 재산 등을 위협하는 공공 위기로 전환될 수 있다. 저자는 위기는 그 본질적 속성상 공공 분야와 민간 분야를 구분하지 않는다는 사실을 인식하게 되었다.

그동안 공공분야에서 발생하는 국가 위기를 함께 연구해온 충북대학교 국가 위기관리연구소의 권설아, 박현수, 최준호, 구주영 센터장, 김지은 팀장과 바쁜 연구 일정 속에서도 원고를 읽고 교정을 해 주신 선문대학교 이주호 교수에게도 감사드린다.

끝으로 이 책은 대영문화사의 임현진 부장님의 독려와 재촉이 없었으면 세상에 나오지 못했을 것이다. 바이오기업 위기관리라는 교과목이 모든 대학에서 개설된 것은 아니기에 교재로 사용할 수 없음에도 불구하고 이 책의 출판을 허락해주신 데 대해 이 자리를 빌려 감사의 말씀을 드린다. 특히, 많은 부분에서 부족함이 많은 저자의 원고를 지난 22년 이상 애정을 갖고 격려해주시고 후원을 아끼지 않으시는 대영문화사의 임춘환 대표님께 진심으로 감사와 존경의 말씀을 드린다.

2024년 11월

교토에서 저자 씀

O

차례

01
PART

위기관리의 기초

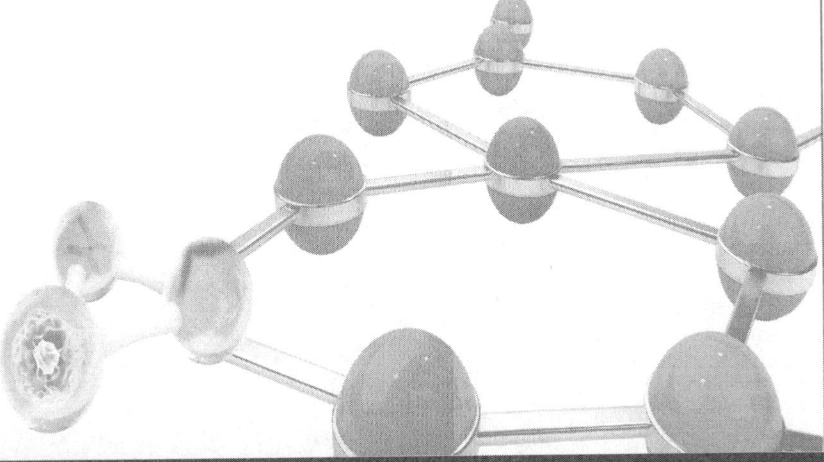

CHAPTER

01 위기관리란 무엇인가?

제1절 위기관리의 의의

1 위기관리의 정의

위기관리는 '인간의 존엄성을 존중하고 구현하기 위해 노력하는 과정'으로 정의될 수 있다(이재은, 2018: 21). 이같은 정의는 인간으로 태어난 이상 모든 사람이 존중받을 권리가 있음을 전제로 하는 것이며, 이는 위기관리학의 학문적 연구의 기본 출발점이 된다. 그러므로 위기관리학(Crisisonomy)은 '인간은 태어난 그 자체로서 존중받아야 한다'는 인류사회의 보편적 가치를 수용하고 존중한다. 이러한 위기관리학의 학문적 전제는 공적 영역인 국가와 시민 공동체뿐만 아니라 사적 영역인 개인과 민간 기업에도 적용되는 것으로서, 인간의 생명, 건강, 안전을 위협하는 요소들을 관리하는 것을 목표로 한다. 이를 통해 인류는 스스로 위기 상황에서도 인간의 존엄성을 존중받고 있음을 인식하게 된다. 특히, 바이오기업을 포함한 시장 영역의 행위 주체인 기업 역시 인간의 존엄성을 존중하기 위한 가치를 생산하고 개선하기 위한 조직이자 공동체로서 존재의 의의를 지닌다.

그러므로 개인은 물론이고 기업, 비영리 조직, 비정부 조직, 지역 공동체, 국가 공동체는 모두 궁극적으로 인간의 존엄성, 인간의 생명, 인간의 근본적 권리라는 인류사회의 보편적 가치(universal value)를 존중하고 구현하기 위해 존재한다고 볼 수 있다. 이는 인간이 각종 위협으로부터 안전하게 살아갈 권리, 즉 안전권(safety right)이 보장될 때 비로소 현재의 삶을 풍요롭게 하고, 미래에 대한 희망을 꿈꾸며, 스스로를 존중할 수 있는 토대가 마련되기 때문이다. 따라서 위기관리는 개인으로서 뿐만 아니라 모든 유형의 조직과 공동체에서 생활하는 인간의 기본적 권리인 생명권, 자유권, 행복추구권, 안전권 등을 보장하기 위한 과정이다.

세계인권선언문 제1조, 1948

"모든 인간은 존엄성과 권리 안에서 자유롭고 평등하다...
모든 인간은 서로를 형제애의 마음으로 대해야 한다."

인권 개념의 핵심은 모든 사람의 인간 존엄성을 보호하고자 하는 것으로, 이것은 인간을 관심의 중심에 둔다. 이것은 삶의 존엄성에 기여하는 공통 보편의 가치 시스템에 기초를 둔다. 그리고 국제적으로 용인된 규범과 기준에 의해 보호되는 인권 시스템을 구축하기 위한 프레임을 만드는 것이다. 20세기를 지나는 동안, 인권은 도덕적, 정치적, 그리고 법률적 체계로 진화해 왔다. 그리고 공포로부터 해방, 결핍으로부터 해방된 세상으로 발전시키기 위한 가이드라인으로서 진화되었다. 21세기에 들어서는 인권을 알리고 이해시키는 것, 그리고 이것을 가치 있게 만드는 것이 그 어느 때보다 중요하다.

위기는 인류사회의 공동체를 구성하고 있는 개인, 기업, 정부, 비영리 및 비정부 조직, 국가 등 모든 수준에서 매우 다양한 형태로 발생한다. 일부 위기는 서서히 진행되어 장기적으로 악화되는 반면에, 다른 위기는 급속히 진행되어 매우 짧은 순간에 대단히 큰 피해를 가져오기도 한다. 어떤 위기들은 아주 오래된 과거에 뿌리를 두고 구조적으로 진행되는 반면에, 어떤 위기는 특정한 환경과 상황 조건에서 우연히 발생한다.

위기가 발생하는 원인이 조직이나 공동체의 내부적인 차원에 있을 수 있는 반면에, 위기 발생의 원인이 외부 환경이나 상황에 기인할 수도 있다. 또한 위기는 정치, 경제, 사회, 문화 체계별로 발생할 수 있다. 예를 들면, 1929년 주식시장 붕괴로 인한 대공황, 라틴 아메리카 국가들의 만성적 부채 위기, 1997년 한국의 외환 위기, 2008년 금융 위기 등은 경제 위기의 사례이다. 정치적 위기는 이란, 러시아, 프랑스, 중국 등의 혁명과 전쟁에서 나타나며, 환경 위기는 지구온난화, 기후 변화, 체르노빌 재앙 등에서 찾아볼 수 있다. 또한, 허리케인 카트리나로 인한 뉴올리언스 위기, 일본 후쿠시마 원자로 용해 사태 등 다양한 유형의 위기가 발생한다.

바이오와 관련된 생명윤리 분야는 그 규범적 성격의 상이함에도 불구하고 윤리가 법의 영역으로 쉽게 진입할 수 있는 분야라고 할 수 있다. 그것은 생명윤리가 우리 사회의 절대적 가치인 인간존엄성을 바탕으로 하고 있고, 생명과학기술은 그러한 윤리성에 대한 사회적 합의 없이 무제한적인 연구의 자유로 인해 오히려 재앙으로 변화할 가능성이 존재하기 때문이다. 생명과학기술이라 함은 인간의 배아, 세포, 유전자 등을 대상으로 생명현상을 규명하고 활용하는 과학과 기술을 말한다. 특히 오늘날에 국가 위기 개념이 급속도로 확대되고 국가적으로 생명윤리 문제가 중요한 사회적 의제로 떠오르고 있어서 생명윤리는 생활 위기로서 국가 위기관리의 중요한 분야로 자리매김했다(류화신, 2009: 1).

이처럼 위기는 심각한 위협, 불확실성, 긴급성을 수반하며, 계획을 뒤흔들고 연속성을 방해하며 공동체와 인간의 삶을 마비시키기도 한다. 대부분의 위기는 개인의 삶은 물론 기업, 조직, 국가에게 역사적 흔적을 남길 만큼 중요한 사건이다. 이는 과거와 현재를 구별하는 기준점이 되기도 하며, 재난, 납치, 폭동, 혁명과 같은 사건에 연루된 사람들에게 잊을 수 없는 기억을 남기기도 한다(Farazmand, 2014: 3).

2 위기관리의 필요성

1) 개인의 위기관리 필요성

첫째, 개인에게는 무엇보다도 자신의 생명과 신체, 그리고 정신을 안전하게 보호하는 것이 가장 중요하다. 개인이 살아가는 삶은 수많은 위협요인들로 이루어져 있다고 해도 과언이 아니다. 집안에서도 화재, 범죄, 낙상 등 생활 안전을 위협하는 위기가 있고, 경제 활동을 통한 파산, 신용불량은 물론이고 집 밖으로 나가는 순간부터 묻지마 살인사건과 같은 범죄나 자살, 차량 추돌사고 등 예측하기 어려울 정도로 많은 위기가 있다. 그러므로 개인은 위기 상황에서 자신의 생명과 안전을 보호하기 위해 사전에 준비하고 대비해야 한다. 화재나 자연재난, 범죄 등 다양한 위기 상황에 대한 대처 방법을 알고 준비함으로써 생명과 안전을 지킬 수 있다.

둘째, 개인은 심리적 안정을 유지하면서 살아가야 하는데, 위기 상황은 큰 스트레스와 불안을 초래한다. 따라서 사전에 위기관리 계획을 세우고 대비함으로써 심리적 안정을 유지하여 위기 상황에서 침착하게 대처할 수 있는 능력을 키우는 것이 필요하다.

셋째, 개인은 자신은 물론 가족의 삶을 영위하기 위해 재산이 절대적으로 필요하다. 그런데 위기는 개인과 가족의 재산에 큰 피해를 줄 수 있다. 자연재난으로 인한 차량이나 주택의 파손, 재산의 도난, 농경지 유실 및 매몰, 축사 붕괴와 같은 다양한 재산의 손실이 발생함으로써 경제적으로 큰 손실을 입을 수 있다. 그러므로 위기관리를 통해 재산을 보호하고, 위기 발생 시 재산 손실을 최소화하기 위해 노력해야 한다.

넷째, 개인은 일상생활의 자연스러운 연속성을 유지하는 것이 필요한데, 위기 상황은 개인의 일상생활을 중단시키고 혼란을 초래할 수 있다. 자연재난이나 감염병, 질병, 인적재난 등으로 인해 일상의 생활이 갑작스럽게 중단될 수 있기 때문에 위기관리를 통해 예방 및 대비 조치를 취함으로써 위기 상황에서도 생명윤리를 준수하고 일상생활을 최대한 유지하고 회복할 수 있는 능력을 키우는 것이 필요하다.

2) 기업의 위기관리 필요성

첫째, 기업은 수익을 지속적으로 창출하기 위해서 업무의 연속성을 확보하는 것이 가장 중요하기 때문에 다양한 위기 상황에서 핵심 업무 기능을 유지하는 것이 필수적이다. 그러므로 기업 위기관리는 중단 없는 업무 연속성(business continuity)을 확보하고, 최악의 위기 상황에서도 최소한의 운영을 유지해 나갈 수 있는 계획을 마련해야 한다.

둘째, 기업은 영업 및 업무 활동에서 발생할 수 있는 재정적 손실을 최소화해야 한다. 기업이 추구하는 목표를 달성하기 위한 활동 과정에서 발생하는 위기는 물론이고 전혀 예상하지 못한 해외 국가들 사이의 전쟁이나 화산 폭발, 허리케인, 지진 등과 같은 자연재난으로 인해 야기된 공급망 위기나 수송로 중단과 같은 다양한 위기 상황은 기업에 막대한 재정적 손실을 초래할 수 있다. 자연재난, 사이버 공격, 공급망 중단 등 다양한 위기는 기업의 수익성과 재정 안정성에 큰 영향을 미치기 때문에 기업은 위기관리를 통해 이러한 손실을 사전에 예방하거나 최소화하고 신속한 회복을 가능하게 하는 것이 필요하다.

셋째, 기업은 브랜드 상품은 물론 기업 본연의 평판을 보호하는 것이 필요하다. 위기 상황에 닥쳤을 때 기업이 위기에 대응하는 방식은 기업의 평판에 직접적인 영향을 미친다. 적절하고 신속한 위기 대응은 내부 및 외부 고객, 기업에 대한 우호적인 투자자, 협력 회사 등의 신뢰를 유지하고 강화하는 데 중요하다. 반면, 기업이 위기 상황에 부적절하게 대응하면 이는 기업과 상품의 평판에 심각한 타격을 주어 매출이나 이익 감소, 소비자 만족도 저하, 주주 불만 등을 가져와 심각한 피해를 입을 수 있다.

넷째, 기업은 법적 규정이나 정부의 규제를 준수하는 것이 필요하다. 기업이 본연의 업무 활동이나 제품의 제조, 서비스의 제공 등에 있어서 법적 규정이나 규제를 준수하지 않는 경우에는 손실의 발생은 물론 기업의 존립 자체가 위험해질 수 있다. 특히, 위기 상황에서는 위기관리를 통해 기업은 법적 책임을 다하고, 정부의 규제 기관이 요구하는 내용을 충족시키는 것이 필요하다.

다섯째, 기업은 외부의 고객뿐만 아니라 내부 직원의 안전과 사기, 동기부여를 유지하는 것이 필요하다. 특히, 화재나 재난 상황은 물론 해외 현지에서의 인질 납치나 사고 등의 위기 상황에서 직원의 안전을 보장하는 것은 기업이 수행해야만 하는 중요한 책임이다. 그러므로 기업은 위기관리를 통해 고객과 직원의 안전을 보호하고, 위기 상황에서도 사기를 유지할 수 있도록 책임을 다하는 것이 필요하다.

여섯째, 기업은 언제 발생할지 예측할 수 없는 위험을 관리하고 회복력을 강화해야 한다. 이를 위해 기업은 위기관리를 통해 위험관리 프로세스를 강화하고, 위기 상황에서 회복탄력성(resilience)을 높이기 위해 최선의 노력을 기울여야 한다. 이는 기업으로 하여금 다양한 위험을 사전에 식별하고, 이를 효과적으로 관리할 수 있는 능력을 갖추게 한다. 특히, 고객의 신뢰를 유지하는데 게울리해서는 안 된다. 고객은 신뢰할 수 있는 기업과 거래하기를 원하기 때문에, 위기 상황에서조차 고객의 기대에 부응하고 신뢰를 유지하는 것은 기업의 중요한 과제다. 그러므로 기업은 위기관리를 통해 고객에게 신뢰성과 안정성을 제공하고, 위기 상황에서 고객 서비스의 연속성을 보장하는 것이 필요하다.

3) 조직의 위기관리 필요성

첫째, 조직은 목표 달성을 위해 지속가능성을 확보해야 하기 때문에 위기 상황에서 역시 조직이 수행해야 하는 핵심 기능과 역할을 수행하고 유지해야만 한다. 그러므로 조직은 위기관리를 통해 예기치 못한 사건으로 인해 중단될 수 있는 필수적인 핵심 기능과 역할을 수행함으로써 목표를 달성하도록 준비하는 것이 필요하다.

둘째, 조직은 조직의 생존성 보장과 운영 유지에 필요한 재정적 안정성을 유지해야 하는데, 위기 상황으로 인해 조직에 큰 재정적 손실을 초래함으로써 공동체 구성원에게 제공해야 하는 기능과 역할을 수행하지 못하거나 목표를 달성하는 데 필요한 활동을 중단해야 할 수 있다. 그러므로 모든 조직은 위기관리를 통해 사전 예방과 대비, 사후 대응과 복구 프로그램을 운영함으로써 조직이 감수해야 할 재정적 충격을 완화하고, 신속하게 대응하는 한편, 빠른 회복을 함으로써 재정적 안정성을 유지하는 것이 필요하다.

셋째, 조직은 자신의 목표를 달성하기 위해 평판을 보호하고 유지한다. 조직의 위기 대응 방식은 외부 이해관계자들에게 큰 영향을 미친다. 신속하고 효과적인 대응은 조직의 평판을 보호하고 유지하는 데 중요하다. 이는 조직의 내부 및 외부 고객, 이해관계자, 유관 기관 및 단체, 협력 기관 등과의 신뢰를 강화하여 평판을 보호하고 유지하는 데 도움이 된다.

넷째, 조직은 조직의 목표 및 활동과 관련된 법적 규정 및 규제 요건을 준수하는 것이 필요하다. 조직은 평상시는 물론이고 위기 상황에서도 법적 규정 및 규제 요건을 준수하는 것이 더욱 중요하다. 조직은 법적 규정 및 규제를 넘어서는 상황을 야기한 위기를 관리함으로써 법적 책임을 다하고, 규제 기관의 요구를 충족시킬 수 있다. 이는 법적 분쟁으로부터 조직을 보호하고 규제 처벌을 받지 않도록 하는 데 도움이 된다.

다섯째, 조직은 위기 상황에서 직원 안전과 복지를 보장해야 한다. 각종 위험이 발생한 위기 상황에서 직원의 안전과 복지를 책임지고 보호하는 것은 조직의 중요한 사명이다. 따라서 조직은 위기관리를 통해 직원들의 신체적, 정신적 안전을 보장하고, 위기 상황에서도 직원들의 사기와 동기를 부여할 수 있도록 준비를 해야 한다.

여섯째, 조직은 위기 상황이 발생한 경우에도 운영의 연속성을 보장해야 한다. 위기관리는 조직의 운영이 중단되지 않도록 함으로써 조직의 생산성과 효율성을 유지하고, 운영 중단으로 인한 손실을 최소화하는 방안을 마련하는 것이 바람직하다.

일곱째, 조직은 평상시에 위험을 관리하고 회복탄력성을 확보하고 강화하기 위해 노력해야 한다. 즉 위기관리를 통해 조직의 위험관리 프로세스를 강화하고, 다양한 위기 상황에서 조직의 회복탄력성을 향상시키는 데 기여하는 것이 필요하다. 그러므로 조직이 평상시에 예상치 못한 위험을 사전에 식별하고, 이를 효과적으로 관리할 수 있는 능력을 갖추는 것이 바람직하다.

여덟째, 조직은 목표 달성이나 업무 수행과 관련하여 사회적 책임을 다하고 윤리적 경영을 실천해야 한다. 위기를 관리하는 것은 조직이 사회적 책임을 다하고, 윤리적 기준을 준수하며, 사회와의 신뢰 관계를 변함없이 유지하는 데 매우 중요한 역할을 하는 것이다.

4) 국가의 위기관리 필요성

첫째, 국가는 국민의 생명과 안전을 보호해야 하는 책무를 지니고 있다. 국가는 어떠한 상황에서도 국민의 생명과 안전을 최우선으로 보호하는 것이 제1의 책무다. 전쟁은 물론 자연재난, 전염병, 테러 등 다양한 위기 상황에서 국민의 생명과 안전을 지키기 위해 국가는 신속하고 효율적으로 대응하기 위한 위기관리를 준비해야 한다.

둘째, 국가는 주권과 영토를 보호하기 위해 다양한 위협에 대처하여 국가안보를 강화하는 노력을 기울여야 한다. 국가 차원에서는 전쟁, 국지분쟁, 무력도발과 같은 군사적 위협으로부터의 안전을 확보하고 전통적 군사안보 위기와 함께 테러리즘, 사이버 공격, 대규모 감염병과 같은 신안보 위협요소들에 적극적으로 대처하는 것이 필요하다.

셋째, 국가는 위기 상황으로부터 야기될 수 있는 경제적 불안정과 충격으로부터 경제적 안정성을 유지하기 위해 노력해야 한다. 위기 상황은 국가 경제에 큰 충격을 주기 때문에 국가는 경제적 혼란을 최소화하고, 경제 회복을 지원하며, 기업과 시장의 신뢰를 유지하고 국민의 일자리 보호와 생활 수준 유지를 위해 노력을 기울여야 한다.

넷째, 국가는 위기 상황에서 공공 서비스와 인프라를 보호하고 관리하기 위한 노력을 기울여야 한다. 국가적인 위기 상황에서는 공공 서비스와 인프라가 큰 타격을 받을 수 있다. 전력, 통신, 교통, 의료 등과 같은 핵심 인프라, 즉 국가핵심기반(critical infrastructure)에 대한 보호와 공공 서비스(public service)

를 신속하게 복구하는 것은 각종 재난으로부터 회복탄력성을 확보하기 위해 필요하며 국민의 일상생활과 국가 경제의 안정성을 보장하는 데 중요하다.

다섯째, 국가는 사회적 안녕과 질서를 유지해야 할 책무를 지니고 있다. 특히, 위기 상황에서는 평상시나 다른 경우보다도 사회적으로 불안과 혼란이 발생할 수 있어 범죄 증가와 사회적 갈등을 초래할 수 있다. 그러므로 국가는 위기관리를 통해 공공 질서와 사회적 안정을 유지하고, 사회적 갈등 상황을 예방하기 위해 노력하는 것이 필요하다.

여섯째, 국가는 국제적 신뢰와 협력을 유지해야 한다. 국가는 국제 사회의 일원으로서, 다른 국가들과의 신뢰와 협력을 유지함으로써 위기 상황에 효과적으로 대응할 수 있는 한편, 국제적 신뢰도를 높이고, 국제 협력을 강화하는 것이 가능하다. 이는 국가의 외교적 입지를 강화하고, 국제적 지원과 협력을 확보하는 데 필요하다.

일곱째, 국가는 국민의 신뢰를 확보하고 참여를 증진하기 위해 노력해야 한다. 위기 상황에서 국가가 국민의 신뢰를 얻고, 국민의 참여를 유도할 때, 위기관리를 위한 정부의 투명성과 책임성을 높일 수 있으며, 국민의 적극적인 참여와 협력을 이끌어내는 것이 가능해진다. 이를 통해 국가는 위기 대응 능력을 강화하고, 사회적 유대감을 높일 수 있다.

여덟째, 국가는 환경보호와 지속가능성을 확보하기 위해 노력하는 것이 필요하다. 오늘날 기후 위기 시대에서 가뭄, 호우, 홍수, 산사태, 산불 등과 같은 대규모 자연재난 피해로 인한 위기 상황은 환경에 심각한 영향을 미친다. 그러므로 국가는 환경보호와 지속가능한 발전을 위해 자연재난과 환경 위기에 대비하고 대응하는 데 위기관리 노력을 기울여야 한다.

제2절 위기관리의 이념적 가치

위기관리 시스템을 효율적으로 운영하려면 먼저 위기관리의 이념적 가치를 확립해야 한다. 이는 일반 국민뿐만 아니라 위기관리 전문가와 조직이 받아들여야 할 신념 체계이다. 위기관리의 이념적 가치는 인간 생명, 존엄성, 근본적 권리를 존중하고 실현하는 것이다.

위기관리는 인간 생명을 최우선으로 존중해야 한다. 인간의 생명은 그 무엇과도 바꿀 수 없는 소중한 것이다. 개인의 생명이 존중되지 않으면 가족, 사회, 국가의 존재도 의미가 없다. 따라서 국가는 물론 개인, 집단, 조직 모두가 위기 상황에서 개인의 생명을 보호하고 유지할 수 있도록 최선을 다해야 한다. 이는 일상생활뿐만 아니라 전쟁, 폭동, 자연재해 등의 위기 상황에서도 동일하게 적용되며, 위기 상황에서 인간 생명을 보호하기 위한 위기관리가 필요하다.

위기관리는 모든 상황에서 인간의 기본 권리를 보장해야 한다. 인간의 존엄성은 생명권, 안전권, 자유권, 평등권, 행복추구권 등이 보장될 때 실현되며 이는 일상생활뿐만 아니라 위기 상황에서도 마찬가지이다. 인간의 존엄성은 모든 학문 분야에서 기본 전제이다. 라스웰(Lasswell, 1951: 14-15)은 정책과학이 궁극적으로 인간의 존엄성을 증진시키는 것을 목적으로 하며, 이를 위해 여러 분야의 학자들이 협력해야 한다고 주장한다(김형렬, 2000: 16-17). 우리나라 헌법도 모든 국민이 인간으로서의 존엄과 가치를 가지며, 행복을 추구할 권리를 가진다고 규정하고 있다(제10조). 인간의 존엄성은 살아있는 사람뿐만 아니라 사망한 사람에 대한 존중도 포함한다. 따라서 재난이나 사고로 사망한 사람의 뜻과 의도를 존중하고, 시신 처리에서도 존엄성을 보장해야 한다.

위기관리는 개인, 조직, 기업, 국가가 다양한 위기 상황에서도 최소한의 인간적 삶을 유지하고 기본 권리를 누릴 수 있도록 하기 위한 것이다. 위기 상황에서 구성원의 권리를 제한하는 것은 진정한 위기관리가 아니며, 오히려 또 다른 위기를 초래할 수 있다. 따라서 위기관리는 어떠한 위기 상황에서도 인간의 근본적 권리를 보장해야 한다.

제3절 위기관리의 목표 가치

첫째, 위기 상황에서는 사회적 형평성을 중요한 가치로 삼아야 한다. 사회적 형평성은 모든 사람이 공정하게 대우받을 권리를 의미하며, 사회적 약자에 대한 보호와 기회의 균등을 포함한다. 위기 상황에서는 사회적 약자를 적극적으로 지원해 안전한 삶을 보장해야 한다. 재난은 많은 생명을 앗아가고 많은 이들에게 부상을 입히며 이재민을 양산하는데, 그 피해는 부유한 나라보다 가난한 나라에서 더 심하다(존 C. 머터, 2016: 53). 2016년 10월 12일 국제재해경감사무국(UNISDR)은 1996년부터 2015년까지 발생한 7,000여 건의 자연재난으로 인해 135만 명이 사망했으며, 이 중 90%가 중·저소득 국가에서 발생했다고 발표했다. 가장 큰 희생을 치른 자연재난은 2010년 아이티 지진이었다(http://news.zum.com, 2016. 10. 13).

둘째, 효율성을 확보한다. 효율성은 투입 대비 산출의 비율로, 일정한 투입으로 최대의 산출을 내거나 일정한 산출을 최소의 투입으로 달성하는 것을 의미한다. 이는 화폐적 비용 측면에서 측정되며, 위기관리 시스템의 구축과 운영에 투입되는 비용을 줄여 목표를 달성하거나 주어진 자원으로 최대 성과를 달성하는 것이 필요하다(이도형, 2004: 135). 위기관리는 예방과 대비를 통해 위기 발생 자체를 막고, 피할 수 없는 경우에는 피해를 최소화하는 방안을 모색해야 한다. 이는 국가적 경제 손실을 막고 국제 경쟁력을 강화하기 위한 선결과제이다.

셋째, 효과성을 달성한다. 효과성은 목표 달성의 정도로, 위기관리 시스템이 설정한 목표를 얼마나 달성했는지를 의미한다. 효과성을 확보하려면 달성해야 할 목표를 설정하고 목표 달성 정도를 측정할 수 있는 지표를 개발해야 한다. 위기관리는 목표를 사전적, 계획적, 의도적으로 설정하고 이를 달성하기 위해 최대한 노력해야 한다.

넷째, 민주성을 확보한다. 민주성은 위기관리 시스템이 민주주의 원리에 충실해야 한다는 것을 의미한다. 참여, 자율, 분권화 등의 민주적 절차를 통해 정당성을 확보하고, 국민의 의사를 반영한 위기관리 서비스를 제공하며 국민에 대해 책임을 지는 시스템을 의미한다. 또한 내부 운영도 민주적인 특성을 가져야 한다. 시민 참여, 대응성, 공정성, 투명성을 확보해야 한다(박우서 · 안용식 · 이왕재 외, 2001: 87).

이와 같이 위기관리의 이념적 가치와 목표 가치를 확립하고 실천함으로써, 효과적이고 민주적인 위기관리 시스템을 구축할 수 있다.

제4절 위기관리의 일반 변수

1 시간

위기관리에서 시간은 위기의 발생 이전의 단계부터 위기 상황이 종료된 후 원상 복구 또는 개량 복구까지의 과정을 지칭하는 것으로 볼 수 있다. 위기 상황에서 대안의 탐색 시간은 종종 너무나 짧고, 의사결정 시간은 상황의 변화에 따라 제한되어 있는 것이 사실이다.

이러한 시간의 변수는 단기, 중기, 장기의 관점으로 볼 수 있는데, 상황과의 연계성을 지닐 뿐만 아니라 다른 변수들과 함께 고려해야 한다. 특히, 정부 조직의 관점에서 보면, 위기는 시간의 압박과 불확실성 하에서 중대한 의사결정을 필요로 하는 상태이기 때문에 위기의 관리 차원에서 시간의 중요성을 인식해야 한다.

2 공간

위기관리에서 공간은 위기 사건이 발생해 그 영향력이 미치는 범위라고 설정해 볼 수 있다. 이 같은 공간의 개념은 가정, 학교, 공장뿐만 아니라 지역, 국가, 대륙 혹은 세계까지도 포함 가능하다. 이와 같이 공간의 수준이 다양한 것은 위기의 종류에 따라 그 영향 범위가 다양하기 때문이다. 예를 들면, 화재의 경우는 그 공간을 한 가정으로 국한시켜 볼 수 있지만, 전쟁이나 외교 분쟁의 경우에는 그 공간이 세계로 확장된다. 따라서 위기관리 과정에서는 위기 발생 시 그 영향이 어느 범위에까지 미치는지를 인식해야 한다.

3 문화

한 국가의 문화는 위기나 위협을 해석하고 그에 대응하는 데 영향을 미친다. 이러한 문화는 또한 최고관리자의 배경, 경험, 가치관 등에 영향을 미치기 때문에, 전략이나 정책을 설명할 때는 그들의 문화를 파악하는 것이 중요하다.

또한 문화는 개인의 인식 배경을 형성하는 경향이 있으므로 각 개인의 인식은 사회적 인식 공유로 인도되거나 혹은 사회의 인식에 따라 개인의 인식이 형성될 수 있다. 그리고 문화적 배경과 가치관이 다른 경우, 하나의 사건을 위기로서 인식할 수도 혹은 그렇지 않은 것으로 인식할 수도 있다. 그러므로 위기관리에서는 문화, 종교, 가치관 등을 고려해야 한다.

4 환경의 불확실성

환경의 불확실성은 환경에서의 인과 관계에 대한 정보가 결핍되고 의사결정의 결과물이 어떻게 될지를 정확하게 예측하지 못하는 상태로 정의할 수 있다. 이러한 불확실성은 환경의 두 가지 특징인 복잡성과 변화율에 의해 영향을 받는다. 따라서 환경의 복잡성과 변화율이 증가함에 따라 최고관리자가 인식하는 불확실성의 양도 증가하는 것이다. 그러므로 환경의 불확실성은 위기관리 과정의 중요한 영향 변수가 된다. 그리고 환경의 불확실성에 대한 개인의 인식은 환경으로부터의 정보 습득과 밀접한 관련이 있다.

5 정보

일단 체계에서 위기가 발생하면 그 위기는 정보에 대한 수요를 만들어 낸다. 불확실성을 미래 사건의 객관적인 발생 가능성이 존재하지 않는 상황으로 본다면, 이러한 불확실성은 조직의 정보 처리 요구에 상당한 영향을 미친다. 특히 고려 중인 의사결정의 범위와 양이 증가할 경우나 의사결정의 급박함과 시간상의 적절성이 요구될 때 많은 양의 정보가 요구된다.

만일 정보가 완전히 갖추어져 있다면 위기 협상이 존재하지 않을 것이다. 그러나 현실 세계에서 완벽한 정보가 갖추어지는 상황은 없기 때문에 위기관리 과정에서는 위기의 발생 전후, 그리고 과정 중에도 정보의 수집, 분석, 해석 등에 끊임없이 관심을 가져야만 한다.

6 위기 유형

위기 상황의 유형에는 자연재난과 인적재난, 기술재난, 시민의 소요, 대규모 전염성 질병, 폭력주의자의 활동, 첨예한 국제적인 갈등, 그리고 핵 위협 등을 포함한다. 따라서 위기관리 과정의 영향 변수로서 이들 각각의 위기 상황을 고려하는 것이 중요하다. 예를 들면, 폭력주의자들이 일으키는 사건은 다른 형태의 재난이나 위기와 유사한 면을 지닐 수 있다. 즉, 대중 참사는 폭력주의자들의 사건에도 일어날 가능성이 있으며, 또한 해결을 위해 정부의 특별 조치가 필요하다. 이런 점에서 자연재난이나 다른 기술재난 등과 유사한 계획들을 사용할 수 있다. 그러나 폭력주의자들의 비행기 납치 사건의 경우에는 국내의 규범이나 법률 외에 국제적 영향력이나 압력 혹은 규범, 법규 등을 고려해야 한다.

7 재정

위기나 재난은 피해 지역에 막대한 재정적 · 경제적 피해를 초래할 수 있다. 예를 들면, 미국 연방위기관리청(FEMA)은 1983년 한 해 동안 레이건 대통령이 재난 지역으로 선포한 21개 주요 재난에 대해 11억 달러 이상 지출했다. 이러한 자금은 시민들의 회복을 돕고 주와 지방정부의 시설물 보수를 보조하기 위해 사용되었다. 또한 1992년 4월 29일에 발생한 LA 폭동 사건 이후 부시 대통령은 로스앤젤레스 지역을 연방재난지역(Federal Disaster Area)으로 선포했다. 이러한 선포가 있으면, 재난 피해 지역의 주민들은 재해 보상 신청을 할 수 있고 장기 저리로 금융기관으로부터 융자를 받을 수 있으며, FEMA는 현지에 조사반을 파견해서 실태 파악 후 보상 문제들의 지원 방안을 마련하고 시행하게 된다.

재난의 경우 보조금을 지원받아 재정적 어려움을 피할 수도 있으나, 오히려 그렇지 못한 경우에는 재정적 위기에 봉착하는 경우도 있다. 따라서 위기관리 과정에서 영향 변수로서 재정을 고려해야 한다.

8 활동가

위기관리에는 다루어야 할 많은 재난 상황이 있다. 이들 각각의 재난은 인과 관계, 적절한 기술, 계획의 접근법, 그리고 중요 활동가와 활동에 대한 각각의 다른 이해(different understandings)를 필요로 한다. 즉, 위기 상황의 이러한 복잡성은 인적자원의 요구에도 영향을 미친다. 여기서 인적자원이라 함은 정부, 민간 부문, 그리고 제3영역의 조직들에서 처방된 역할을 공식적 · 비공식적으로 수행할 수 있는 능력을 지닌 사람이라고 정의할 수 있다. 그리고 위기에 대한 연구는 위기관리 과정에서 위기 가속화의 방지나 위기 감소로 인해 긴장 상태에 직면하는 활동가의 행태에 대해 연구할 필요가 있다.

위기 시의 중요한 결정들은 활동가, 즉 개인들의 소규모의 친밀한 집단에 의해 만들어진다. 따라서 위기관리에서 활동가는 중요 영향 변수로서 다루어야 한다.

제5절 위기관리 정책집행 변수

위기관리 대응 과정에서의 집행은 일반적인 정책의 집행과는 다른 국면을 지닌다. 따라서 위기관리 집행 시에는 별도의 과정 원칙을 지켜야 한다.

첫째, 위기 시에 정책이 집행되기 위해서는 그 현장의 상황을 올바르게 이해해야 한다. 그런데 이러한 위험의 인식은 다분히 주관적이고 일관성이 없는 것이기 때문에 집행자는 집행의 목표에 대한 분명한 확인이 선행되어야 한다.

둘째, 위기관리 집행은 총체적 관리 차원에서 다루어야 한다. 왜냐하면, 한 지역에서의 위기 발생은 그 지역만으로 한정되기 쉽지 않을 뿐만 아니라, 시간적으로도 단시일의 관리만으로는 불완전하기 때문이다. 미국의 경우, 1970년대 후반에 총괄적 위기관리의 개념이 등장했고, 이것은 연방정부, 주정부, 지방정부, 그리고 위기관리 기관 서로 간의 상호 작용을 통해 이루어졌다.

셋째, 위기관리에서 관료들의 정치적 긴장과 경쟁은 종종 간과되는 경우가 있으나, 실은 중대한 요소이다. 위기 맥락에서 관료들의 경쟁과 갈등의 일상적 유형들은 '민주적 신뢰성'을 일시적으로 포기한 것으로 보일 수 있다. 그러나 순기능도 있는데, 이에는 ① 위기관리 기구와 관련 기구를 시험해 볼 수 있고, ② 편향된 사고와 집단 사고의 위험성을 방지할 수 있으며, ③ 위기관리 공개 전략의 잠재적 적절성을 끌어낼 수 있다.

넷째, 위기 상황은 동태적이고도 불확실한 상황이므로, 임시적이고도 문제 지향적 집행조직이 필요하다. 이와 같은 조직을 설계할 때에는 전략이 조직의 구조를 결정하며, 또한 그 조직은 가능한 분권화되어야 한다. 이때 무엇보다도 하부 기관의 목적이나 기능을 명확하게 분류하여 분권화해야 한다.

다섯째, 위기관리 집행 시에는 집행 기관에 대한 통제가 완화되어야 한다. 즉, 위기에 대해 신속하게 대응할 수 있는 권력과 능력은 위협을 최소화하고, 전환하는 데 혹은 위협을 해결하는 데 중요한 것이기 때문이다. 환경의 변화가 안정 상태로의 변화이든 혹은 그 반대이든지 간에 변화하는 상황에 대한 통제는 증가시켜야 한다. 더불어 위기와 같은 복잡하고도 급변하는 상황에서는 중간관리층의 집행자들이 주도권을 갖고, 최고관리층의 목적에 부응하면서 위기에 대한 혼합된 대응을 해야 한다. 그리고 여기에서 선행되어야 할 것은 각각의 다른 관리 수준에서 목표에 대한 합의가 있어야 한다는 것이다. 또 그 목표는 정확하고 측정 가능한 것이어야 한다. 그렇지 않으면 대응의 집행 계획이 실제 내용과 다르거나 전문성이 결여되기 쉽다.

여섯째, 위기관리는 효과적인 전술적 기술을 필요로 한다. 이에 대해 고드초크와 브로워(David J. Godschalk & David R. Brower, 1985: 64)는 커뮤니케이션, 명령, 그리고 통제를 제시했다. 이는 효과적인 전략적 기술, 즉 계획, 정책 설계, 그리고 집행 시에 필요한 것이다. 특히 집행자가 최고관리자에 대한 즉각적이고도 직접적인 보고를 할 수 있는 의사소통 체계가 필요하며, 반면에 최고관리층은 신속하게 집행자에게 사안에 따라 직접적으로 명령을 하달할 수 있는 명령 체계가 요구된다.

지금까지 위기관리의 집행 과정에서 필요한 원칙들을 살펴보았다. 이 원칙들로는 현장 상황의 올바른 이해, 총체적 관리 차원의 필요성, 관료들 사이의 정치적 긴장과 경쟁의 순기능 인식, 임시적이고도 문제 지향적 성격의 위기관리 조직 설계, 위기관리 집행 시 통제의 완화, 커뮤니케이션 및 명령 체계의 확립이 있다.

CHAPTER

02 위기관리의 성격

제1절 위기관리의 일반적 성격

1980년대 이전까지만 해도 관리 차원에서의 위기에 대한 연구는 거의 없었다(Mushkatel and Weschler, 1985: 49). 그 후 1980년대에 들어서며 위기의 발생 빈도가 증가하고 위기 결과나 위기 영향의 심각성에 대한 인식이 증대하는 한편, 위기를 관리할 수 있는 대상으로 보는 인식이 커짐에 따라 위기관리에 대한 관심이 증가하였다. 한국은 위기관리 시스템을 마련할 필요성과 시급성에 대한 인식을 높여주는 다양한 재난 사고들이 집중적으로 발생함에 따라 1990년대 중반 이후 연구가 본격적으로 시작되었다. 한국에서 관리 차원에서 위기에 대한 사회적 관심이 증가하게 된 것은 다음과 같은 일련의 사건들이 계속해서 발생한 때문으로 볼 수 있다. 1994년 10월 21일 성수대교 붕괴, 1994년 10월 24일 충주호 유람선 침몰, 1994년 12월 8일 서울시 마포구 아현동 도시가스 폭발, 1995년 4월 28일 대구 지하철 공사장 도시가스 폭발, 1995년 6월 29일 서울 삼풍백화점 붕괴 등 각종 대형 인적재난이 잇따라 발생함으로써 위기관리를 체계적으로 수행해야 할 필요성이 커졌고, 그 중요성 또한 사회적으로 인식되었기 때문이다.

정부는 초기에는 각각의 위기 유형이 지니는 특성을 반영하여 위기 유형별로 위기를 관리하는 방법을 찾는 데 초점을 맞췄다. 그러다보니 위기관리 연구의 경향 역시 위기 유형별로 자연재난, 인적재난, 기술재난, 생활안전이 지니는 특성을 반영한 연구가 주로 이루어져 왔다. 그렇기 때문에 1980년대 중반까지의 대부분 연구는 주로 자연재난을 대상으로 해 온 반면에(Zimmerman, 1985: 29), 인적재난, 기술재난, 생활안전 위기 등에 대한 연구는 상당히 부족했던 것이 사실이다.

그러나 도시가 점점 더 복잡해지고 대형화되는 도시화, 산업화, 고밀도화, 첨단화 추세에 따라 인적재난이나 사회재난, 생활재난의 발생 또한 증가하고 있다. 엄밀한 의미에서 국민의 안전권(safety right)을 보장하기 위해서는 자연재난 뿐만 아니라 인적재난, 사회재난, 생활안전 위기 모두에 대한 위기관리 노력을 기울이는 것이 필요하다. 특히, 국가는 민간부문이 관리할 수 없는 부분을 관리해야 할 책무를 지니기 때문에, 국가 위기관리의 책임과 필요성이 제기된다(Waldo, 1980: 185-186).

따라서 국가 위기관리는 국가를 구성하고 유지하며 존립하는 데 필수적인 요소들인 국민, 영토, 주권, 핵심기반의 안전을 보장하기 위해 노력해야 한다. 국가가 성립하고 유지하며 발전하기 위해서는 무엇보다도 구성요소인 국민의 안전을 위협하는 요소인 생활 위기와 재난 위기를 관리해야 한다. 그리고 국가 성립의 두 요소인 영토와 주권의 안전을 위협하는 전통적 군사안보 위기를 예방하고 대비하며 대응·복구하는 것이 필수적이다. 또한 국가 존립 및 유지에 중요한 기능과 역할을 수행하는 금융, 교통·수송, 전력, 정보통신, 주요 산업단지, 에너지, 원자력, 댐, 공중보건, 공공질서와 같은 핵심기반의 안전을 보장하기 위한 노력을 기울여야 한다.

국가 위기관리 관점에서 정부의 가장 기본적이고 중요한 임무는 국민의 생명과 재산을 보호하는 것이므로, 위기관리[1]는 "위기로부터 국민의 생명과 재산을 보호해주고 위험을 극복하기 위한 사업계획을 집행하는 일상화된 과정"(Giuffrida, 1985: 2; Cigler, 1988: 5)이라고 정의할 수 있다. 개인, 기업, 조직, 사회, 국가의 모든 차원에서 위기관리가 지니고 있는 보편적이고 일반적인 성격을 살펴보자.

첫째, 위기관리는 그 책임에 있어서 보편성과 일반성을 지닌다. 우리나라 헌법에 따르면 모든 국민은 인간으로서의 존엄과 가치를 지니며 행복을 추구할 권리를 가지고 있다(헌법, 제10조). 그리고 헌법에서 국가는 재해를 예방하고 그 위험으로부터 국민을 보호하기 위하여 노력하여야 한다고 규정함으로써 국가 위기관리의 책임을 분명하게 밝히고 있다(헌법, 제34조 제6항). 헌법은 분명히 국가 위기관리의 책임을 지적하고 있다. 하지만 국가뿐만 아니라 사회유지 기능을 수행하는 기업이나 개인도 위기관리의 책무로부터 자유롭지 못하다. 위기 발생으로 인한 사회적 손실과 피해의 결과는 결국 사회구성원 전체의 부담으로 되돌아오기 때문이다. 따라서 기업이나 개인 역시 사회적 비용 부담을 공유해야 할 책임을 지고 있는 한편, 사회적 손실 비용을 발생시킬 수 있는 요인을 사전에 예방한다는 차원에서 그 책무를 수행해야 한다. 그러므로 위기관리는 공공부문 뿐만 아니라 민간부문과 개인에게까지도 합당한 책임을 부담시킬 수 있는 보편성과 일반성을 지닌다.

둘째, 위기관리는 공공관리적 성격을 지닌다. 비록 위기가 발생하게 된 원인이 개인이나 기업의 사소한 실수, 무지, 부주의에 있다 할지라도, 그것이

---

1) 위기관리(emergency management)는 재난관리(disaster management), 위험관리(risk management), 우발사건관리(contingency management) 등의 유사 용어와 혼용되고 있다. 이 같은 현상에 대해 광의의 위기관리 개념은 첫째, 국제정치와 사회경제에서의 불예측사태에 대처하기 위한 정책과 대응책, 둘째, 국가 안전 보장상의 위기, 셋째, 국가의 존망과 국가 간 분쟁에 직결되는 것뿐만 아니라 경제 불안(석유 위기, 통화 위기, 식량 위기, 재정 위기 등)과 사회 불안(대형재난, 대형사고, 비행기 납치, 파괴활동, 흉악범죄 등)까지도 포함하며, 이들 모두에 대한 대응책에 대해 위기관리 용어를 사용하는 것이 가능하지만, 공·사기업의 보전 내지 유지라는 관점에서 행해지는 위험관리와 위기관리는 구별해야 한다는 주장이 있다(龜井利明 1989, 22-23). 그리고 Reilly(1987, 79-88)에 의하면, 위기관리는 위기로 인해 발생한 불확실성과 변화를 극복하기 위한 사전 준비적 의미를 지니면서 위기 발생 이전의 준비과정을 다루는 위기 준비(crisis readiness) 개념까지도 포함하고 있다.

미치는 영향은 수많은 사람들의 생명, 신체, 재산이나 기업, 국제사회에까지 이르는 경우가 많다. 따라서 오늘날에는 위기관리의 책임이 국가뿐만 아니라 개인, 기업에게도 요구되며, 특히 최근에는 기업의 사회적 역할이 강조되면서 위기관리에 대한 기업의 사회적 책임 이행이 강조되고 있다(조재형, 1995: 24). 위기가 발생하게 된 원인과 책임의 소재에 관계없이 위기가 미치는 영향은 지역사회나 국가, 국제사회에까지 확산될 수 있기 때문에 위기관리의 공공관리적 성격이 강조된다.

셋째, 현대사회에서는 위기관리의 일상화가 요구된다. 현대사회는 기능의 복잡성과 전문성으로 인해 사회 일부의 기능 마비가 사회 전체의 기능 마비를 가져와 결국 사회에 심각한 문제를 야기한다. 예를 들면, 1994년 3월 10일 오후 4시 30분 서울 동대문에서 종로 5가 사이의 지하철 통신구에서 화재가 발생하여 190미터 가량 구간이 소실되었다. 이로 인해 시내 및 시외 전화, 이동 전화, 무선호출, 팩시밀리, PC통신뿐만 아니라 방송사의 라디오 송출망과 은행의 온라인망이 마비되어 시민들의 일상생활이 마비된 것은 물론, 국가 경제활동에도 큰 피해를 준 사례가 있다(최윤희, 1994: 205-217). 그러므로 위기관리에 대해 일상적이고도 지속적인 관심과 주의를 기울이는 것이 필요하다. 그렇지 않을 경우에는 대형 인명사고가 언제든지 발생할 수 있기 때문에, 위기관리는 우리의 일상생활과 더불어 존재해야 한다.

넷째, 위기관리는 인간 생명의 존엄성에 대한 존중을 전제 가치로 삼는다. 사회를 구성하는 사람들은 서로 다른 가치관을 지니고 살아간다. 가치관의 상이성은 정책 개발과 집행에 영향을 주는 것이기 때문에, 가치 기반이야말로 정책 개발이나 정책 변동에 있어서 가장 포괄적이고 가장 강력한 요소가 된다(Tropman and Dluhy, 1976: 151). 예를 들면, 인간을 둘러싸고 있는 모든 일들을 운명 결정론적인 종교적 관점에서 보는지 혹은 주체적 인간관으로서의 진화론적 관점에서 보는지에 따라 위기가 발생하기 이전의 예방 관리를 중요시하느냐 아니면 위기가 발생한 이후의 대응이나 복구 관리를 중요시하느냐가 결정될 수 있다(황윤원, 1989: 151-152). 하지만 인간 생명의 존중이라는 가치를 소중히 여기는 국가나 조직은 위기 발생 전후 관리 모두를 소홀히

해서는 안 된다.

제2절 기업 위기관리의 성격

기업의 평판과 브랜드 가치는 개인의 생명과 재산 만큼이나 중요한 것이다. 따라서 기업은 위기가 발생한 경우에 신속하고 투명하게 대응을 해야 하며 장기적인 관점에서 기업의 명성과 평판을 회복하고 지속가능성을 확보하기 위해 위기관리 시스템을 마련하는 것이 필요하다. 이러한 측면에서 오늘날 기업은 과거와 다르게 사회적 가치를 보호하고 지켜야 할 책무를 지니고 있다. 예를 들면, 안전과 환경보호는 기업이 지켜야 할 글로벌 가치이자 사회적 책무로 인정받고 있다.

2010년 4월 20일, 미국의 멕시코만에 위치한 BP의 딥워터 호라이즌(Deepwater Horizon) 해상 시추 플랫폼에서 폭발 사고가 발생한 사례를 살펴보자. 이 사건은 역사상 가장 심각한 환경재해 중 하나로 기업의 위기관리가 얼마나 중요한가를 보여준 사례다. 당시 폭발 사고로 인해 플랫폼이 침몰하였고 원유가 바다로 유출되기 시작했다. 약 87일 동안 약 4.9백만 배럴(약 7억 8천만 리터)의 원유가 바다로 유출되었는데, 이는 역사상 가장 큰 해양 오염 사고 중 하나다. 당시에 사고로 인해 멕시코만의 해양 생태계가 엄청난 피해를 입었으며, 수많은 해양 생물들이 희생되었다. 해안선은 오일로 뒤덮였고, 관광업과 어업이 심각한 타격을 입었다. BP와 관련 하청 업체들은 비용 절감과 작업 속도에 중점을 두면서 안전 조치와 관련된 문제를 경시했으며 안전 규정을 무시한 무리한 시추 작업, 시추 설비의 결함, 경고 신호를 무시한 관리 체계 등이 사고의 주요 원인으로 지적되었다.

이로 인해 BP는 엄청난 경제적 손실을 입었으며, 원유 유출과 관련된 벌금, 소송, 청소 비용, 보상 등으로 인해 BP는 수십억 달러의 비용을 부담해야 했다. 결국 2015년에 BP는 미국 정부와의 합의로 187억 달러의 벌금을 지불

[멕시코만의 기름 유출을 막으러 가는 배]

자료: 연합뉴스(AP) (2010. 5. 8)

하기로 결정되었고 BP의 기업 평판 역시 크게 손상되었지만, 이 일은 이후 BP가 환경보호와 안전 관리를 강화하기 위해 많은 노력을 기울이는 계기가 되었다.

딥워터 호라이즌 폭발 사고는 기업이 안전과 환경보호를 무시하거나 경시할 경우, 얼마나 심각한 결과를 초래할 수 있는지를 보여주는 한편, 위기 발생 시 신속하고 투명한 대응의 중요성과 평판과 지속가능성을 유지하기 위한 위기관리 시스템의 필요성을 보여준다. 기업은 국가와 마찬가지로 인명 피해를 막아야 하는 중요한 가치와 책임을 지니고 있다. 기업은 산업 재해를 예방하기 위해 안전관리에 최선을 다하는 한편, 산업 안전을 위한 철저한 관리 노력과 규제를 강화하는 것이 필요하다. 그러므로 기업 위기관리에서는 산업재해 예방과 재해 보상 시스템의 구축이 매우 중요하다.

1984년 12월 3일, 인도 중부의 마디아프라데시 주 보팔 시에서는 미국의 화학 회사인 유니온 카바이드(Union Carbide Corporation, UCC)가 운영하는 농약 공장에서 메틸 이소시아네이트(MIC) 독성 가스가 대량으로 누출되는 사고가 발생했다. 이 사고는 세계 최악의 산업재해 중 하나로, 보팔 시에 있었던 유니온 카바이드의 공장은 농약 제조에 사용되는 매우 독성이 강하며, 인체에 치명적인 영향을 미치는 메틸 이소시아네이트(MIC)를 생산하고 있었다. 사고의 직접적인 원인은 저장 탱크에서 MIC 가스가 누출된 것이었는데, 이는 냉각 시스템의 오작동, 안전 밸브의 고장, 적절한 유지보수의 부족 등 여러 기술적 결함이 복합적으로 작용하면서 발생했다. 게다가 공장 직원들이 경고 신호를 무시하거나 적절한 대응을 하지 못한 인적 오류 역시 사고를 악화시킨 원인 중 하나로 지목되었다. 이같은 인적 오류가 발생한 것은 유니온 카바이드사가 보안 및 안전관리에 대한 투자를 줄였고, 그 결과 공장의 설비와 관리 상태가 열악해진 때문이었다.

가스 유출 사고로 인해 보팔 시와 주변 지역에서 수천 명의 주민들이 독성 가스를 흡입하여 즉사했다. 즉시 사망자는 약 3,000명으로 추정되며, 이후 수천 명이 추가로 사망하여 총 사망자는 15,000명에서 25,000명에 달한다. 이외에도 수십만 명이 심각한 부상을 입거나 장기적인 건강 문제를 겪었다. 또한 누출된 독성 가스는 주변 환경을 오염시켰고, 사고 지역의 토양과 수질도 오염시켰으며, 지역주민들은 사고 후 수십 년 동안에 걸쳐 계속해서 건강 문제를 겪게 되었다. 1989년에 이르러 유니온 카바이드사는 인도 정부와 합의를 하여 4억 7천만 달러의 배상금을 지급했지만, 피해자들에게 충분한 보상을 제공하지 못했다는 비판을 받았다.

글로벌 기업인 유니온 카바이드사가 산업재해 예방을 위한 보안 및 안전관리 예산을 일부 줄임으로써 경제적 손실과 피해 보상금, 글로벌 기업으로서의 평판 훼손 등 실로 막대한 댓가를 치르게 되었던 것이다.

기업은 위기가 발생한 경우에도 신속하고 투명한 위기 대응을 통해 향후 기업의 신뢰를 회복하기 위해 노력해야 한다. 위기가 발생한 이후에 기업이 재발 방지를 위해 어떤 조치를 취하는 것이 바람직한지에 대해서도 관심을 가져야 한다. 또한 유사한 문제가 다시 발생하지 않도록 품질 관리와 안전기준의 강화 노력을 기울이는 것도 필요하다. 즉 제품의 품질과 안전성이야말로 기업의 생존성 보장과 직결되는 매우 중요한 요소라는 점을 잊어서는 안 된다. 기업의 지속적인 품질 개선 노력과 혁신 역량이야 말로 기업의 평판은 물론 매출, 수익 개선에 직접적으로 영향을 주는 위기관리 요소다.

예를 들면, 국내 최고 수준의 기업인 삼성전자는 2016년 8월 갤럭시 노트 7 스마트폰을 출시했다. 당시에 이 제품은 출시 초기부터 전 세계적으로 큰 관심을 받았지만, 곧 배터리의 제품 결함으로 인해 일부 제품에서 폭발 및 화재가 발생하는 사례가 보고되었다. 이로 인해 삼성전자는 심각한 위기 상황에 직면했다. 삼성전자 갤럭시 노트7 배터리 폭발 사건은 갤럭시 노트7에 사용된 배터리에서 과열로 인해 폭발이 발생한 사건이다. 이는 배터리 제조 과정에서의 결함과 설계상의 문제로 인한 것이었는데, 제품 출시 전에 충분한 테스트와 검증이 이루어지지 않은 상태에서 빠르게 제품을 시장에 출시하려는 압박이 문제를 초래했던 것이다. 당시에 삼성전자는 전 세계에서 약 250만 대의 갤럭시 노트7을 회수하기로 결정했지만, 이후에도 문제는 해결되지 않았다. 결국 삼성전자는 2016년 10월 갤럭시 노트7의 생산과 판매를 전면 중단하는 결정을 내렸다. 삼성전자는 이 사건으로 인해 수조 원에 달하는 재정적 손실을 입었으며 소비자의 신뢰 역시 큰 타격을 입었다. 더군다나 글로벌 기업으로서의 삼성전자의 브랜드와 평판은 심각한 타격을 받는 위기 상황에 처했으며, 스마트폰 시장에서의 리더십과 세계 시장에서 혁신 기업으로서의 이미지 손상은 심각한 수준이었다.

위기 상황에서 삼성전자는 이러한 문제점들을 확인한 후, 신속하게 제품 리콜을 진행하는 한편, 소비자들에게 대체 제품 제공이나 환불을 실시했다. 이 과정에서 삼성전자는 고객의 안전을 최우선으로 고려하며, 신속하게 대응했다. 삼성전자는 위기관리 차원에서 독립적인 조사 기관과 협력하여 문제의 원인을 철저히 조사했고, 조사 결과를 투명하게 발표함으로써 소비자와 시장의 신뢰를 회복하기 위해 노력했다. 이후 삼성전자는 배터리 안전성 강화를 위해 배터리 검사 프로세스를 도입했으며, 품질관리 시스템을 전면적으로 재정비하고, 제품 안전성을 최우선으로 고려한 전략을 수립했다.

기업이 수행해야 하는 위기관리는 여러 가지 성격을 지니고 있으며, 이는 기업이 예상치 못한 상황에서도 안정적이고 신속하게 대응할 수 있도록 해준다. 기업이 수행해야 하는 위기관리가 지니는 성격을 살펴보면 다음과 같다.

첫째, 기업의 위기관리는 기업의 일상적인 관리 활동이다. 기업은 위기를 매우 특별한 상황으로만 인식해서는 안 되며, 일상적인 관리의 일환으로 항상 준비하고 대응해야 하는 활동인 것이다. 기업은 평상시에도 위기가 발생할 가능성을 염두에 두고 위험 관리, 모니터링, 대비책 수립 등을 꾸준히 수행해야 한다는 것을 의미한다.

둘째, 기업의 위기관리는 모든 이해관계자를 보호해야 하는 활동이다. 기업의 위기관리는 특정 부서나 계층에만 국한해서 실시하는 것은 아니며, 모든 직원, 고객, 투자자, 협력사 등 이해관계자를 보호하도록 시스템이 만들어져야 한다. 이는 기업의 모든 구성원이 위기관리의 대상이며, 평등하게 보호받아야 한다는 것을 의미한다.

셋째, 기업의 위기관리는 24시간 언제나 준비되어 있어야 한다. 위기는 예고 없이 발생할 수 있기 때문에, 기업의 위기관리는 시간과 장소에 상관없이 항상 수행될 수 있도록 준비되어 있어야 한다. 이는 위기 발생 시 즉각적인 대응이 가능하기 위해서 항상 준비 상태를 유지해야 한다는 것을 말한다.

넷째, 기업의 위기관리는 사전 예방을 중심으로 이루어진다. 기업은 위기 발생을 미리 방지하고, 위험을 최소화하기 위해 예방적 조치를 취해야 한다. 이는 사전에 잠재적 위협을 식별하고, 이를 미리 해결하거나 피해를 줄이기 위해 노력하는 완화(mitigation) 조치를 포함한다.

다섯째, 기업의 위기관리는 변화하는 상황과 역동적인 환경에 맞춰 유연하게 대응해야 한다. 기업을 둘러싼 환경은 매일 매일 변화하기 때문에 위기 상황 역시 변화할 것이라는 점을 인식하고, 이에 맞춰 유연하게 대응할 준비가 되어 있어야 한다. 이는 새로운 위협이나 상황에 따라 계획을 수정하고, 필요한 조치를 신속하게 취하는 것을 의미한다.

여섯째, 기업의 위기관리는 체계적이고 조직적으로 이루어져야 한다. 이는 위기가 발생하기 이전, 위기가 발생하는 동안, 위기가 발생한 이후의 시간적 흐름에 따라 단계별로 명확한 절차와 계획을 수립하고, 이를 기반으로 체계적으로 대응해야 한다는 것을 말한다.

일곱째, 기업의 위기관리는 내부와 외부의 협력이 필요하다. 기업의 위기관리는 단순히 내부적인 절차나 노력만으로는 충분하지 않으며, 외부의 이해관계자들과 항상 긴밀히 협력해야 한다. 이는 기업 내부의 부서 간 협력뿐만 아니라, 외부의 고객, 공급업체, 정부기관 등과 긴밀한 협력을 할 때 비로소 위기 상황을 효과적으로 관리할 수 있다는 것을 의미한다.

여덟째, 기업의 위기관리는 기업의 장기적 전략과 연계되는 것이 바람직하다. 위기관리는 위기 상황에서의 단기적인 대응만을 말하는 것이 아니라, 기업의 중·장기적 목표, 전략과 연계될 때 체계적으로 수행할 수 있는 것이다. 그러므로 기업은 위기관리를 기업의 지속가능성과 경쟁력 유지, 혁신 리더십의 중요한 요소라는 점을 인식하고 강조하며, 위기관리가 기업 전략의 핵심 부분으로 자리 잡도록 하는 것이 필요하다.

제3절 해외 글로벌 기업의 위기관리

해외 글로벌 기업들은 다양한 위기를 효과적으로 관리하기 위해 여러 전략을 활용하며, 이러한 전략들은 주로 사전 예방, 신속한 대응, 투명한 커뮤니케이션, 그리고 조직의 회복력 강화를 목표로 한다.

첫째, 해외 글로벌 기업들은 사전 예방과 위기 대응 계획 수립을 강화한다. IBM은 글로벌 기업으로서 사이버 보안 위협에 민감하게 대응하고 있다. IBM은 고객 데이터 보호를 위해 강력한 보안 프로토콜을 개발하고, 정기적으로 사이버 보안 훈련을 실시하여 해킹 및 데이터 유출과 같은 사이버 위기를 예방한다. 또한, 위기 발생 시 빠르게 대응할 수 있도록 위기 대응 매뉴얼과 사고 대응팀을 갖추고 있다.

둘째, 해외 글로벌 기업들은 위기에 대해 신속한 대응과 고객 커뮤니케이션을 중시한다. 2020년 구글은 대규모 서비스 장애를 겪었지만, 신속하게 고객들에게 상황을 알리고 문제 해결 진행 상황을 실시간으로 공유했다. 또한, 문제가 해결된 후에는 고객들에게 명확한 설명과 사과를 전하며, 재발 방지를 위한 조치 계획을 발표했다. 이를 통해 고객 신뢰를 유지하고 기업의 투명성을 높였다.

셋째, 해외 글로벌 기업들은 위기 발생 후에 지속적인 개선과 회복력 강화를 추진하고 있다. 1982년 타이레놀 독극물 사건은 글로벌 위기관리 사례에서 자주 언급되는 예시다. 당시 존슨앤존슨은 제품의 신속한 회수와 함께 소비자 안전을 최우선으로 하는 적극적인 커뮤니케이션 전략을 펼쳤다. 이후, 제품의 안전성을 높이기 위해 포장 방식을 개선하는 등 지속적으로 위기관리 체계를 강화해 왔다.

넷째, 해외 글로벌 기업들은 사회적 책임과 지속가능성을 강조한다. 스타벅스는 2018년 필라델피아 매장에서 발생한 인종차별 논란 이후, 즉각적으로 대응하여 매장 문을 닫고 전 직원 대상으로 인종차별 방지 교육을 시행했다. 이와 같은 조치는 사회적 책임을 다하고, 브랜드 이미지를 회복하기 위한 전략적 대응의 일환이었다.

다섯째, 해외 글로벌 기업들은 위기 발생 후에 재발 방지 조치를 시행한다. 보잉은 737 맥스 기종의 연이은 추락 사고 이후, 전 세계적으로 큰 위기에 직면했다. 보잉은 이후 항공기의 안전성을 보장하기 위해 전면적인 설계 검토와 소프트웨어 업데이트를 진행하고, 전 직원의 안전 의식을 강화하기 위한 교육 프로그램을 도입했다.

글로벌 기업들은 다양한 형태의 위기가 발생한 경우에 어떻게 대비하고 대응하는지를 보여주고, 위기관리의 중요성을 강조해 왔다. 기업들은 이러한 경험을 통해 위기 대응 능력을 더욱 강화하고, 더 나은 업무 환경을 구축하기 위해 지속적으로 노력하고 있다.

CHAPTER

03 위기관리의 과정

지금까지 일반적인 관점에서 위기관리 분석은 위기가 전개되는 시간을 기준으로 위기가 발생하기 이전에서의 예방 단계, 대비 단계, 그리고 위기가 발생한 이후의 대응 단계와 복구 단계로 구성된 과정모형에 입각해 왔다. 따라서 예방, 대비, 대응, 복구의 네 단계가 정부, 기업 등에 공통적으로 적용되는 위기관리 과정으로 이해할 수 있다.

위기관리의 체계적 관점에서 진행된 정부 위기관리 단계에 대한 연구의 대부분은 미국 연방위기관리청(Federal Emergency Management Agency, 이하 FEMA)의 관리 체계를 중심으로 논의되어 왔으며, 동시에 오늘날 하나의 모범으로까지 받아들여지고 있다. 미국에서 위기관리 체계에 대한 관심이 고조된 것은 1979년 스리마일 아일랜드 핵 발전소 사고 당시 연방정부의 대응에 대한 많은 비판이 제기된 이후 FEMA가 설립된 때부터라고 볼 수 있다(Hodgkinson and Stewart, 1991: 57-58; Sylves, 1994: 303).

FEMA는 설립 초기에 냉전시대의 핵전쟁을 대비한 민방위 관련 프로그램에 가장 큰 우선순위를 두었다. 그러나 이에 대한 비판이 제기되자 1980년대 초 통합위기관리체계(Integrated Emergency Management System, IEMS)를 개발하였다.[1] IEMS는 국가 안보위기와 다른 재난들에 대한 대응을 하는 데 있어 필요한 공통기능을 채택하는 것이 그 목표였다. 하지만 IEMS 역시 국가 안보를 위협하는 위기를 위주로 하고 있는 연방정부의 우선순위와는 다르게, 다른 유형의 재난을 관리하는 데 관심을 갖고 있는 주정부 및 지방정부의 우선순위와 다르다는 이유로 일부 지역에서는 IEMS에의 참여를 거부하였다.

따라서 그 보완책으로 주정부와 지방정부의 위기관리체계의 기초가 되는 총체적 위기관리모델(Comprehensive Emergency Management Model)을 미국 주지사협회의 후원하에 개발하게 되었다. 총체적 위기관리모델은 위기관리를 시간의 흐름에 따라 네 개의 국면으로 구분하여 제시하고 있다. 위기관리 과정을 위기 예방, 위기 대비, 위기 대응, 위기 복구의 국면으로 구성하여 제시하였다(Waugh, 1998: 749).

제1절 예방 단계

예방(prevention/mitigation)은 인간의 건강과 안전, 그리고 사회 복지를 위협하는 위험이 존재하는 곳에서 무엇을 해야 하는지를 결정하고, 위험 감소 계획을 집행하며, 자연재난과 인적재난으로부터 인간의 생명과 재산에 대한 장기적인 위험의 정도를 감소시키려는 활동을 말한다. 따라서 위기가 실제로 발생하기 전에 위기 촉진 요인을 미리 제거하거나 위기 요인이 가급적 표출되지 않도록 억제 또는 예방하는 활동을 의미한다(Petak, 1985: 3; McLoughlin, 1985: 166).

이러한 위기 예방 활동은 장기적이고 보다 일반적인 위기 감소 문제를 다루는 활동이기 때문에, 주로 지역 사회가 장래 직면하게 될 재난을 극복할

1) IEMS에 관한 자세한 내용은 McLoughlin(1985: 165-172)을 참조할 것.

수 있는 능력을 증진시키는 데 초점을 둔다.

위기 예방은 어떤 종류의 위기인지 여부에 따라 예방 단계의 목표가 변화한다는 특징이 있다. 예를 들어, 인적재난의 경우에 위기 예방은 위기에 대한 사전 조치를 함으로써 위기 자체가 발생할 수 있는 계기를 감소시키거나 원인을 제거하는 데 목표를 둔다. 반면에 자연재난의 경우에는 자연재난 자체를 발생하지 않게 할 수 없기 때문에, 구조·구급과 인간 활동에 대해 조치를 취함으로써 위기 노출 지역에 대한 주기적 영향으로부터 위기를 감소시키는 데 목표를 둔다. 또한 이러한 예방 활동은 복구 과정을 통해 개발된 정책이나 사업 계획들에 의해 개선될 수 있으며, 따라서 대비, 대응, 복구 단계와 직·간접적으로 관련이 있다고 볼 수 있다(Rubin and Barbee, 1985: 61-62).

예방 단계에서 주로 사용되고 있는 도구나 기법에는 계획, 개발규제, 조세 제도, 자금지출 계획, 보험, 그리고 위기 정보체계 구축 등이 있다. 이들 접근법들은 기술적·정치적 과정을 통해 활용하게 된다. 위기예방 활동의 효과적인 집행을 통해 얻을 수 있는 편익으로는 인명의 구조와 부상의 감소, 재산상의 손실 예방이나 손실의 감소, 경제적 손실의 감소, 사회적 혼란과 스트레스의 최소화, 농작물 손실의 최소화, 중요 시설물의 유지, 사회 기반시설 보호, 정신적 건강 보호, 정부와 공무원의 법적 책임 감소, 정부 활동을 위한 긍정적인 결과의 제공 등이 있다(Godschalk, 1991: 131).

기업의 경우에는 위기 예방 및 완화 단계에서 위험 식별 및 관리, 위기 예방을 위한 정책 수립 활동을 수행한다.

첫째, 위험 식별 및 관리 단계에서는 기업이 직면할 수 있는 잠재적인 위협과 위험을 식별하고, 이를 예방하기 위한 조치를 마련한다. 이를 위해 위험 평가, 예방 계획 수립, 정책 및 절차 개선이 포함된다. 위험 식별 및 관리 단계에서 기업이 수행하는 주요 활동을 살펴보면 다음과 같다(Mitroff & Anagnos, 2000). 우선, 위험 식별(risk identification)을 위해 내부 및 외부의 환경을 분석한다. 기업은 내부 및 외부 환경에서 발생할 수 있는 잠재적인 위험요소를 탐색한다. 내부적으로는 운영, 재무, 인적 자원 등의 영역에서 발생할 수 있는 위험을 분석하고, 외부적으로는 경제적, 정치적, 기술적 변화 등으로 인해 발생할 수 있는 위험을 평가하고 위험 매트릭스를 작성한다. 기업 활동에서의 위험의 발생 가능성과 영향을 평가하여 우선순위를 정하고, 이를 위험 매트릭스(risk matrix)로 만들어 가장 심각한 위험을 확인한다. 또한 과거 데이터 분석을 통해 이전에 발생한 유사한 위기나 사건 데이터를 분석하여 반복적으로 발생할 수 있는 위험을 파악한다. 이를 통해 과거 경험에서 얻은 교훈을 찾고 이를 경영에 반영하는 것이 가능하다. 다음으로 위험 평가(risk assessment) 활동으로는 정성적 평가와 정량적 평가가 있다(Hermann, 1963). 정성적 평가는 전문가의 의견을 바탕으로 각 위험의 발생 가능성과 잠재적 영향을 평가하는데, 이 과정에서는 주관적인 판단이 많이 개입되는 활동으로 다양한 전문가들의 의견을 종합하여 평가한다. 정량적 평가에서는 데이터를 기반으로 위험을 수치화하여 평가하고, 이 과정에서는 통계적 분석, 시뮬레이션, 예측 모델링 등을 활용할 수 있다. 또한, 위험 관리 전략 수립(risk management planning) 활동으로는 위험 회피, 위험 감소, 위험 전가, 위험 수용이 있다(Pearson & Clair, 1998). 위험 회피는 파악된 위험을 아예 피할 수 있는 방안을 모색하는 것으로서, 특정 사업이나 활동을 중단하거나 변경함으로써 위험을 피하는 것이다. 위험 감소 활동은 위험을 완전히 피할 수 없다면, 그 영향을 최소화하기 위한 방안을 마련하는 데 초점을 맞춘다. 안전장치를 도입한다든지 절차를 개선하거나 교육을 강화하는 활동 등을 포함한다. 위험 전가를 위해서는 보험 가입, 계약 조건 수정 등을 통해 일부 위험을 외부 기업이나 조직에 돌리는 방법을 활용한다. 그리고 위험 수용 활동은 위험이 발생할 가능성이 낮고, 발생했을 때 피해나 영향이 크지 않은 경우에는 이를 감수하기로 결정할 수 있다. 이 경우에도 예비 계획을 마련해 두는 것이 필요하다. 마지막으로, 모니터링 및 리뷰(monitoring and review) 활동이다. 위험은 시간이 지남에 따라 변할 수 있으므로, 지속적으로 모니터링하여 새로운 위험요소를 식별하고, 기존 위험에 대한 평가를 새로 하는 것이 필요하다. 그리고 다양한 위험 관리 활동의 효과를 평가하고, 필요에 따라 이러한 프로세스를 수정하거나 개선하는 노력이 필요하다.

둘째, 위기 예방을 위한 정책 수립 단계에서 위기 예방 전략의 개발, 위기관리 교육 및 훈련, 위기 예방을 위한 모니터링 시스템 구축, 내부 통제 시스템 강화, 이해관계자와의 협력 강화 등을 수행하는 것이 필요하다(Cigler, 1988). 위기 예방 전략의 개발 활동으로 기업은 위험의 우선순위를 정하고, 이를 기반으로 예방 전략을 수립한다. 이 전략은 위험의 발생 가능성과 잠재적 영향을 최소화하는 데 중점을 둔다. 위험을 예방하는 데 필수적으로 요구되는 규정과 절차를 명확히 정의하고, 이를 문서화하는 것이 필요하다. 예상 가능한 위기 상황의 경우에는 사전에 비상 대응 계획을 수립하는데, 이 때 위기 발생 시 행동 지침, 책임 부서, 의사소통(커뮤니케이션) 체계 등을 포함해야 한다. 위기관리 교육 및 훈련 활동으로 기업은 모든 직원이 위기 예방과 관련된 정책을 이해하고 준수할 수 있도록 교육 프로그램을 운영하는 것이 바람직하다. 예를 들면 위기 인식, 예방 조치, 보고 절차 등을 교육해야 한다. 또한 직원들이 위기 상황에서 즉각적으로 대응할 수 있도록 정기적인 모의 훈련을 실시해야 하며, 이는 실전과 유사한 환경에서 수행하는 한편, 훈련 후 피드백을 통해 개선점을 도출한다. 위기를 예방하기 위해 기업 내에서 정기적으로 감사와 평가를 수행하여 잠재적 문제점을 조기에 발견하고, 이를 개선할 수 있는 체계를 마련해야 한다. 이와 동시에 기업의 운영 과정에서 발견된 문제점이나 새로운 위험요소에 대해 즉각적으로 대응할 수 있는 개선 프로세스를 운영하는 것이 필요하다. 이해관계자와의 협력 강화 활동으로는 기업 내부와 외부 이해관계자와 긴밀한 협력을 할 수 있도록 주기적인 회의를 통해 이해관계자들과 정보를 공유하고, 피드백을 반영한 예방 조치를 강화해야 한다. 예를 들면, 정부 및 관련 기관과의 협력을 통해 위기 예방에 필요한 지원을 확보한다.

제2절 대비 단계

대비(preparedness)는 위기 발생 시 위기 대응을 위한 운영 능력을 개발시키려는 활동으로 정의할 수 있다. 대비 단계는 다음과 같은 활동들로 구성되어 있다(Clary, 1985: 20; Petak, 1985: 3; McLoughlin, 1985: 166). 첫째, 위기 발생 시 위기 대응을 집행하는 과정에서 활용하게 될 중요 자원들을 미리 확보한다. 둘째, 위기 발생 지역 내외에 있는 다양한 위기 대응 기관들의 사전 동의를 확보한다. 셋째, 위기로 인한 재산상의 손실을 줄이고 주민들의 생명을 보호할 위기 대응 활동가들을 훈련시킨다. 넷째, 위기 대응 계획을 사전에 개발하고 위기를 관리하는 데 필요한 계획이나 경보체계 및 다른 수단들을 대비하는 일련의 활동이다.

위기관리(emergency management) 과정에서 대비(preparedness)는 위기 발생 시 효과적인 대응을 위한 운영 능력을 개발하려는 활동으로 정의할 수 있다. 대비는 위기 상황에 대비해 사전에 준비하는 과정으로, 이를 통해 조직과 지역사회가 신속하고 효율적으로 위기에 대응할 수 있도록 준비하는 것이다.

대비 단계의 기능과 역할은 다음과 같이 구체적으로 설명할 수 있다(Clary, 1985: 20; Petak, 1985: 3; McLoughlin, 1985: 166). 첫째, 대비 단계에서 가장 먼저 수행되는 활동은 위기 발생 시 활용하게 될 중요 자원들을 미리 확보하는 것이다. 이는 위기 상황에서 필요한 장비, 물품, 인력 등을 사전에 준비해 두는 것을 의미한다. 둘째, 기관 간 사전 동의를 확보해야 한다. 위기 발생 지역 내외에 있는 다양한 위기 대응 기관들의 사전 동의를 확보하는 것도 대비의 중요한 활동 중 하나다. 이를 통해 위기 상황에서 여러 기관들이 협력하여 효과적으로 대응할 수 있도록 한다. 셋째, 위기 대응 활동가를 훈련시킨다. 대비 단계에서는 위기로 인한 재산상의 손실을 줄이고 주민들의 생명을 보호할 위기 대응 활동가들을 훈련시킨다. 이를 통해 활동가들이 위기 상황에서 필요한 기술과 지식을 습득하도록 하여, 실제 위기 상황에서 효과적으로 대응할 수 있게 한다. 넷째, 위기 대응을 계획하고 경보체계를 준비해야 한다. 대비 단계에서는 위기 대응 계획을 사전에 개발하고, 위기관리에 필요한 계획이나 경보체계 및 기타 수단들을 대비해야 한다. 이는 위기 상황에 대한 대응 방안을 미리 계획하고, 경보체계를 구축하여 위기 상황을 신속하게 알릴 수 있도록 하는 것을 포함한다. 이러한 대비 단계의 활동들을 통해,

위기 발생 시 효과적으로 대응하고, 피해를 최소화하며, 신속하게 복구할 수 있도록 준비한다.

대비 단계에서 특히 주의해야 할 것은 위기가 발생하기 이전에 각 위기관리 분야 간의 조정과 협조를 이루는 것이 필요하다는 점이다. 예를 들면, 의료재난관리(medical disaster management)는 조직 · 지역 간 조정의 문제가 야기되는 분야로서, 조정을 어렵게 만드는 사회적 · 경제적 · 정치적 문제들을 미리 극복할 경우에만 비로소 조정과 협조의 문제가 해결될 수 있다는 점을 주목해야 한다. 그리고 위기 대비를 하는 경우에 자원의 신속한 배분을 가능하게 하기 위해서는 대비 단계에서 위기관리 우선순위 체계를 설정하는 것이 필요하다(Tierney, 1985: 77-84).

Zimmerman(1985: 29-39)은 대비 단계에서는 무엇보다도 대응 활동을 위한 특정한 자원조달 기제를 확인하는 것이 필요하다는 점을 강조하고 있다. 위기가 발생하는 경우 사용할 수 있는 정상적인 자금원 이외에도 예측하지 못한 사건에 대해 자금을 투입할 수 있는 간접적인 자금원까지도 확보해 놓아야 한다는 것이다. 또한 위기 발생 이전의 정상상태로 신속하게 복귀하기 위해서는 지속적 · 연속적 과정으로서의 대비 단계가 과학적 지식과 계획에 의해 합리적으로 이루어져야 함은 물론, 대응 단계의 활동과 연계되는 것이 필요하다(Kreps, 1991: 33-36).

기업의 경우 위기 대비 단계에서 수행해야 하는 활동으로는 위기 대응 계획 수립, 교육 및 훈련, 모의 훈련 등이 있다(유로, 최유진, 2020; 박근완 외, 2019; 김수연, 박혜영, 2019). 첫째, 위기 대응 계획을 수립하는 활동이다. 기업은 위기 상황이 발생하는 경우에 신속하게 대응할 수 있도록 대응 계획을 미리 마련해야 한다. 이 계획에는 위기 대응팀의 구성, 역할 분담, 위기 대응 매뉴얼 작성 등을 포함한다. 그리고 다양한 위기 상황을 가정하여 각각의 위기 상황별 시나리오에 대한 대응 전략을 마련해 놓는 것이 필요하다. 자연재난, 기술적 문제 발생, 데이터 유출 상황, 법적 문제 등 다양한 위기 유형에 대해 구체적인 대응 방안을 포함해야 한다. 그리고 위기 발생 시에 신속하게 대응하기 위해 각 부서별 책임자와 중요한 역할을 담당할 팀을 미리 구성해 놓아야 한다. 위기 대응팀에서는 위기 상황에 따라 필요한 결정을 내리고, 자원을 효율적으로 배분하며, 위기관리의 중심 역할을 수행한다. 위기 상황에서의 커뮤니케이션 채널을 명확히 정의하고, 내부 및 외부 이해관계자들에게 신속하게 정보를 전달할 방법을 마련해야 한다. 이를 위해 미디어 대응, 직원 커뮤니케이션, 고객 및 파트너에게 전달할 메시지 등을 준비해 놓아야 한다. 위기 발생 시에 대비하여 모든 직원, 특히 위기 대응팀의 주요 인력들과의 비상 연락망을 구축하고 유지해야 하는데, 비상 연락망은 위기 상황에서 빠르고 효과적으로 커뮤니케이션을 할 수 있어야 한다. 기업은 평상시에 직원들에게 위기 대응에 필요한 교육과 훈련을 제공하여 위기 상황에서 대응할 수 있는 능력을 길러야 한다.

둘째, 위기 대응 교육 프로그램을 개발해야 한다. 직원들이 위기 상황에서의 역할과 책임을 명확히 이해할 수 있도록 교육 프로그램을 개발한다. 교육 프로그램은 일반 직원과 위기 대응팀에 맞춤화된 내용으로 구성한다. 이러한 교육 프로그램에는 위기 예방과 관련된 기업 규정, 법적 요구사항, 윤리적 기준 등을 준수하도록 하는 교육을 포함한다. 이는 위기 발생 가능성을 낮추고, 직원들이 규정을 이해하고 준수하는 데 많은 도움을 준다. 또한 직원들에게 위기의 초기 신호와 징후를 파악할 수 있는 방법을 알려줘야 한다. 이 교육을 통해 위기 상황이 발생하기 전에 적절한 조치를 취할 수 있도록 만들어준다. 위기 상황에서 리더들, 특히 중간 관리자와 위기 대응팀의 리더들이 적절한 결정을 내릴 수 있도록 의사 결정을 하는 훈련을 제공하고 리더십을 키워줘야 한다.

셋째, 실제 위기 상황을 가정한 모의 훈련을 통해 위기 대응 계획의 효과를 점검하고 개선하는 활동을 수행한다. 이를 위해 실제 위기 상황을 가정한 훈련을 실시하여 직원들이 실전과 같은 환경에서 대응할 수 있게 준비한다. 기업 내의 다양한 부서들이 함께 참여해 전체적인 대응 체계를 점검할 수 있는 기회를 제공해주는 것이 바람직하다. 특정한 위기 시나리오에 대한 모의 훈련을 통해 대응 전략의 유효성을 점검해야 하는데, 각 시나리오에 대해 여러 가능성을 고려해 다양한 대응 방법들을 시험하고 개선하는 것이 필요하다. 모의 훈련이 끝난 후, 훈련 결과를 평가하고, 성공적인 부분과 개선이 필요한 부분에 대한 피드백을 제공함으로써 향후 훈련과 실제 대응에서의 문제점을 보완할 수 있도록 해야 한다. 이와 함께 모의 훈련 결과를 반영해서 비상 대응 계획을 업데이트하는 것이 필요하다.

제3절 대응 단계

대응(response)은 실제로 위기가 발생한 경우 위기관리 기관들이 수행해야 할 각종 임무 및 기능을 적용하는 활동 과정으로 파악할 수 있다. 대응 단계는 예방 단계, 대비 단계와 상호 연계함으로써 제2의 손실이 발생할 가능성을 감소시키고 복구 단계에서 발생할 수 있는 문제들을 최소화시키는 위기관리의 실제 활동 국면을 의미한다(Drabek, 1985: 85; Petak, 1985: 3).

대응 단계의 활동을 효과적으로 집행하기 위해서는 우선, 대응 단계의 효율적인 의사결정 구조의 문제와 조직 구성원들의 역할 문제를 살펴보아야 한다(Mileti and Sorensen, 1987: 13-21). 즉, 위기에 대해 보다 효율적으로 대응하기 위해서는 집권화되고 공식적인 의사결정 구조보다는 유연한 의사 결정 구조를 유지하는 것이 효과적이다. 그리고 이와 함께 조직 구성원들의 대응 활동에 있어서의 구체적인 역할을 사전에 부여해 놓는 것이 필요하다. 특히, 위기관리 업무를 일상 업무로 수행하고 있거나 관련이 있는 조직보다는 관련이 없는 조직의 경우에 위기에 대비하여 조직 구성원 각자의 업무를 정의하는 것이 더욱 필요하다.

또한 효과적인 위기 대응을 위해서는 조직적 측면, 재난에 대한 행태적 대응, 대응의 일반기능, 그리고 위기관리자의 역할 변화라는 관점에서 살펴보는 것이 필요하다(Perry, 1991: 201-223). 먼저, 위기 대응을 위한 조직 측면에서는 위기관리 기관 간의 활동을 조정하기 위한 의사결정의 중심 장소로서의 위기운영센터를 활용해야 한다. 둘째, 위기에 대한 행태적 대응에 있어서는 재난 희생자와 위기관리 인력들이 일상적인 재난 대응 유형에 익숙해지는 것이 필요하다. 이를 통해서 위기 대응 시간을 줄이고 신속하게 상황 관리에 초점을 둘 수 있기 때문이다. 셋째, 위기 대응 국면에서는 여섯 가지 일반 기능이 필수적으로 요구된다. 즉, 경보, 소개(evacuation), 대피, 응급의료, 희생자 탐색·구조, 재산 보호 기능이야말로 대응 과정에서 필수적인 기능이다. 마지막으로, 오늘날 발생하고 있는 많은 재난 유형들은 지역 주민들의 생명과 재산에 대해 심각한 영향을 미칠 수 있는 것이기 때문에, 이를 관리하고 대응하기 위해서는 지방정부가 감당할 수 없는 많은 자원이 필요하다. 그러므로 위기 대응에 필요한 자원을 확보하고 주민들의 지지를 획득하는 과정에서는 다른 누구보다도 위기관리자를 정치적 최일선에 위치 시켜놓기 때문에, 위기관리자는 자원의 확보와 주민 지지 유도를 위한 정치적 능력을 소유해야 하며 정부 정책 결정 과정에 대한 통찰력을 지니는 것이 필요하다. 그리고 현대에 와서 자연재난과 인적재난의 유형이 보다 많아지고 상이해 짐에 따라 위기관리자는 전문적인 기술적 지식(technical knowledge)을 지니는 것이 필요하다. 즉, 위기관리자는 더 이상 민방위와 자연의 위해성에 대한 일반적 지식만으로는 위기 대응 기능을 효율적으로 수행할 수가 없으며, 위기 대응 과정에서 전문가의 도움을 받는다 할지라도, 결국 이들의 활동을 조정하고 통제할 수 있는 위기관리 체계 운영에 관한 포괄적 지식이 결여되어 있다면 전문가들의 노력은 무의미한 결과를 가져올 것이기 때문이다. 그리고 위기관리자는 일반 시민들의 방재 행정에 대한 신뢰를 회복하고 유지시킬 수 있는 능력을 지니는 것이 필요하다.

이와 함께 위기관리의 대응 국면에 대한 주민의 인식 정도도 중요한 요소이다(Perry and Nigg, 1985: 72-77). 즉, 위기 대응 과정에서 주민이 속해 있는 해당 지역사회가 위기 대응 계획에 따라 진행하고 있으며, 그 활동에 대하여 특정 공무원이 책임을 지고 있다는 것을 주민들이 알 수 있어야 한다. 이것은 위기관리자가 자신의 책무를 효과적으로 수행하고자 하는 경우에 필요한 것으로서, 우선 위기 상황에서 위기관리 조직에 대한 주민의 신뢰성이 확보되어 있어야만 한다. 이러한 신뢰성은 위기가 발생하기 이전부터 위기관리자가 해당 지역의 위기에 대해 전문성에 입각하여 접근하고 특별한 장비 활용에 대한 훈련을 함으로써 주민들이 인식할 수 있는 것이다.

기업은 위기가 발생하면 위기 대응 단계에서 위기 대응팀을 가동하여 피해를 최소화하고, 위기 확산을 막으며, 위기를 빠르게 통제하려는 노력을 수행한다. 그리고 위기 상황에서의 커뮤니케이션을 통해 이해관계자들에게 신속하고 투명한 정보를 제공하여 신뢰를 유지한다(김진수, 2023; 최진봉, 2015; 김정규, 2015; 김대진 외, 2019). 첫째, 위기 대응팀을 가동하기 위해 먼저, 위기 대응팀을 구성하고 역할을 분담하는 것이 필요하다. 위기 대응팀은 기업 내 다양한 부서의 주요 인사들로 구성되며, 각자의 역할과 책임을 명확하게 부여해야 한다. 예를 들면, 최고위 경영진은 전략적 결정을 내리고, 법무팀은 법적 대응을, PR팀은 외부 커뮤니케이션을 담당한다. 각 부서의 역할을 명확하게 분담해야 하는 동시에 필요한 경우 외부 전문가를 포함해서 구성한다. 그리고 위기 상황에서는 사전에 준비해 놓은 위기 대응 매뉴얼을 실행하는데, 매뉴얼에는 위기 발생 시 단계별로 취해야 할 조치, 의사결정 과정, 자원 배분 방안 등이 포함된다. 위기 대응팀은 위기 상황이 완전히 종료될 때까지 24시간 가동 체제를 유지한다. 이는 긴급 상황에서 즉각적인 대응을 가능하게 하는 한편, 지속적인 모니터링을 통해 위기 확산을 방지하는 역할을 수행한다. 위기 대응팀은 실시간으로 상황을 모니터링하고, 필요한 정보를 수집하고 분석함으로써 위기 상황을 정확하게 파악하고, 신속한 대응을 위한 데이터를 확보한다.

둘째, 위기 발생 시 신속하고 투명한 커뮤니케이션 전략을 수립하여 수행하는 것이 바람직하다. 이 전략은 이해관계자들에게 정확한 정보를 전달하는 것을 목표로 하며, 불확실성을 줄이고 신뢰를 유지하는 데 중점을 둔다. 이를 위해 내부 커뮤니케이션 관리 차원에서는 직원들에게 위기 상황과 대응 조치를 분명하게 전달함으로써 직원들이 기업의 메시지와 일관된 행동을 취할 수 있도록 해야 한다. 위기 상황에서는 내부 혼란을 줄이고 조직의 단합이 필요하기 때문이다. 외부 커뮤니케이션 관리 차원에서는 고객, 투자자, 미디어, 정부 기관 등 외부 이해관계자들에게 상황을 알리고, 기업의 대응 방안을 설명하는 것이 필요하다. 이때 투명성을 유지하고, 신뢰를 높이기 위해 정기적으로 커뮤니케이션을 하는 것이 바람직하다. 미디어에 정기적으로 브리핑을 제공하여 기업의 대응 상황을 설명하고, 잘못된 정보나 소문이 퍼지는 것을 방지하는데, 특히 오늘날에는 소셜미디어를 통해 신속하게 정보를 전달하고, 실시간으로 이해관계자들과 소통하는 것이 중요하다. 이러한 구체적인 위기 대응 활동들은 기업이 위기 상황에 효과적으로 대응하고, 이해관계자들과의 신뢰를 유지하는 데 중요한 역할을 하는 한편, 조직의 준비성과 신속한 대응, 명확하고 투명한 커뮤니케이션은 위기관리의 성공에 핵심적인 요소라고 할 수 있다.

제4절 복구 단계

복구 단계에 속하는 구체적인 활동에는 생존지원 체계인 전력망 수리, 임시가옥 · 식량 · 의복 제공 등이 포함된다(Waugh, 1994: 254). 그리고 복구 단계에서 활동하는 주체로는 미국의 경우 지방정부, 주정부, 연방정부, 그리고 민간부문의 조직 등이 있다. 이들은 각각 개별적으로 활동을 하기보다는 서로가 혼합되고 함께 공동으로 기능을 협조할 때 효율적으로 복구활동을 수행할 수 있으며, 공공부문뿐만 아니라 민간부문의 적극적인 참여가 있을 때 효과적인 복구가 가능하다(Perry, 1985: 8-14).

May(1985)는 복구활동의 집행 과정에서 미국연방정부의 재난구조정책(disaster relief policy)의 문제점을 경제적 문제, 조직상의 문제, 정부 간 및/또는 전달 문제의 세 가지 차원에서 지적한다. 먼저, 경제적인 문제점으로는 재난구조 경비의 증가, 손실액과 지원액 사이의 격차, 재난별 구조 지급액의 불균형을 지적하고 있다. 둘째, 조직상의 문제로는 자금지원의 우선순위와 예상 사이의 혼돈을 가져오는 연방정부 조직의 불안정성을 지적하고 있으며, 셋째, 정부 간 및 전달 문제로는 구조 지급액에 대한 주정부와 연방정부 간의 갈등 문제와 주정부 지원 능력의 한계를 제시한다. 따라서 그는 이 같은 문제에 대한 세 가지의 대안적인 접근법을 제시한다. 기본 틀은 첫째, 연방정부가 복구 지원을 하는 데 있어서 보다 직접적인 역할을 하도록 해야 한다는 점이다. 둘째, 연방정부가 총액 보조금을 통한 재난구조 재정지원 역할을 하는 동시에, 재난구조 활동은 주정부나 지방정부에 이관하도록 해야 한다. 셋째, 연방정부는 민간 기업에 의해 제공되는 총괄재해보험(all hazards insurance)에 대해 보조금을 지급해야 한다는 것이다.

복구(recover)는 위기관리(emergency management) 프로세스의 중요한 단계 중 하나로, 재난이나 긴급 상황이 발생한 후에 피해를 최소화하고, 전력망 수리, 임시 가옥 제공, 식량과 의복 제공 등 지역사회의 정상적인 생활로 복귀를 지원하는 것을 목표로 한다. 이러한 활동을 통해 재난 이후 피해를 입은 지역사회 구성원들이 안정된 생활을 되찾을 수 있도록 지원하는 것을 목표로 한다.

복구 단계에서는 공공과 민간의 다양한 주체들이 협력하여 공동의 목표를 달성하는 것이 중요하며, 이를 통해 지역사회의 회복력과 안정성을 강화할 수 있다.

위기 복구 단계에서 기업이 수행하는 구체적인 활동으로는 피해 복구 및 정상화, 위기 이후 분석, 지속가능한 개선 등이 있다. 첫째, 위기 발생 이후 기업의 첫 번째 목표는 피해를 복구하고 정상적인 운영 상태로 돌아가는 것이다. 이를 위해 다음과 같은 활동을 해야 한다. 우선, 위기 상황에서 발생한 피해를 신속하게 평가하여 복구 계획을 수립해야 하는데, 이 과정에서 손실의 범위와 심각성을 평가하고, 복구에 필요한 자원을 확보하는 것이 필요하다. 그리고 재정적 손실을 최소화하기 위한 조치들, 예를 들면 보험 청구, 정부 지원 프로그램 활용, 재정적 위험을 줄이기 위한 금융 계획을 수립해야 한다. 이와 함께 위기 상황에서 피해를 입은 직원들에 대한 부상자의 치료, 심리적 지원, 복귀 계획 수립 등의 지원을 하는 것이 필요하다. 더불어 백업 시스템 활용, 데이터 복원, 공급망 재구축 등을 통해 위기로 인해 손상된 시설, 장비, IT 시스템 등을 복구하여 정상 운영을 하기 위한 지원을 해야 한다.

위기로 인해 영향을 받은 고객 및 이해관계자들에게 복구 상황을 알리고, 이들에 대한 신뢰 회복을 위한 조치를 취해야 한다(Deloitte, 2020).

둘째, 위기 복구가 어느 정도 이루어진 후, 기업은 위기 발생 원인과 대응 과정을 철저히 분석하여 앞으로 유사한 위기가 발생하는 것을 예방하고, 대응력을 강화하는 것이 필요하다(우보현, 2011). 이를 위한 구체적인 활동으로는 위기 원인에 대한 분석, 대응 과정에 대한 평가, 피드백 등이 있다. 먼저, 위기 발생의 근본적인 원인을 분석해야 하는데, 기술적 오류, 인적 실수, 외부 요인 등 다양한 원인에 대해 검토하고, 위기 대응 과정에서 어떤 활동이 효과적이었는지 등을 평가해야 한다. 이 과정에서 위기 대응팀의 의사결정, 커뮤니케이션 전략, 자원 배분의 효율성 등을 분석하는 것이 필요하다. 또한 위기 대응에 참여한 직원, 고객, 공급업체 등 이해관계자로부터 피드백을 수집하여 대응 과정에서의 문제점과 개선점을 도출해야 한다.

셋째, 위기 이후에는 위기 대응 프로세스를 개선하고, 지속가능한 경영을 위한 시스템을 강화해야 한다. 이를 위해 위기 분석 결과를 반영하여 기존 매뉴얼의 취약점을 보완하고 위기 대응 매뉴얼을 업데이트하는 한편, 새로운 위기 유형에 대한 대응책을 포함해야 한다. 그리고 위기 이후 분석 결과를 바탕으로 교육 및 훈련 프로그램을 보완하여 새로운 위기 대응 전략, 변화된 규정, 시나리오 기반의 모의 훈련 등 직원들의 위기 대응 역량을 높이기 위한 방안을 마련해야 한다. 또한 위기로부터 얻은 교훈을 바탕으로 지속가능한 경영을 위한 계획을 수립하는 것이 필요한데, 여기에는 장기적인 위험관리, 환경 및 사회적 책임 강화, 공급망의 회복탄력성 증대 등을 고려하는 것이 바람직하다. 새로운 위험을 식별하고, 잠재적인 위기 요소를 조기에 감지하여 위기 발생 가능성을 줄일 수 있도록 내부 감사 및 모니터링 체계를 강화해야 한다(한경Business, 2013).

CHAPTER

04 위기관리 의사결정

제1절 위기관리 의사결정의 의의

1 위기 인식의 문제

하나의 상황을 위기 상황으로 정의하는 첫 단계는 환경에서 위기를 유발하는 사건을 인식하는 것을 포함한다. 이러한 위기의 인식 후에 그 상황이 가까운 미래에 변화할 것이기 때문에 위기관리 의사결정 시간은 촉박하다. 따라서 위기관리는 전략적 인식과 수단적인 합리성을 요구한다. 즉, 오류가능성(fallibility)에 대한 인식과 예기치 못한 사건을 다룰 수 있는 능력을 요구한다.

이러한 관점에서 헤렉, 재니스와 후스(Herek, Janis, and Huth, 1987)의 '결함 있는 의사결정'의 일곱 가지 징후를 검토해 보자. Herek, et. al.(1987:

203-226)에서는 위기 상황에서의 매우 훌륭한 의사결정의 과정(high-quality decision-making procedures during crises)은 결함 있는 의사결정 과정보다 더 좋은 결과와 연관성이 있다는 가설을 탐구한다. 특히, 그들은 결정의 질이 결과에 미치는 영향을 조사하고, 의사결정 과정에서 발생할 수 있는 결함들을 지적한다. 논문에서는 '결함 있는 의사결정'의 일곱 가지 징후를 포함한 여러 가지 의사결정 과정의 문제점을 다룬다. 정책 결정자들이 중요한 결정을 내릴 때 실수를 피하기 위해서는 관심과 주의를 기울이며 적절한 정보, 실행 가능한 대안에 대한 비판적 평가, 그리고 주의 깊은 상황 계획 등에 대한 탐색이 가장 효과적인 전제라고 할 수 있는데, 이러한 전제 하에 결함 있는 의사결정의 징후들은 다음과 같다.

첫째, 목표의 불명확성이다. 위기 상황에서 의사결정자들이 분명한 목표를 설정하지 못하는 경우, 의사결정 과정은 혼란스럽고 방향성을 잃게 된다. 목표가 분명하지 않으면, 모든 대안과 전략을 제대로 평가할 수 없으며, 잘못된 결정을 내릴 가능성이 커진다. 목표를 고찰하는 데 따르는 중대한 누락이다. 즉, 목표가 분명하지 않으면 목표에 대해 분명하게 토론을 하지 않거나 혹은 목표를 소홀하게 취급함으로써 주요 목표나 가치에 대해 설명하지 않게 된다.

둘째, 대안을 충분하게 탐색하지 않는 것이다. 의사결정 과정에서 대안을 충분하게 탐색하지 않고, 제한된 수의 대안만을 고려하는 경우에는 최적의 결정을 내릴 가능성이 줄어든다. 다양한 대안을 충분히 검토하지 않으면, 중요한 요소를 간과하거나 예상치 못한 부정적 결과를 초래할 수 있다. 대안을 개발하는 과정에서 중대한 누락을 하면, 집행 책임 집단은 실행 가능한 수많은 대안을 고려하지 못하게 된다. 또한 정보 탐색을 충분히 하지 않음으로써 대안의 긍정적·부정적인 면을 평가하는 데 필요한 유용한 정보를 얻는 데 실패하는 것이다.

셋째, 대안에 대한 정보의 편향된 평가를 하는 경우다. 의사결정자들이 특정 대안에 대해 편향된 정보를 제공하거나, 기존 신념에 부합하는 정보만을 선호하는 경우, 공정하고 객관적인 평가가 어려워진다. 가까이서 얻을 수 있는 정보의 처리에 편견을 지니는 경우, 전문가, 대중매체, 그리고 외부 비판가들의 정보를 특정 대안을 지지할 경우에만 받아들이는 제한된 경향을 보인다. 이러한 편향된 평가는 잘못된 결정을 유도할 가능성이 크다.

넷째, 위험과 이익에 대한 비현실적인 평가를 하는 경우다. 대안이 지닌 잠재적 위험과 이익을 과소평가하거나 과대평가하는 경우, 의사결정자들은 비현실적인 기대를 바탕으로 결정을 내릴 수 있다. 이로 인해 의사결정자들이 위기 상황에서 중요한 결정을 내릴 때 상황을 지나치게 낙관적으로 또는 비관적으로 바라봄으로써 오류를 초래할 수 있다. 선호된 선택의 주요 비용과 위험을 검토하지 않음으로써 그 선택의 부정적 결과를 고려하지 못하는 문제가 발생한다.

다섯째, 외부의 압력에 의한 의사결정이 이루어지는 경우다. 외부 집단이나 개인의 압력으로 인해 독립적이고 자율적인 판단이 어려워지는 경우, 의사결정자들은 자신이 원하지 않는 방향으로 결정을 내리게 된다. 이러한 압력은 종종 잘못된 결정으로 이어질 수 있다.

여섯째, 전통적이지 않거나 비정형적인 대안을 자동으로 배제하는 경우다. 위기 상황에서 전통적이고 정형적인 대안보다 창의적이고 혁신적인 대안이 필요할 수 있다. 이전에 거부되었던 대안들은 고려하지 않거나 익숙하지 않은 새로운 대안을 무시하거나 간과함으로써 창의적이고 효과적인 해결책을 선택하지 못할 수 있다. 이는 특히 위기 상황에서 혁신적이고 효과적인 그리고 적절한 대응 전략을 놓치게 할 위험이 있다.

일곱째, 의사결정 후에 사후 평가가 부족한 경우다. 의사결정이 이루어진 후 그 결정이 올바른지, 그리고 그 과정에서 무엇이 잘못되었는지에 대한 평가가 부족한 경우에는 동일한 실수가 반복될 가능성이 높다. 사후 평가는 의사결정의 질을 개선하고 향후 유사한 상황에서 더 나은 결정을 내리는 데 필수적이기 때문이다.

이러한 결함 있는 의사결정의 징후들로 말미암아 의사결정의 질이 저하될 수 있으며, 궁극적으로는 위기 상황에서 실패한 결과를 초래할 수 있다. 그렇기 때문에 의사결정자들은 이러한 징후들을 미리 인식하고 피하는 것이 중요하다.

이상의 검토에서 의사결정을 하기 위해 결정 시점 이전부터 상당한 주의력과 인식 능력을 지녀야 함을 알 수 있다. 이러한 인식의 중요성은 쿠바 미사일 위기(Cuban Missile Crisis)에 대한 케네디의 대응에서도 배울 수 있는데, 첫째, 의사결정자들이 최신의 정보를 습득하는 정도는 위기의 해결에 영향을 미치며, 둘째는 거대하고 복잡한 조직에 속한 소수집단에 의해 의사결정이 이루어짐으로써 위기에 그릇된 인식을 심어줄 수 있으므로 이에 대한 통제가 필요하다는 것이다. 더불어 계획은 충동에 의해서가 아니라 시간을 갖고 다양한 의견을 수렴하면서 그 사건에 관한 구체적인 지식을 지닌 전문가들과 함께 수립해야 한다.

또한 공공 분야와 민간 분야는 각기 다른 목표와 관점을 지닌다는 점을 인식해야 한다. 즉, 정부 내에서의 의사결정의 원리와 의제 정의는 민간 기업의 효율성 요구에 의해서라기보다는 합의의 필요성에 따라 더 많은 영향을 받는다. 그리고 위기 시에 의사결정을 하는 경우, 주관적 편견의 배제가 상당히 중요한 의미를 지닌다.

2 위기관리 의사결정의 원칙

위기관리 의사결정에서의 원칙들은 의사결정의 질을 높이고, 위기 상황에서의 대응력을 강화하는 데 중요한 역할을 한다. 특히, 기업의 위기관리 의사결정은 복잡하고 예측할 수 없는 상황에서 최선의 결정을 내리기 위한 중요한 과정이다. 이를 위해 의사결정을 하는 경우에는 몇 가지 중요한 원칙을 따라야 하는데, 대안의 복수 추천, 목표에 대한 인식, 집행의 통제, 의사소통, 유연한 선택의 유지, 시간의 압력, 목표 변경의 제한 등과 같은 원칙들은 위기 상황에서 효과적인 대응과 문제 해결을 하는 데 도움을 준다. 이러한 원칙들을 의사결정에 적용함으로써, 기업은 위기 상황에서도 안정적이고 성공적인 대응을 할 수 있다.

실질적인 위기관리 의사결정은 불명확성의 안개 속에서 작업하는 사람들이 시간과 사건의 압박 하에 마련하는 것으로 알고 있다. 또한 하나의 위기가 해결되었다고 해서 위기의 요소가 완전히 사라진 것은 아니며, 단지 위기의 요소가 분산된 것일 뿐이다. 그러므로 위기의 원천을 단일한 것으로 단정 지을 수는 없다. 이러한 위기 상황에 대한 인식에 따라 의사결정은 윤리적 공감대 형성의 필요성이 제기된다. 즉, 윤리적 공감대가 형성되어 있지 않다면, '좋은' 계획과 '나쁜' 계획, 그리고 사회적으로 바람직한 것과 그렇지 않은 것을 분리할 정상적인 힘을 상실하게 된다. 그러므로 위기관리 의사결정에서는 사회적인 윤리 가치의 공감대 형성이 필요하고, 이를 바탕으로 하여 위기관리 의사결정 단계에서는 다음과 같은 원칙들이 검토되어야 한다.

1) 대안의 복수 추천

의사결정은 상대적인 의미에서 평가될 수 있는 것(Simon, 1976: 49)이므로 복수의 대안들 사이에서의 선택이 필요하다. 이러한 대안의 복수 추천에서 의사결정자들은 정보의 단일 원천에 의존해서는 안 되고, 시간과 자원이 허용하는 한 많은 다양한 통로를 참고해야 한다.

위기 상황에서는 단일 대안에 의존하기보다는 여러 대안을 동시에 고려하는 것이 중요하다. 대안의 복수 추천(recommending multiple alternatives)은 다양한 시나리오와 상황에 대비할 수 있도록 여러 가지 해결 방안을 제시하는 것을 말한다. 의사결정을 위해 여러 대안을 마련함으로써, 하나의 대안이 실패하더라도 다른 대안으로 신속하게 전환할 수 있어 위험을 분산시킬 수 있다. 그리고 다양한 대안을 준비해 놓으면, 위기 상황의 변화에 따라 유연하게 대응할 수 있으며, 필요한 경우에는 신속하게 대안을 조정하거나 선택하는 것도 가능하다. 또한 여러 대안을 비교하고 평가하는 과정에서 의사결정의 질이 높아져서 최적의 대안을 결정하는 데 도움이 된다.

2) 목표에 대한 인식

위기관리에서의 목표 인식은 일반적으로 정형화된 관리 주체의 관점에

머물러서는 안 된다. 왜냐하면 목표 대상의 시각에서 보면 더 좋은 인식에 이를 수 있기 때문이다. 그러므로 정형화된 방식의 목표 인식으로 빠져들 위험성을 피하기 위해, 위기관리 의사결정자들은 목표 대상, 즉 상대편의 입장에서 상황을 알고자 하는 노력을 기울여야 한다.

위기관리 의사결정을 할 때 목표에 대한 인식(awareness of objectives)은 모든 의사결정 과정의 출발점이다. 목표는 의사결정의 방향을 제시하고, 모든 대안 평가의 기준이 된다. 그러므로 기업의 최고경영자는 위기관리를 위한 분명한 목표를 설정할 때, 모든 참여자가 혼란을 줄이고, 결정의 일관성을 유지하면서 동일한 방향으로 나아갈 수 있도록 해야 한다. 또한 위기 상황에서 목표에 대한 명확한 인식을 통해 우선순위를 정함으로써 제한된 시간 동안 한정된 자원을 효율적으로 배분할 수 있다. 목표 달성을 위한 의사결정을 통해 결과에 대한 정당성을 확보하면 결정이 이루어졌을 때, 이해관계자들에게 그 결정을 설명하고 지지받는 데 도움이 된다.

3) 집행의 통제

위기관리는 공공 영역이든 민간 영역이든 그 최종 결과의 책임이 최고 의사결정자에게 귀착되는 경향이 있다. 따라서 의사결정자는 위기 상황에서의 결정과 그에 따른 집행이 일치하도록 할 권한이 있으며, 또한 집행시에 발생할 수 있는 갈등과 마찰을 조정 · 통제할 책임이 있다. 이러한 집행의 통제는 오늘날과 같은 핵 시대에 군사적 충돌 위기 시에는 더욱 중요한 것으로 좀 더 세밀한 통제가 필요하다.

의사결정이 이루어진 이후 결정된 사항이 효과적으로 실행되고, 그 실행 과정이 통제되는 것이 중요한데, 집행의 통제(control of execution and/or implementation)는 결정된 대안이 제대로 시행되도록 하는 과정에서의 모니터링 활동과 조정을 포함한다. 기업은 의사결정을 한 이후, 위기관리가 진행되는 상황을 지속적으로 모니터링함으로써 예상하지 못한 문제나 장애물이 발생했을 때 즉각적으로 대응할 수 있다. 실행 결과를 평가하고, 목표 달성에 미흡한 부분이 있으면 신속히 조정하는 것이 중요한데, 이는 최종 결과물이 최초에 설정한 목표를 최대한 달성하도록 한다. 그리고 집행의 통제를 통해 위기관리 결정을 집행하는 과정에서 각 단계에 대한 책임을 명확히 하고, 통제력을 강화하여, 문제 발생 시에 신속하게 원인을 파악하고 대응할 수 있다.

4) 원활한 커뮤니케이션

위기 시에 위기관리 의사결정에 필요한 중요한 것 중의 하나로 커뮤니케이션을 들 수 있다. 이와 같은 커뮤니케이션에는 의사결정 집단 구성원 상호 간의 끊임없는 커뮤니케이션 이외에도 위기를 인식하는 당사자들 간의 커뮤니케이션, 그리고 의사결정자와 집행자 사이의 커뮤니케이션 및 언론 매체와 국민들 간의 커뮤니케이션이 필요하다. 또한 위기 당사자뿐만 아니라 주변 환경과의 지속적인 커뮤니케이션 및 협의도 중요하다.

위기 상황에서는 평상시보다도 더 분명하고 효과적인 커뮤니케이션(communication)을 하는 것이 중요하다. 의사결정 과정에서의 정보 전달과 이해관계자 간의 원활한 커뮤니케이션은 의사결정의 실행력과 효과성을 높이는 데 도움을 준다. 의사결정자는 의사결정를 하는 데 필요한 정보들을 정확하고 분명하게 전달해야 한다. 잘못된 정보는 잘못된 결정을 초래할 수 있으며, 이는 위기 상황에서 치명적일 수 있다. 특히, 위기관리에서는 일방적인 정보 전달보다는 상호작용적 커뮤니케이션을 하는 것이 중요하다. 이를 통해 이해관계자들의 의견을 수렴하고 필요한 사항들을 조정할 수 있다. 그리고 위기 상황에서는 적합한 커뮤니케이션 채널 방식을 선택하는 것이 바람직하다. 긴급한 위기 상황에서는 신속하고 협력적인 대응을 위해 실시간 커뮤니케이션이 가능한 채널 방식을 활용하는 것이 효과적이다.

5) 유연한 선택

위기관리에서 미리 엄격하게 고정된 계획을 수립한다는 것은 의사결정자들의 선택을 제한한다. 이것은 위기 상황을 더욱 악화시킬 수 있으며, 위기관리의 제1목표가 위기를 피하는 것이라고 본다면 유연한 위기관리의 대안 선택을 가능케 해 주어야 한다.

위기 상황은 언제든지 급변할 수 있기 때문에, 처음 계획된 대안을 실행할 수 있는 상황이 바뀔 수 있다. 따라서 유연한 선택을 유지(maintaining flexible options)하여 상황 변화에 맞춰 대안을 조정하는 것이 필요하다. 특히, 소용돌이치듯 급변하는 환경에서 활동하는 기업은 의사결정에 있어서 여러 가지 상황에 대응할 수 있는 유연한 대안들을 마련하는 것이 필요하다. 이는 상황 변화에 대한 대응력을 높이고, 계획이 변경되더라도 목표를 달성할 수 있게 해준다. 또한 주된 대안이 실패할 경우를 대비해 비상 계획(plan B)을 마련해 두는 것도 바람직하다. 이는 위기 상황에서의 불확실성을 줄이고, 위험 관리에 도움이 된다. 그리고 위기관리를 하는 과정에서 새로운 정보나 상황 변화에 따라 신속하게 의사결정을 조정할 수 있는 시스템을 구축하는 것도 필요하다.

6) 시간의 압력

위기 상황에서 대안의 탐색과 선택의 시간은 매우 짧다. 또한 위기 상황의 변화는 의사결정을 재촉한다. 그런데 여기서 주목할 점은 시간의 압력으로 말미암아 의사결정이 제약을 받는 경우는 절대적 시간의 제한인 경우도 있으나 위기 해결의 급박성으로 인한 긴장의 고조로 선택 대안들을 검토하지 못할 수도 있다는 것이다. 그러므로 이런 경우에 의사결정자들은 위기가 주는 긴장으로부터 벗어나려는 의도적인 노력이 필요하다.

무엇보다도 위기 상황에서 시간이 중요한 변수로 작용하는 것은 사실이다. 시간이 부족한 상황에서 신속한 의사결정을 내려야 하고, 이러한 시간적 압력(pressure of time)은 의사결정의 질과 결과에 영향을 준다. 다른 조직보다도 기업의 위기 상황은 신속한 결정을 요구하며, 뒤늦은 의사결정은 상황을 악화시킬 수 있기 때문에 시간을 효율적으로 관리하고, 신속하게 의사결정을 내릴 수 있는 능력을 갖추는 것이 중요하다. 급박한 시간의 압력 속에서도 이성적이고 합리적인 판단을 유지하기 위해 의사결정자가 스트레스를 관리하고, 급박한 상황에서도 냉정하게 판단할 수 있는 능력을 갖추어야 한다. 기업은 제한된 시간 내에 해결해야 할 문제들을 우선순위에 따라 처리하는 것이 필요한데, 중요한 문제를 먼저 해결하고, 그 외의 문제는 후속적으로 처리하는 것도 바람직하다.

7) 목표의 제한

위기관리에서는 원칙에 입각해서 잘 정의되지 못하고 산만한 목표보다 분명하고 제한된 목표의 설정이 위기 해결 방법의 기반이 된다. 이와 더불어 목표의 변화는 새로운 위험성을 수반하고 집행자들의 혼란을 야기하기 때문에 피해야 한다. 걸프전 당시 중동 지역에 첨예한 이해 관계가 걸려있던 미국은 그 위기의 해결과정에서 제1의 목표로 쿠웨이트로부터의 이라크의 무조건적인 철수를 설정해 주변국과 국민, 그리고 집행자들에게 혼란을 주지 않음으로써 협조를 얻을 수 있었다. 이러한 목표의 설정은 궁극적으로 후세인을 권좌에서 축출하고자 하는 원칙에서 보면 극히 제한되고 단순화된 것이다.

위기 상황에서의 의사결정 과정 중 목표를 빈번하게 변경하는 것은 구성원들과 이해관계자들 사이에 큰 혼란을 초래할 수 있다. 따라서 위기관리 목표를 신중하게 설정하고, 목표 변경을 제한(limiting changes to objectives)하는 것이 필요하다. 이는 위기관리를 하는 목표가 일관되게 유지되어야만 의사결정 과정의 혼란을 막을 수 있기 때문이다. 만일, 목표를 변경해야 할 필요가 있을 때는 의사결정과 실행 과정에 미칠 영향을 충분히 분석하고, 그 결과를 예상하는 과정을 거치는 것이 바람직하다. 목표를 변경하는 것이 불가피할 경우에는 모든 구성원 및 이해관계자들과 그 내용을 분명하게 공유하고, 그 이유와 새로운 목표를 분명하게 설명해야 한다.

제2절 위기관리 의사결정 변수

1 시간

시간은 위기관리 의사결정에서 중요한 변수로서 신속성과 정확성을 유지하는 데 핵심적인 역할을 한다. 따라서 의사결정자는 시간의 제약 속에서 최선의 결정을 내리기 위해 신속한 정보 처리, 적절한 타이밍, 그리고 전략적으로 시간을 관리해야 한다. 위기관리에서 시간은 위기의 발생 이전의 단계부터 위기 상황이 종료된 후 원상 복구 또는 개량 복구까지의 과정을 지칭하는 것으로 볼 수 있다. 위기 상황에서 대안의 탐색 시간은 종종 너무나 짧고, 의사결정 시간은 상황의 변화에 따라 제한되어 있는 것이 사실이다. 시간 변수는 단기, 중기, 장기의 관점으로 볼 수 있는데, 이러한 것은 상황과의 연계성을 지닐 뿐만 아니라 다른 변수들과 함께 고려해야 한다. 특히, 기업의 관점에서 보면, 위기는 시간의 압박과 불확실성 하에서 중요한 의사결정을 필요로 하는 상황이라고 볼 수 있다.

첫째, 위기관리 의사결정에서 시간은 신속한 대응의 필요성과 관련이 있다. 위기 상황에서는 상황이 빠르게 변화하고, 그에 따라 신속한 대응이 요구된다. 시간이 지체되면 위기가 확산되거나 악화될 가능성이 커지며, 이에 따라 피해도 더 커질 수 있다. 따라서, 의사결정자는 시간의 압박 속에서도 신속하고 정확한 결정을 내려야 하며, 위기 상황 초기에 신속한 의사결정과 적절한 조치를 통해 위기를 통제해야 한다. 시간이 지체될수록 위기 통제의 기회를 상실하게 되며 위기 상황을 통제할 수 없는 상태로 빠질 수도 있다.

둘째, 위기 상황은 시간의 제한성과 정보의 불완전성을 특징으로 한다. 무엇보다도 위기 상황에서는 충분한 정보를 수집할 시간이 부족하기 때문에 의사결정자는 불완전한 정보에 의존해 결정을 내려야 하기 때문에 잘못된 결정을 내릴 가능성이 높다. 따라서, 시간의 압박 속에서 신뢰할 수 있는 정보를 신속하게 식별하고 활용할 수 있는 능력을 지니는 것이 중요하다. 그리고 시간의 제약이 있을 때, 의사결정자는 정보를 빠르게 처리하고 분석해야 한다. 정보의 신속한 수집과 정확한 해석을 할 수 없는 경우에는 의사결정 과정에서 오류가 발생할 수 있다.

셋째, 위기관리를 위해서는 의사결정을 시기적절하게 해야 한다. 위기 상황에서는 의사결정의 타이밍이 중요한데, 너무 빠른 결정은 불충분한 정보로 인해 잘못된 방향으로 갈 수 있고, 너무 늦은 결정은 상황을 악화시킬 수 있기 때문이다. 따라서, 적절한 시기에 결정을 내리는 것이 필수적이다. 위기관리에서는 특정한 시점에서의 결정이 전략적 우위를 점하거나 위기 상황을 효과적으로 관리할 수 있는 기회를 얻을 수 있다. 초기 단계에서의 신속한 대처를 통해 이후 위기 대응의 부담을 줄이고, 장기적으로 입을 수 있는 피해를 최소화할 수 있다.

넷째, 위기 상황에서 시간은 신속한 대응과 신중한 대응 사이의 균형을 요구한다. 너무 빠른 결정은 중요한 요소를 간과할 수 있고, 너무 신중한 결정은 때늦은 대응을 가져올 수 있다. 따라서, 상황의 긴급성을 고려하면서도 심사숙고할 부분을 명확히 구분하는 능력이 필요하다.

다섯째, 위기 상황에서 시간의 부족은 의사결정자에게 심리적 압박을 주게 된다. 이는 의사결정 과정에서의 실수 유발이나 판단력 저하와 스트레스 등으로 이어질 수 있다. 그러므로 시간의 압박 속에서도 심리적 안정을 이루고 합리적인 판단을 유지하는 것이 중요하다.

2 공간

공간은 위기관리 의사결정에서 중요한 변수로서 물리적인 위치, 자원의 배치, 문화적 및 정치적 맥락 등 다양한 요소를 포함하고 있다. 의사결정자는 공간적 요소들을 고려하여, 위기 상황에 적합한 효과적인 대응 전략을 수립하고, 공간적 제약을 극복하는 방법을 모색해야 한다. 위기관리에서 공간은 위기 사건이 발생해 그 영향력이 미치는 범위라고 설정해 볼 수 있다. 이 같은 공간의 개념은 가정, 학교, 공장뿐만 아니라 지방자치단체, 국가 혹은 세계까지도 포함 가능하다. 이와 같이 공간의 수준이 다양한 것은 위기의 종류에 따라 그 영향 범위가 다양하기 때문이다. 예를 들면, 화재의 경우는 그 공간을 한 가정이나 기업으로 국한시켜 볼 수 있지만, 전쟁이나 외교 분쟁의 경우에는 그 공간이 세계로 확장되기 때문이다. 따라서 위기관리 과정에서는 위기 발생 시 그 영향이 어느 범위에까지 미치는지를 인식해야 한다.

첫째, 위기가 발생하는 물리적 공간이나 지리적 위치는 위기 대응 전략에 영향을 준다. 지진, 홍수, 호우 등의 자연재난이 발생한 지역의 지리적 특성은 긴급한 위기 대응과 자원 배치에 영향을 준다. 또한, 기업의 주요 시설이 분포한 위치나 인프라의 배치는 위기 상황에서의 대응 계획을 수립하는 데 고려해야 할 주요 변수가 된다.

둘째, 물리적 공간의 접근성과 이동 경로는 위기관리에서의 중요한 변수다. 응급 구조대의 접근이나 재난관리 자원의 신속한 동원과 이동이 가능한지, 또는 피해 지역에 대한 구호 활동이나 지원을 얼마나 빠르게 할 수 있는지가 위기 대응의 성패를 좌우할 수 있기 때문이다.

셋째, 위기 상황이 영향을 미치는 공간적 범위는 대응 전략의 복잡성을 결정한다. 국지적인 위기인지, 국가적 또는 국제적인 위기인지 여부에 따라 위기 대응의 규모와 복잡성이 달라질 수 있다. 예컨대, 특정 지역이나 한정된 시설 공간에서 발생한 사고는 제한된 공간 내에서 대응하는 것이 가능하지만, COVID-19와 같은 팬데믹 위기는 전 세계적인 차원에서 대응해야 한다.

넷째, 위기를 관리하기 위해서는 제한된 공간으로 위험 구역을 설정하는 것이 필요하다. 이는 위기관리에서 공간적 범위를 고려하여 위험 구역을 설정하고, 해당 구역 내에서의 활동을 제한하거나, 대피 명령을 내리는 등의 조치를 취하는 것이 가능하기 때문이다. 이러한 공간적 조치는 인명 피해를 줄이고, 위기 확산을 방지하는 데 필수적이다.

다섯째, 위기관리에 필요한 자원의 공간적 배치는 신속한 위기 대응에 영향을 줄 수 있다. 재난관리에 필요한 응급 물자, 구조 장비, 의료 자원 등이 적절한 공간에 배치되어 있을 때 비로소 필요한 순간에 자원을 신속하게 사용할 수 있는 것이다. 공간적 배치가 잘못되면, 대응 속도가 늦어져 피해가 커질 수 있다.

여섯째, 위기관리에 필요한 자원의 공간적 배치를 분산할 것인지, 집중할 것인지에 대한 결정은 중요한 변수가 된다. 한 지역에 모든 자원을 집중시켜 빠르게 대응할 것인지, 또는 여러 지역에 분산시켜 다각도로 대응할 것인지는 위기관리에서 공간적 전략의 일환으로 결정된다.

일곱째, 효과적인 위기관리를 위해서는 다양한 팀과 조직들이 협력하여 업무를 수행해야 한다. 만약 이들이 서로 다른 공간에 위치하게 되면 협력과 조정을 확보하기 위한 방안을 마련해야 한다. 공간적으로 분산된 팀 간의 커뮤니케이션이 원활하지 않으면, 대응의 일관성이 떨어지고 혼란이 발생할 수 있기 때문이다. 따라서, 공간적 분리를 고려한 의사소통 전략이 필요하다. 공간적 제약으로 인해 직접적인 현장 관리나 협력과 조적이 어려운 경우에는 원격으로 위기를 관리하고 지휘하는 능력도 중요하다.

여덟째, 위기관리에서 도로, 통신망, 전력망 등과 같은 공간적 인프라는 위기 대응의 효율성에 영향을 준다. 인프라가 파손되거나 제대로 기능을 하지 않으면, 위기 대응에 큰 지장이 발생할 수 있다. 따라서, 공간적 인프라를 보강하거나 대체 경로를 마련하는 것이 중요하다. 특히, 오늘날의 위기관리에서는 공간적 정보를 실시간으로 제공하는 위성 및 드론 기술이 중요한 역할을 한다.

아홉째, 위기가 발생한 지역의 인구 밀집도는 대응 전략을 설계하는 데 있어서 중요한 변수로 작용한다. 인구 밀도가 높은 지역에서는 대규모 대피, 의료 서비스 제공, 질서 유지 등이 더욱 복잡해진다. 특정 공간이 지니는 위험요소를 평가하고, 이를 바탕으로 위기 예방 및 대응 전략을 세우는 것이 필요하다.

3 문화

한 국가의 문화는 위기나 위협을 해석하고 그에 대응하는 데 영향을 미친다. 또한 이러한 문화는 의사결정자의 배경, 경험, 가치관 등에 영향을 미치기 때문에, 전략이나 정책을 설명할 때는 그들의 문화를 파악하는 것이 중요하다. 또한 문화는 개인의 인식 배경을 형성하는 경향이 있으므로 각 개인의 인식은 사회적 인식 공유로 인도되거나 혹은 사회의 인식에 따라 개인의 인식이 형성될 수 있다. 그리고 문화적 배경과 가치관이 다른 경우, 하나의 사건을 위기로서 인식할 수도 혹은 그렇지 않은 것으로 인식할 수도 있다. 그러므로 위기관리에서는 문화, 종교, 가치관 등을 고려해야 한다.

위기관리 의사결정에서 문화는 중요한 변수로 작용하며, 조직의 대응 방식, 의사소통, 리더십, 그리고 윤리적 판단에 영향을 준다. 문화적 이해와 민감성을 반영한 의사결정은 위기 상황에서 효과적인 대응을 가능하게 하고, 조직과 공동체의 신뢰 구축에 기여한다. 따라서, 위기관리 의사결정자는 조직과 지역사회의 문화적 특성을 잘 이해하고, 이를 바탕으로 한 전략을 수립하는 것이 중요하다.

위기관리 의사결정에 영향을 주는 변수로서 문화(culture)는 위기 대응의 효율성, 의사결정 과정, 그리고 결과에도 영향을 준다. 첫째, 조직 문화는 의사결정의 방식에 직접적인 영향을 준다. 권위적이고 계층제적 문화에서는 상급자가 신속한 결정을 내릴 수 있지만, 다양한 의견이 반영되지 못할 수도 있다. 반면에 참여적이고 협력적인 문화에서는 다양한 의견이 반영되어 보다 균형 잡힌 결정을 내릴 수 있지만, 의사결정이 늦어질 수 있다.

둘째, 한 국가나 지역의 문화는 위기 상황에서 의사결정자가 위기를 어떻게 인식하고 대응할지 여부에 영향을 준다. 일부 문화에서는 자연재난이나 경제적 위기를 주기적인 현상으로 받아들이면서 대비하는 반면에 다른 문화에서는 이를 매우 예외적인 사건으로 간주하고 대응 전략을 다르게 결정할 수 있다.

셋째, 문화는 위기관리 의사소통의 방식에도 영향을 준다. 일부 문화는 간접적이고 암묵적인 의사소통을 선호하는 반면, 다른 문화는 직접적이고 명확한 방식의 의사소통을 중시한다. 위기 상황에서 적절한 커뮤니케이션 스타일을 선택하는 것은 신속하고 효과적인 대응을 위해 필수적이다.

넷째, 위기 상황에서는 문화적 다양성을 관리하는 것이 필요하다. 다문화 환경에서 위기관리 의사결정을 내릴 때, 서로 다른 문화적 배경을 가진 팀 구성원들의 다양한 시각을 고려하는 것이 필요하다. 하지만 의사결정 과정이 복잡해지고 갈등과 충돌이 발생할 수 있다는 점도 고려해야 한다. 이러한 문화적 차이를 이해하고 조율하는 능력은 다문화 환경에서 성공적인 위기관리를 위해 필요하다.

다섯째, 글로벌 기업이나 다국적 조직에서는 위기 상황에서 문화적 민감성을 고려한 의사결정이 중요하다. 특정 국가의 문화적 관행이나 신념을 무시하거나 오해할 경우에는 위기 대응이 실패로 끝날 수 있으며, 조직의 평판과 신뢰도 역시 부정적인 결과를 가져올 수 있다. 위기 상황에서 문화적 이해와 존중은 공동체의 신뢰를 구축하고 유지하는 데 중요한 역할을 한다. 위기 대응이 공동체의 문화적 가치와 일치할 때, 구성원들의 협력과 참여를 이끌어내는 것이 쉬워지며, 이는 위기 극복에도 긍정적인 영향을 미친다.

여섯째, 문화는 위기 상황에서의 리더십 스타일에도 영향을 준다. 강력한 리더십과 신속한 결정을 선호하는 문화가 있는 반면에, 협력과 합의를 중시하는 리더십이 효과적인 문화도 있다. 위기 상황에서 리더가 조직의 문화적 특성을 잘 이해하고 이에 맞는 리더십을 발휘하는 것이 중요하며, 문화가 의사결정의 정당성을 평가하는 기준이 될 수도 있다. 위기 상황에서는 의사결정이 문화적 가치에 부합하는 경우, 구성원의 지지와 협력을 이끌어내기가 쉽고 의사결정의 실행력이 높아진다.

4 환경의 불확실성

환경의 불확실성(environmental uncertainty)은 의사결정의 복잡성을 증가시키고, 정보의 불완전성, 위험 평가의 어려움, 그리고 신속한 대응의 필요성을 야기한다. 하지만 동시에 환경의 불확실성은 유연성과 적응성, 혁신과 창의성을 촉진하며, 조직의 리더십과 학습 능력을 강화하는 기회가 될 수 있다. 따라서 의사결정자는 이러한 불확실성을 이해하고, 이를 관리할 수 있는 전략을 수립함으로써, 위기 상황에서 더 나은 결정을 내릴 수 있다.

환경의 불확실성은 환경에서의 인과 관계에 대한 정보가 결핍되고 의사결정의 결과물이 어떻게 될지를 정확하게 예측하지 못하는 상태로 정의할 수 있다. 이러한 불확실성은 환경의 두 가지 특징인 복잡성과 변화율에 의해 영향을 받는다. 따라서 환경의 복잡성과 변화율이 증가함에 따라 최고관리자가 인식하는 불확실성의 양도 증가한다. 그러므로 환경의 불확실성은 위기관리 과정의 중요한 영향 변수가 되고, 환경의 불확실성에 대한 개인의 인식은 환경으로부터의 정보 습득과 밀접한 관련이 있다.

첫째, 환경의 불확실성은 위기 상황에서 다양한 변수들이 복합적으로 작용하는 상황을 만들어낸다. 이러한 복합적 상호작용으로 인해 상황을 예측하는 것이 불가능해지고, 단순한 문제 해결 방법으로는 대응하기 어려운 문제들이 발생할 수 있다. 의사결정자는 이 복잡성을 이해하고, 다양한 시나리오를 고려하여 결정을 내려야 한다.

둘째, 위기 상황에서 환경의 불확실성은 정보의 불완전성을 초래한다. 위기 상황에서 필요한 모든 정보를 수집할 수 없거나, 수집된 정보의 신뢰성이 의심스러울 때, 의사결정은 더욱 어려워진다. 의사결정자는 불완전한 정보 속에서 최선의 결정을 내려야 하며, 이는 의사결정 과정에 큰 부담을 준다.

셋째, 불확실한 환경에서는 잠재적 위험을 정확히 평가하기가 어렵다. 위기가 발생할 확률이나 위기로 인한 영향을 정확하게 예측하기가 어렵고, 대책을 수립하여 시행하는 데 큰 도전이 된다. 특히, 위기관리에서 잘못된 위험 평가로 인해 위기를 과소평가하거나 과대평가하기가 쉽다.

넷째, 환경의 불확실성은 의사결정 과정에서 유연성과 적응성을 요구한다. 의사결정자는 변화하는 상황에 맞춰 신속하게 전략을 조정할 수 있어야 한다. 고정된 계획보다는 상황에 따라 조정 가능한 계획이 필요하다. 환경의 불확실성이 높을수록 상황이 급변할 수 있고 의사결정의 속도와 정확성이 중요하다.

다섯째, 불확실한 환경에서는 기존의 문제 해결 방식이 통하지 않는 경우가 많기 때문에, 혁신적이고 창의적인 접근이 필요하다. 위험한 상황을 극복하기 위해서 위기관리에서 새로운 아이디어와 접근 방식을 모색하는 것이야말로 불확실성을 극복하고, 더 나은 결과를 도출하는 데 도움이 될 수 있다.

5 위기 유형

위기 상황의 유형에는 자연재난과 인적재난, 기술재난, 시민의 소요, 대규모 전염성 질병, 폭력주의자의 활동, 첨예한 국제적인 갈등, 그리고 핵 위협 등을 포함한다. 따라서 위기관리 과정의 영향 변수로서 이들 각각의 위기 사건을 고려하는 것이 중요하다. 예를 들면, 폭력주의자들이 일으키는 사건은 다른 형태의 재난이나 위기와 유사한 면을 지닐 수 있다. 즉, 대중 참사가 일어날 가능성은 폭력주의자들의 사건에도 있는 것이다. 또한 이것은 그 해결을 위해 정부의 특별 조치가 필요하다. 이런 점에서 자연재난이나 다른 기술재난 등과 유사한 계획들을 사용할 수 있다. 그러나 폭력주의자들의 비행기 납치 사건의 경우에는 국내의 규범이나 법률 외에 국제적 영향력이나 압력 혹은 규범, 법규 등을 고려해야 한다.

위기 유형은 위기관리 의사결정을 하는 데 있어서 의사결정의 방식, 속도, 자원 배분, 커뮤니케이션 전략 등 다양한 요소에 영향을 미친다. 의사결정자는 각 위기 유형의 특성을 이해함으로써 효과적으로 위기관리를 할 수 있다. 또한 위기 유형을 고려한 의사결정은 조직의 대응력을 높이고, 피해를 최소화하는 데에도 기여한다.

첫째, 위기 유형이 자연재난인지 기술재난인지 아니면 인적재난이나 테러리즘, 팬데믹인지 여부에 따라 위기의 발생과 전개 방식이 다르기 때문에 대응 전략도 다르게 정해야 한다. 따라서 의사결정자는 위기 유형을 파악하고, 그 특성에 맞는 대응책을 마련하는 것이 바람직하다. 예를 들면, 자연재난 위기의 경우에는 긴급 재난 대응과 자원 동원이 중요하지만, 데이터 유출과 같은 위기에서는 정보보호 시스템을 복구하는 것이 필요하다.

둘째, 위기 유형이 무엇인지에 따라 위기 상황의 긴급성과 피해의 심각성이 다르다. 테러리즘이나 대형 폭발사고 위기에서는 신속한 의사결정이 필요하지만, 장기적인 경제 위기나 사회적 불안은 보다 신중하고 장기적인 계획이 필요하다. 그러므로 의사결정자는 위기 유형에 따른 긴급성을 평가하고, 그에 맞는 의사결정을 해야 한다. 위기 유형에 따라 자원 배분의 우선순위도 달라질 수 있다. 자연재난인 경우에는 응급구조와 긴급 구호 활동에 자원을 배분해야 하지만, 공중보건 위기는 의료 자원과 방역 조치를 하는 것이 최우선이 된다.

셋째, 특정 유형의 위기는 예상할 수 있기 때문에, 사전에 준비하고 계획을 세우는 것이 가능하다. 자연재난은 과거의 역사적 데이터를 기반으로 예측하고 과거 사례를 통해 대비책을 마련할 수 있다. 하지만 테러리즘이나 팬데믹과 같은 감염병 위기는 사전에 예측을 하는 것이 어려워 대비책도 복잡하다. 따라서 기업은 각 위기 유형에 맞춰 사전 계획을 세우고, 대비 태세를 강화해야 한다. 위기 유형에 따라서 대응 역량을 키우는 방법도 달라진다. 예를 들어, 화재 대피 훈련이나 사이버 해킹 대응 시뮬레이션은 서로 다른 위기 유형에 맞춘 훈련이 필요하다.

넷째, 위기 유형에 따라 커뮤니케이션 방식도 달라져야 한다. 테러리즘이 발생한 경우에는 무엇보다도 신속하고 정확한 정보 제공과 협력이 중요하지만, 경제적 위기에 대해서는 신뢰를 줄 수 있는 커뮤니케이션이 필요하다. 위기 유형에 따라 영향을 받는 이해관계자가 다르기 때문에, 이들과의 커뮤니케이션 방법도 다르게 접근해야 한다. 자연재난은 지역 사회와의 커뮤니케이션이 중요하지만, 재정 위기는 투자자 및 금융 기관과의 소통이 중요하기 때문이다.

다섯째, 위기 유형은 기업의 회복탄력성(resilience)에 미치는 영향이 다르다. 자연재난은 물리적 인프라의 회복이 필요하지만, 사이버 공격은 정보 시스템 기능의 회복이 무엇보다도 중요하다. 그러므로 기업은 위기 유형에 따른 회복탄력성 강화 전략을 마련해야 한다. 위기 유형별로 발생하는 문제와 그 해결 과정을 통해 기업의 학습 능력과 위기 대응 능력을 향상시킬 수 있다. 다양한 위기 유형에 대한 경험이 기업의 장기적인 환경 변화에 대한 적응력과 위기로부터의 회복탄력성을 강화하는 데 도움이 된다.

6 재정

재정(finance)은 위기관리 의사결정에 영향을 미치는데, 위기 대응과 복구의 성공 여부를 좌우한다. 재정적 자원을 충분히 확보하고 효율적으로 사용하는 것은 위기 상황에서 피해를 최소화하고, 장기적인 회복을 가능하게 한다. 그러므로 기업은 위기관리 과정에서 지속가능한 재정 전략을 수립하여 보다 효과적으로 위기에 대처해야 한다.

첫째, 위기가 발생하는 경우, 기업이 즉각적으로 대응할 수 있는 능력은 가용한 재정 자원에 크게 의존할 수 밖에 없다. 충분한 자금이 확보되어 있으면, 신속하고 효율적인 위기 대응에 필요한 인력, 장비, 자재 등을 동원함으로써 피해를 최소화할 수 있다. 반대로, 재정적 한계와 제약이 있다면 초기의 위기 대응이 지연되고, 이로 인해 피해가 더 확대될 수 있다. 위기 발생 후 물리적 인프라의 복구뿐만 아니라, 기능을 정상화하기 위해서는 지속적인 재정적 뒷받침이 필요하다. 충분한 재정이 확보되지 않으면 복구 작업이 지연되거나 불완전하게 이루어질 수 있어 장기적으로는 기업의 경제 활동에 어려움을 초래할 수 있다.

둘째, 위기 상황에서 재정 자원을 어떻게 할당할 것인지에 대한 의사결정은 이해관계자들 사이에 갈등을 가져올 수 있다. 재정적 자원의 배분과 관련된 내부의 갈등을 조정하고, 최적의 배분 방식을 결정하는 것이 중요하다.

셋째, 위기 대응과 피해를 복구하는 데 들어간 비용은 장기적으로 기업의 재정에 큰 부담이 될 수 있다. 대규모 피해를 본 이후에는 기업의 이윤이 감소하거나 적자가 커지거나 재정적 안정성이 떨어질 수 있다. 이로 인해 장기적으로 기업의 성장에 부정적인 영향을 미칠 수도 있다. 기업의 위기관리에서 재정적 지속가능성을 고려하는 것이 중요하다. 반복적인 위기 상황에 대비하기 위해서는 재정적 자원을 지속적으로 마련하고 관리하는 능력이 필수적이다. 재정적 지속가능성을 보장하기 위해 보험, 기금, 정부의 지원, 투자자 모집 등을 통해 재정적 완충 장치를 마련하는 것도 중요한 전략이 될 수 있다.

넷째, 기업은 재정적 자원을 효율적으로 사용하기 위해 다양한 정책을 마련해야 한다. 현금 유동성 확보, 긴급 재정지원 방안 마련, 저리 은행대출 확보 등이 위기 발생 시 재정적 부담을 완화하는 데 도움이 된다. 이러한 정책들은 위기 대응의 유연성을 높이고, 피해 지역의 신속한 복구를 촉진할 수 있다.

다섯째, 위기 대응을 위해 재정적 자원이 적절하게 사용되었는지를 평가하는 과정도 중요하다. 위기 발생 이후 복구하는 과정에서 재정적 자원을 효율적으로 사용했는지, 예상한 목표를 달성했는지를 평가하는 것은 향후 위기관리에서의 재정적 의사결정을 개선하는 데 필수적이다.

02
PART

기업 위기관리

CHAPTER

05 기업 위기관리의 의의

제1절 기업 위기관리의 정의

기업 위기관리(corporate crisis & emergency management)는 다양한 위기로부터 기업의 생존성을 보호하고, 지속가능한 경영을 보장하기 위해 노력하는 과정이다. 이러한 위기와 위협요인으로는 자연재난 위기, 인적재난 위기, 재무 위기, 평판 손상 위기, 법적 문제 위기, 인적자원 위기, 또는 기타 예측하기 어려운 돌발 상황을 포함하다.

기업 위기관리는 다양한 위기와 위협요인들을 식별하고, 예방하며, 효과적으로 대응하여 기업의 생존과 성장에 기여하는 것이다. 기업 위기관리는 위기가 발생하기 전에 미리 예방하고 대비하며, 위기가 발생하는 경우 효율적으로 대응하고 복구하기 위해 목표, 전략, 계획을 수립하고 집행하는 과정이라고 정의할 수 있다. 한마디로 말해서 기업 위기관리는 기업이 위기 회복탄력성(resilience)을 갖추게 하는 데 목적이 있다. 기업은 예상할 수 없는 매우 다양한 위기로부터 존립, 운영 능력, 명성, 브랜드 가치, 재무 건전성 등에 심각한 영향을 받을 수 있다. 즉 기업 위기관리의 목적은 이러한 각종 위협 요인으로부터 기업의 생존성을 보호하고, 위기 피해를 최소화하여 기업이 정상적인 상태로 신속하게 회복하여 지속가능한 경영을 하는 데 있다. 이러한 기업 위기관리의 정의는 다음과 같은 활동들을 포함한다.

첫째, 기업 위기관리의 예방 단계다. 예방 단계에서는 기업의 안전을 확보하고 위기 발생 가능성을 줄이기 위한 위험관리 절차(risk management process)를 마련하고, 기업의 내부와 외부에 있는 위험을 수시 및 정기적으로 평가해야 한다. 예방 단계는 크게 두 가지 의미를 지닌다. 하나는 기업의 생존성과 지속가능한 경영을 위협할 수 있는 위기 자체가 발생하지 않도록 방지(prevention)하는 것이고, 다른 하나는 위기 발생을 방지하려는 노력에도 불구하고 위기가 발생하는 경우에는 그 피해를 최소화하도록 완화(mitigation)하는 것이다.

둘째, 기업 위기관리의 대비 단계다. 대비 단계에서는 기업의 안전을 위협할 수 있는 매우 다양한 종류의 위기들을 관리하기 위한 환경 탐색, 정보 수집, 목표 설정, 전략 마련, 계획 수립, 매뉴얼 마련, 교육 및 훈련, 언론 대응 시나리오 등을 준비해야 한다. 즉 대비 단계는 위기 상황에서 신속하고 효과적인 대응을 할 수 있도록 탐색, 수집, 목표, 전략, 계획을 하고, 기업 구성원에 대한 위기관리 교육, 훈련, 그리고 시뮬레이션을 통해 준비하는 노력을 기울이는 것이다.

셋째, 기업 위기관리의 대응 단계다. 대응 단계에서는 위기 발생과 동시에 위기 상황을 신속하게 파악하고 그 심각성을 평가하여 적절한 대응 방안을 결정한다. 기업이 처한 위기 상황이 무엇인지를 정확하게 정의하고, 문제의 원인과 진행 과정, 향후에 전개될 상황을 이해하는 것이 우선적으로 필요하다. 대응 단계는 최고경영자의 판단과 의사결정, 이해관계자와의 협력 및 언론 브리핑을 실시하는 등 신속하고 효율적인 대응을 함으로써 기업이 입을 피해를 최소화하기 위해 위기관리에 필요한 자원과 정보를 활용하는 과정이다.

넷째, 기업 위기관리의 복구 단계다. 복구 단계에서는 위기가 발생한 이후 신속하게 기업 활동을 정상화하고, 손실된 자원이나 명예, 브랜드 가치 등을 원래의 상태 또는 개선된 상태로 회복시킨다. 특히, 복구 단계에서는 복구 이후의 향후 후속 조치 및 개선 방안을 마련하기 위해 대응 과정에서의 경험을 분석하고, 개선에 필수적으로 요구되는 방안들을 도출하여 향후의 위기관리 대응력을 강화해야 한다.

제2절 기업 위기관리의 필요성

현대의 기업이 직면한 경영 환경은 글로벌화, 기술혁신, 산업간 경계붕괴로 인해 복잡성과 불확실성이 더욱 증대되고 있으며, 급격한 변화와 혁신이 요구되는 초경쟁 시대에 놓여 있다. 이러한 환경에서 기업이 생존하고 지속가능한 경영을 통해 성장하기 위해서는 체계적인 위기관리가 필수적이다. 기업이 위기관리를 해야 하는 필요성을 살펴보면 다음과 같다.

첫째, 기업은 위기관리를 통해 생존성을 확보하고 지속가능한 경영을 보장할 수 있다. 위기는 기업의 존립 자체를 위협할 수 있다. 자연재난, 경제적 불황, 기술개발의 실패, 법적 분쟁 등과 같은 다양한 형태의 위기는 기업의 핵심 운영을 중단시킬 수 있다. 이러한 위기에 제대로 대응하지 못하는 경우에는 심각한 재정적 손실이나 파산에 이를 수도 있다. 위기관리 시스템을 제대로 구축하면 기업은 이러한 위험을 사전에 인지하고 대비할 수 있어, 기업의 생존과 지속가능성을 보장할 수 있다.

둘째, 기업은 위기관리를 통해 시장에서의 신뢰와 평판을 지킬 수 있다. 시장에서 기업의 신뢰와 평판은 사람의 목숨과 같은 것이다. 기업에게 있어서 신뢰와 평판은 그 자체로 중요한 핵심 자산인 것이다. 위기 상황에서 대응을 잘 못하게 되면, 기업은 고객, 투자자, 파트너로부터 신뢰를 잃고, 이는 장기적으로 시장에서의 위상과 지위를 약화시킬 수 있다. 기업 위기관리는 위기 상황에서의 기업 평판 손실을 최소화하고, 기업의 신뢰를 신속하게 회복하는 데 중요한 역할을 한다.

셋째, 기업은 위기관리를 통해 법적 책임과 규제를 준수하고 경제적 손실을 막아야 한다. 위기 상황은 종종 법적 분쟁 등의 사법적 판결 문제로 이어질 수 있고, 규제 기관으로부터 주목을 받는다. 그러므로 기업은 위기관리 절차를 통해 법적 분쟁과 위험을 최소화하고 규제를 준수함으로써 사법적 위험을 최소화하고, 불필요한 비용 지출을 방지하기 위해 노력해야 한다. 위기 발생 시 기업은 생산활동 중단으로 인한 매출 감소, 유·무형의 자산 손실, 고객이탈에 따른 시장 점유율 하락, 주가 폭락으로 인한 기업가치 하락 등 심각한 경제적 손실을 초래할 수 있다. 위기관리는 이러한 손실을 최소화하고, 업무가 빠르게 정상화하도록 하여 재정적 안정성을 유지한다.

넷째, 위기관리는 기업이 급변하는 환경에 적응할 수 있는 능력을 키우는 데 중요한 역할을 한다. 현대의 기업 환경은 기술의 발전, 규제 변화, 글로벌화 등으로 인해 급변하는데, 위기관리 전략은 이러한 변화에 신속하게 대응할 수 있도록 기업의 적응력을 증대시킨다. 위기는 기업에게 위협이 되기도 하지만 동시에 새로운 기회를 제공하기도 한다. 효과적인 위기관리 시스템을 갖추면 위기를 기회로 전환하여 기업이 새로운 성장 동력을 확보하고 경쟁우위를 강화하는 데 도움이 된다.

다섯째, 위기관리를 통해 기업은 조직 내 의사소통과 협업 체계를 강화하고 업무 연속성을 확보할 수 있다. 위기 상황에서는 신속하고 정확한 의사소통이 필요하며, 이를 통해 직원들 간의 협업과 이해를 증진시킬 수도 있다. 위기관리 프로세스를 통해 평소에 준비된 대응팀이 원활하게 작동할 수 있도록 훈련하고, 역할을 명확히 해야 한다. 업무 연속성은 기업이 위기 상황에서도 핵심 운영을 지속할 수 있도록 하는 능력이다. 위기관리 전략은 업무 연속성 계획의 핵심 요소로서, 기업이 예상하지 못했던 사건들이 발생하는 경우에도 빠르게 복구하고 지속적으로 운영될 수 있게 도와준다.

위기관리는 모든 기업이 필수적으로 갖추어야 한다. 위기는 언제, 어떻게 발생할지 예측할 수 없는 특성을 가지고 있다. 그러므로 이에 대비하지 않으면 기업은 위기 발생 시 효과적으로 대응하지 못해 큰 피해를 입을 수 있다. 특히, 현대 기업은 글로벌화, 기술의 발달, 공급망의 복잡성 등으로 인해 관리해야 할 위기 요소가 많다. 이런 상황에서 체계적인 위기관리가 필요하고, 위기 발생 시에 얼마나 신속하게 정상적인 운영 상태로 복귀하느냐가 기업의 경쟁력에 큰 영향을 미친다.

그러므로 기업 위기관리란 단순하게 위기에 대응하는 것을 넘어, 기업의 전반적인 전략과 운영의 일부로 내재화되고 통합되어야 하는 중요한 기능이다. 이는 기업의 리더십, 조직의 문화, 위험관리 시스템, 의사결정 과정 등과 밀접하게 연결되어 있으며, 기업이 위기에 더 잘 대비하고, 이를 기회로 전환할 수 있는 역량을 키우는 것을 목표로 한다. 따라서 기업 위기관리는 단순한 사후 대처가 아닌, 예방, 대비, 대응, 복구의 전 과정을 포괄하는 종합적인 관리 활동으로 이해하는 것이 바람직하다. 이는 기업의 지속가능한 성장을 지원하고, 불확실한 환경에서 경쟁력을 유지하는 데 필수적이기 때문이다.

제3절 기업 위험관리 활동

기업 위험관리는 기업이 목표를 달성하고 지속가능한 성장을 유지하기 위해 필요한 활동으로, 기업이 직면할 수 있는 다양한 위험요소들을 식별, 분석, 평가, 대응, 모니터링 등을 실시하는 과정을 말한다. 기업은 위험관리를 통해 손실을 예방하고 비용을 절감하며, 사업의 업무 연속성을 확보하는 한편, 이해관계자들과 신뢰를 구축할 수 있다. 기업 위험관리에는 크게 위험요소 식별 및 위험 평가, 업무 영향 분석 활동이 포함된다(이영재, 2013: 21).

1 위험요소 식별 및 평가

위기에 대응하기 위한 첫 번째 목표는 위기 그 자체가 발생하지 않도록 막는 것이고, 두 번째 목표는 위기 발생 시에 그 피해를 최소화하는 것이다. 따라서 기업은 평상시에 위기에 관한 중요성을 조직 차원에서 인식해야 하고 예상할 수 없는 위기가 발생한 후에도 얼마나 빨리 그 중요성을 인지할 수 있는가가 중요하다.

단계	내용
위험요소 식별	• 자연적, 기술적, 사회적 위험요소를 비롯해서 경영적, 환경적 위험요소 등에 대해 사전에 분류된 결과를 참고하여 조직에 인명사상이나 재산 손실 등의 피해를 발생시킬 위험요소 유형들을 정리
↓	
취약성 분석	• 인적 · 물적 · 금전적 · 정보 자원에 손해를 끼칠 수 있는 조직 구성원, 장비, 시설, 정보, 업무운영절차, 행정 등의 약점을 확인 및 분류
↓	
위험지정	• 식별된 위험요소 목록 가운데서 조직에 중대한 영향을 미칠 가능성이 있는 위험요소와 조직에 중대한 영향을 미칠지를 판별할 수 없는 위험요소 확인
↓	
위험산정	• 정량적인 방식은 수학공식접근법, 확률지배법, 몬테카를로시뮬레이션 기법, 과거 자료 분석법 등이 있으며, 정성적인 방식은 델파이 기법, 시나리오 기법, 순위결정 기법, 퍼지행렬 기법, 질문서 기법 등이 있음
↓	
위험평가	• 산정된 위험요소들을 위험 발생 확률과 영향의 크기(예상손실)에 따라 2차원 테이블에 분포시킴 • 위험의 분포도를 바탕으로 위험에 관한 우선순위를 부여 • 발생 확률과 예상 손실이 높을수록 우선 관리 대상

자료: 이영재(2013: 21)

[위험분석 절차]

위험분석은 기업이 지니고 있는 위험을 식별하고 위험의 규모를 산정하여 대응책이 필요한 분야를 식별하는 일련의 과정이다. 그러므로 기업 운영에 대한 잠재적인 위험을 도출하여 이에 대한 위험관리 방안인 경감전략, 경감계획 등을 제시하기 위한 기초 자료로 활용해야 한다. 이러한 위험분석의 절차는 앞의 그림과 같다.

2 업무 영향력 분석

업무 영향력 분석(business impact analysis, BIA)은 위험분석에서 도출된 위험들이 현재의 업무 프로세스에 어느 정도의 영향을 주는지를 분석하는 것이다. 여기서 분석 대상의 업무 및 서비스의 범위를 설정해야 하는데, 이는 조직이 관리할 대상에 따라 달라진다. 특히, 업무 및 서비스의 중지가 업무에 어떻게 영향을 미치는지를 이해하는 것은 조직의 자산을 보호하고 위험을 관리하는 데 핵심적인 역할을 할 뿐만 아니라 업무 연속성을 위한 전략을 개발하고 계획을 수립하기 위한 첫 걸음이 된다.

기업의 위험관리에서 업무 영향력 분석은 기업의 핵심 업무 기능이 중단되거나 손상될 경우 이를 복구하는 데 필요한 요소로는 어떤 것들이 있는지를 파악하는 데 중점을 두며, 다음과 같은 세부 요소들이 있다.

첫째, 기업의 핵심 기능을 식별해야 한다. 즉 기업의 핵심 업무 기능과 프로세스를 구별하여 어떤 기능과 프로세스가 회사에 가장 중요한 것인지를 확인해야 한다.

둘째, 위험을 식별하고 평가한다. 각각의 기업 핵심 업무 기능에 영향을 줄 수 있는 잠재적 위험들을 식별하고, 그 위험의 심각성을 평가하는 것이다. 예를 들면, 자연재난, 기술재난, 인적 오류 등이 업무에 어떤 영향을 미칠지를 평가한다.

셋째, 위험이 기업의 핵심 업무 기능에 미치는 잠재적 영향을 분석한다. 기업의 핵심 기능이 중단되는 경우에 발생할 수 있는 재정적 손실, 운영 중단, 고객 신뢰 손상, 법적 문제 등에 대한 분석을 포함해야 한다.

넷째, 피해 복구의 우선순위를 정해야 한다. 각 핵심 업무 기능에 대한 복구 우선순위를 설정하여 기업이 어떤 기능을 먼저 복구해야 하는지, 그리고 이를 위해 필요한 자원이 무엇인지를 확인해야 한다.

다섯째, 핵심 업무를 복구해야 할 시한을 정해야 한다. 중단되었던 기업의 핵심 업무 기능이 언제까지 복구되어야 하는지를 정해야 한다. 기업이 감당할 수 있는 핵심 업무의 마비나 중단에 대한 최대 시간을 파악하는 것이 먼저 이루어져야 한다.

여섯째, 기업의 핵심 업무들을 복구하는 전략을 개발해야 한다. 기업의 핵심 업무 기능을 보호하고 복구하기 위한 전략으로는 백업 시스템, 대체 업무 장소, 대체 인력 등 다양한 대책을 포함할 수 있다.

이처럼 업무 영향력 분석은 기업이 다양한 위험 상황에 대비하고, 핵심 업무 기능이 마비되거나 중단되는 경우 어떻게 대응할지를 미리 계획하는 데 도움을 준다. 이를 통해 기업은 잠재적 손실을 최소화하고 신속하게 정상적인 운영을 할 수 있다. 업무 영향력 분석의 절차는 다음과 같다.

단계	내용
업무 프로세스 분석	• 중요 제품과 서비스 식별(Key Product & Service) • 중요 제품과 서비스를 지원하는 업무 활동 식별(Activities)
업무 영향 평가	• 업무 활동 중단이 미치는 영향 식별 • 개별 업무 활동 최대중단허용시간(MTPD) 결정
핵심 업무 도출	• 복구 우선순위에 따른 핵심 업무 활동 식별 • 핵심 업무 활동의 의존 항목 식별 • 외부 조직의 업무 연속성 수준 식별
복구 목표 시간 도출	• 핵심 업무 활동의 복구시간목표(RTO) 식별 • 핵심 업무 활동의 재개를 위한 자원 산정

[업무 영향력 분석 절차]

3 기업의 위험관리와 위기관리 비교

기업의 위험관리(risk management)와 위기관리(crisis & emergency management)는 둘 다 기업의 생존성과 지속가능한 경영을 보장하기 위한 중요한 활동이지만, 각각의 목적과 접근 방식에서는 차이가 있다. 이 두 가지 개념의 차이는 다음과 같다.

첫째, 기업의 위험관리(risk management)는 기업이 직면할 수 있는 잠재적인 위험요소들을 식별하고, 이러한 위험이 발생하지 않도록 사전에 예방하거나, 발생 시 피해를 최소화하는 데 목적이 있다. 그렇기 때문에 위험관리는 주로 예방적(proactive)인데, 이는 기업이 직면할 수 있는 다양한 종류의 위험, 즉 재무적, 운영적, 전략적, 규제적 위험 등을 미리 파악하고 분석하여, 이러한 위험이 발생할 가능성을 줄이기 위한 전략을 개발하고 실행하는 것을 포함한다. 신제품을 출시하기 전에 시장 조사를 통해 시장의 수요를 예측하고, 생산과정에서 발생할 수 있는 결함을 사전에 검토하는 것과 같은 활동은 위험관리의 하나로 볼 수 있다.

둘째, 기업의 위기관리(crisis & emergency management)는 예상하지 못한 위기 상황이 발생했을 때, 기업의 피해를 최소화하고 신속하게 정상 운영을 복구하는 데 목적이 있다. 위기관리는 주로 대응적(reactive)인 측면의 관리인데, 이는 기업이 갑작스럽게 발생한 위기 상황에 어떻게 효과적으로 대응할 것인지 계획하고, 위기 상황 발생 시 신속히 대응하는 데 주안점을 둔다. 예를 들면, 식품 회사가 식품 안전 문제로 인해 리콜을 해야 하는 경우, 즉시 소비자에게 알리고, 문제의 원인을 파악하며, 재발 방지 대책을 수립하는 것이 위기관리의 방식이라고 할 수 있다.

이상에서 살펴본 바와 같이 이들 위험관리와 위기관리의 차이를 살펴보면, 첫째, 위험관리는 잠재적인 문제를 사전에 다루는 데 초점을 맞춘 반면에, 위기관리는 발생한 문제를 해결하는 데 주로 중점을 둔다. 둘째, 위험관리는 주로 예방적 접근을 취하고, 위기관리는 대응적 접근법을 지닌다. 셋째,

위험관리는 장기적인 계획과 관리 프로세스를 포함하며, 위기관리는 위기 대응 계획과 커뮤니케이션 전략이 중요하다. 이처럼 위험관리와 위기관리는 서로 보완적인 관계에 있으며, 두 가지 모두 효과적으로 수행되어야 기업의 지속가능성과 회복력을 높일 수 있다.

제4절 기업의 위기관리 활동

기업 위기관리의 과정은 단순히 위기에 대한 반응이 아닌, 사전에 준비하고, 위기를 기회로 전환하며, 이후의 복구와 개선까지 포함하는 종합적인 전략이다. 이 과정은 기업의 지속가능한 경영과 생존성 확보에 필수적이다.

기업이 위기를 관리하는 과정은 일반적으로 다음과 같은 단계로 구성된다. 이 과정은 예방, 대응, 회복을 포괄하는 종합적인 접근 방식을 필요로 하며, 각 단계는 체계적으로 계획되고 실행되어야 한다.

1 위기의 확인 및 평가

위기의 확인 및 평가(crisis identification and assessment)의 첫 번째 단계는 기업에게 위협이 될 수 있는 모든 잠재적 및 현재적 위기를 확인하는 것이다. 여기에는 자연재난, 기술재난, 인적 자원 문제, 평판 위기, 법적 위기 등이 포함된다. 위기를 확인하고 위기의 심각성과 중대성을 평가하여 각 위기가 기업에 미칠 수 있는 영향을 분석하고, 이에 따라 위기관리 계획과 전략을 마련하는 것이 필요하다. 모든 잠재적 위기요소를 확인하기 위해서는 내부 환경과 외부 환경을 분석해야 하는데, 기업의 내부 환경은 운영 및 재무 환경, 외부 환경은 정치, 경제, 사회 환경으로 구분하여 위협요소를 찾는다. 그리고 위기 유형을 기업 생존성이나 지속가능 경영에 영향을 주는 지진, 홍수, 폭염, 폭설, 폭우, 산사태, 태풍, 쓰나미 등과 같은 자연재난, 데이터 유출, 시스템 장애 등과 같은 기술재난, 파업, 인력 부족과 같은 인적 자원 문제, 소비자 불만, 소셜미디어 논란과 같은 평판 및 브랜드 가치 위기, 소송, 규제 변화와 같은 법적 위기 등으로 구분할 수 있다. 그리고 위기 발생 가능성을 확인하기 위해 과거의 사례, 산업 동향, 전문가 의견 등을 통해 각 위기 유형의 발생 가능성을 평가하는 것이 필요하다.

두 번째 단계는 확인된 각 위기요소에 대해 심각성과 중대성을 평가하는 것이다. 주요 활동은 다음과 같다. 각 위기가 발생했을 때 기업에 미칠 수 있는 재무적, 운영적, 평판적 영향을 정량적 및 정성적으로 분석하는 업무 영향 분석을 실시한다. 그리고 위기의 발생 가능성과 잠재적 영향을 기준으로 위기 영향 평가 매트릭스를 작성하여 각 위기를 관리하기 위한 우선순위를 정한다. 우선, 위기의 발생 가능성(probability)은 위기가 발생할 가능성을 평가(예: 낮음, 중간, 높음)하고, 위기의 영향(impact)은 위기가 기업에 미칠 잠재적 영향을 평가(예: 낮음, 중간, 높음)하는 것이다. 이를 통해 다음과 같은 위기

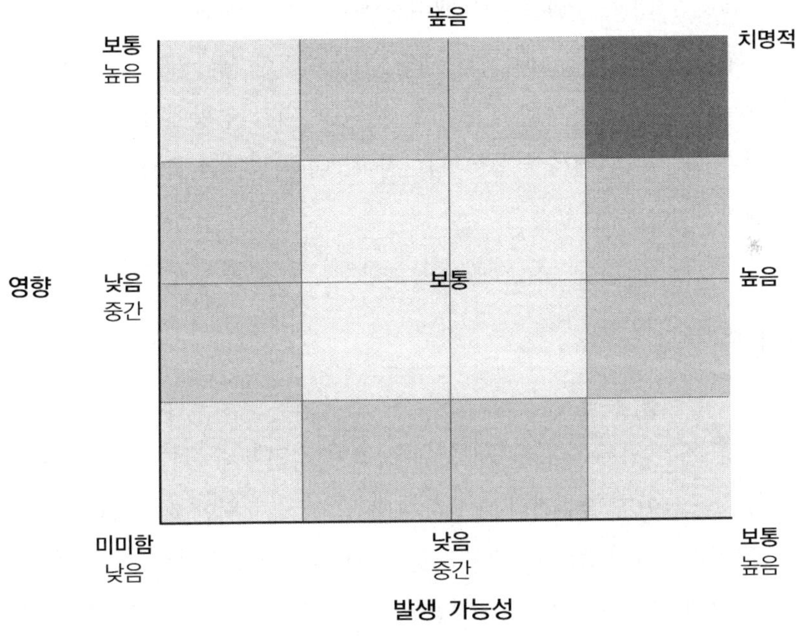

[위기 영향 평가 매트릭스]

영향 평가 매트릭스를 만들 수 있다. 매트릭스는 위기의 발생 가능성(probability)과 영향(impact)을 기준으로 하여, 각 위기의 우선순위를 '미미함(insignificant)', '낮음(low)', '보통(moderate)', '높음(high)', '치명적(critical)'으로 평가한다. 이를 통해 기업은 다양한 위기 상황에서 자원과 노력을 효과적으로 배분하고, 위기 발생 시 신속하게 대응할 수 있도록 준비할 수 있다.

셋째, 기업의 이해관계자와 협력 및 의견 수렴을 하는 것이다. 위기를 평가하는 과정에서 기업의 이해관계자인 경영진, 직원, 주주, 고객, 공급업체 등의 협력과 의견을 수렴하는 과정이 필요하다. 이와 관련하여 기업의 다양한 부서와 함께 워크숍이나 브레인스토밍 세션을 통해 잠재적 및 현재적 위기를 확인하고, 그에 대한 다양한 관점을 수렴하는 것이 바람직하다. 또한 위기관리 전문가 및 컨설턴트, 법률 자문 등 외부 전문가의 의견을 듣고, 기업 내외부에서 발생할 수 있는 위기에 대한 통찰을 얻는다. 그리고 내부 이해관계자와의 정기적인 소통을 통해 위기 인식과 평가 결과를 공유하고, 대응 전략을 함께 개발하는 것도 필요하다. 이와 함께 위기가 발생했을 때의 상황을 가정하고 대응 계획을 시뮬레이션해야 한다. 시나리오 개발에서는 각 위기 유형별로 다양한 시나리오를 개발하고, 이러한 시나리오 하에서 기업이 어떻게 대응해야 하는지를 검토한다. 다양한 위기 상황에서 기업의 운영, 재무, 평판 등의 측면에서 영향을 평가하고, 대응 방안의 효과성을 테스트하는 과정이 필요하다.

2 위기 예방

위기 예방(crisis prevention)은 기업이 직면할 수 있는 잠재적 위기를 미리 확인하고 이를 줄이거나 발생하지 않도록 하기 위한 체계적인 계획과 준비를 포함한다. 예방 조치와 계획을 통해 기업은 위기의 발생 가능성을 줄이고, 만약 발생한다 하더라도 그 영향을 최소화할 수 있다. 정기적인 훈련, 모니터링, 지속적인 개선 활동은 기업의 위기 대응 역량을 높이는 데 중요한 역할을 한다.

기업 위기관리의 예방 단계는 기업의 안전을 확보하기 위해 위기 발생 가능성을 줄이기 위한 위험관리 절차(risk management process)를 마련하고, 기업의 내부와 외부에 있는 위험을 수시 및 정기적으로 평가해야 한다. 예방 단계는 크게 두 가지 의미를 지닌다. 하나는 기업의 생존성과 지속가능한 경영을 위협할 수 있는 위기 자체가 발생하지 않도록 방지(prevention)하는 것이고, 다른 하나는 위기 발생을 방지하려는 노력에도 불구하고 위기가 발생하는 경우에는 그 피해를 최소화하도록 완화(mitigation)하는 것이다.

첫째, 가장 좋은 것은 위기를 사전에 예방할 수 있는 조치를 하는 것이다. 예컨대, 데이터 보안 강화를 통해 사이버 공격의 위험을 줄이거나, 철저한 품질 관리로 제품 리콜의 위험을 줄이는 것 등이다.

둘째, 위기가 발생한 경우에 기업이 신속하게 대응할 수 있도록 위기 대응 계획(crisis response plan)을 마련하는 것이다. 이 계획에는 대응팀의 구성, 의사소통 전략, 비상 연락처, 대체 프로세스 등이 포함되어야 한다. 위기 대응 계획의 효과를 높이기 위한 정기적인 훈련과 시뮬레이션을 실시함으로써 직원들이 위기 상황에서 어떻게 행동해야 하는지를 익히고, 계획의 잠재적 약점을 파악하여 개선할 수 있다.

셋째, 위기 대응팀의 구성 및 운영이다. 위기 발생 시 신속하고 효과적으로 대응할 수 있는 전담 팀을 구성하고, 각 팀원은 명확한 역할과 책임을 부여받아야 한다.

넷째, 위기 상황에서 명확하고 일관된 커뮤니케이션을 위한 전략을 개발하는 것이다. 이 전략에는 직원 및 경영진 간의 내부 커뮤니케이션과 고객, 미디어, 주주 등과의 외부 커뮤니케이션을 포함하는 것이 바람직하다. 위기 상황에서 사용될 비상 연락처 목록을 작성하고, 주요 업무 기능에 대한 대체 프로세스를 개발하는 것이 포함된다.

다섯째, 정기적인 훈련 및 시뮬레이션을 실시하는 것이 효과적이다. 직원들이 위기 상황에서 어떻게 행동해야 하는지 숙지할 수 있도록 정기적인 위기 대응 훈련을 실시해야 하는데, 이는 실제 위기 상황에서 대응력을 높이는 데 도움을 줄 수 있다. 또한 다양한 위기 시나리오를 바탕으로 시뮬레이션을 실시하여 계획의 효과성과 직원들의 대응 능력을 테스트한다.

여섯째, 실시간으로 위험을 감지하고 모니터링할 수 있는 시스템을 구축함으로써 위기 발생 가능성을 조기에 발견하고 신속히 대응할 수 있다. 잠재적 위기를 조기에 감지할 수 있는 지표를 설정하고, 이러한 지표에 대한 지속적인 모니터링을 실시하는 것이다. 예컨대, 경제 지표, 고객 불만 수 증가, 데이터 트래픽 이상 등 다양한 경고 지표를 설정하여 활용할 수 있다.

3 위기 대비

위기 대비 단계는 기업이 다양한 위기 상황에 대비하여 필요한 준비를 갖추는 과정으로서, 환경 탐색과 정보 수집부터, 목표의 설정, 전략의 마련, 교육 및 훈련 등 다양한 활동을 통해 기업의 위기 대응력을 강화할 수 있다. 위기 대비를 통해, 위기 발생 시 신속하고 효과적으로 대응을 할 수 있고, 기업의 생존성과 지속가능한 경영을 확보할 수 있다.

기업의 위기 대비(crisis preparedness)는 위기 발생 시 신속하고 효과적으로 대응하기 위해 사전에 필요한 준비를 갖추는 단계이다. 이 단계에서는 잠재적 위기요소를 관리하기 위한 환경 탐색과 정보 수집부터, 목표 설정, 전략 마련, 계획 수립, 매뉴얼 마련, 교육 및 훈련 등 다양한 활동을 수행한다. 위기 대비 단계에서의 구체적이고 필요한 활동은 다음과 같다.

첫째, 기업은 위기관리의 목표를 설정하고 전략을 마련해야 한다. 위기 발생 시 기업이 수행해야 할 주요 목표를 분명하게 정의해야 한다. 인명 보호, 재무적 손실의 최소화, 평판 및 브랜드 가치의 보호, 업무 연속성 확보 등을 분명하게 정의하는 것이 필요하다. 그리고 각 위기 유형별로 대응 전략을 마련하는 것이 바람직하다. 이는 예방적 조치, 피해 완화 전략, 비상 시 운영 유지 방안 등을 포함할 수 있다. 또한 수집된 정보를 바탕으로 위기를 분류하고, 그 우선순위를 설정하여 대응 전략을 차별화해야 한다.

둘째, 기업의 위기관리 차원에서 대체 프로세스 및 시스템을 준비해야 한다. 기업의 핵심 업무 기능이 중단될 경우를 대비하여 대체 프로세스와 시스템을 준비해야 한다. IT 시스템이 다운될 경우, 백업 시스템을 가동하거나, 특정 지역에서의 업무 중단 시 대체 지역에서의 운영 계획을 마련하는 것이다. 9·11 테러 당시 금융기관인 Morgan Stanley는 위기 상황에 대비하여 다양한 데이터 백업 시스템과 위기관리 시스템을 준비해 놓고 있었다. 이러한 준비 덕분에, 회사는 테러 이후에도 빠르게 운영을 재개할 수 있었으며, 중요한 데이터 손실을 방지할 수 있었다. 즉 Morgan Stanley는 금융 서비스 기업으로서, 고객 정보와 거래 데이터, 재무 데이터 등 중요한 데이터의 보존이 매우 중요했고, 이를 위해 회사는 데이터 이중화 및 원격 백업 센터를 운영하고 있었다. 원격 백업 시스템은 지리적으로 떨어진 장소에 데이터를 실시간으로 복제하여 저장함으로써, 물리적 재난이나 대규모 사고 발생 시 데이터 손실을 방지할 수 있었다. 이와 함께 정기적 데이터 백업을 실시했다. 데이터 백업은 매일 또는 실시간으로 수행되었으며, 이는 재무 데이터나 거래 정보와 같이 시간이 중요한 데이터의 손실을 방지하는 데 목적이 있다. Morgan Stanley는 데이터 복구 시스템을 통해 비상 상황에서 신속하게 데이터를 복구할 수 있도록 준비했기 때문에 테러와 같은 예기치 않은 재난에서 빠르게 시스템을 복원하고, 업무 연속성을 유지하는 데 중요한 역할을 했다.

셋째, 기업은 위기관리 매뉴얼 및 절차를 마련해야 한다. 위기관리 매뉴얼에는 위기 발생 시 따라야 할 표준운영절차(SOP)를 포함해야 하는데, 위기 대응 단계별 상세 절차, 책임자 연락처, 사용 가능한 자원 목록 등이 포함된다. 또한 위기 상황에서 신속하고 체계적인 대응을 하기 위해 각 단계에서 수행해야 할 작업들을 명확히 정의하고 있는 체크리스트를 마련해야 한다.

넷째, 기업의 위기 대비 활동으로는 교육 및 훈련 프로그램 개발이 있다. 모든 직원이 위기 상황에서 필요한 기본적인 대응 기술과 지식을 갖추도록 교육 프로그램을 개발하고 정기적으로 실시하는 것이 필요하다. 위기 대응의 핵심 역할을 담당할 리더십 팀과 전문 대응팀인 IT 보안팀, 법무팀 등을 대상으로 훈련을 실시하여 위기 상황에서의 결정력과 대응 능력을 강화하는 것이 바람직하다.

다섯째, 다양한 위기 상황을 가정한 시나리오를 개발하고, 이를 기반으로 한 모의 훈련을 정기적으로 실시하는 것이 필요하다. 사이버 공격, 자연재난, 기술재난, 대규모 제품 리콜 등 다양한 상황에 대한 대응 훈련을 진행하는 한편, 위기 상황에서 기업의 시스템과 프로세스가 얼마나 잘 작동하는지 평가하기 위한 스트레스 테스트를 실시하는 것이 필요하다.

여섯째, 기업은 위기 상황에서 언론 대응 및 대외 커뮤니케이션을 준비해야 한다. 위기 발생 시 언론과 대중에게 어떻게 정보를 제공할지에 대한 전략을 마련함으로써 이를 통해 기업의 평판을 관리하고, 잘못된 정보가 확산되는 것을 방지할 수 있다. 또한 실제 위기가 발생한 상황에서 대중과 언론을 대상으로 공식적인 소통을 담당할 대변인을 지정하고, 이를 위한 미디어 대응 훈련을 실시해야 한다. 또한 위기 발생 시 신속하게 배포할 수 있는 표준 커뮤니케이션 템플릿, 즉 보도자료나 공지 사항 등을 미리 작성해 두는 것이 필요하다.

4 위기 대응

위기 대응(crisis response) 단계는 위기 상황에서 기업이 신속하고 효율적으로 대처하여 피해를 최소화하고, 업무 연속성을 유지하기 위해 활동하는 단계다. 이 단계에서는 위기의 인식과 경보 발령부터, 실제 대응 실행, 내부 및 외부 커뮤니케이션, 그리고 상황 평가와 지속적인 조치까지 다양한 활동이 필요하다.

첫째, 위기 대응을 위해서는 신속한 위기 인식 및 상황 파악이 필요하다. 위기 발생 시, 신속하게 상황을 인식하고 위기의 유형과 규모를 파악해야 한다. 이를 위해 실시간 모니터링 시스템과 자동 경보 시스템을 활용하여 위기 발생 시 즉각적인 대응이 가능하도록 한다. 위기 발생 사실이 확인되면 즉각적으로 경보를 발령할 수 있도록 위기 경보 발령 시스템을 운영해야 한다.

경보 발령은 사내 방송, 이메일, 문자 메시지, 알림 앱 등 다양한 경로를 통해 이루어질 수 있고, 모든 직원과 관련 부서가 신속히 위기 상황을 인지할 수 있어야 한다. 또한 위기 상황에서 필요한 초기 정보를 신속하게 수집하고 분석하는 것이 필요하다.

둘째, 위기 대응 활동을 실제로 해야 한다. 사전에 구성된 위기 대응팀을 즉시 가동하여 위기 상황에 필요한 조치를 실행하고, 사전에 마련된 위기 대응 계획에 따라 다양한 활동이 이루어져야 한다. 예컨대, 화재가 발생한 경우 화재 진압, 응급구조팀 호출, 건물 대피 등이 이루어져야 한다. 또한 위기 상황이 더 악화되지 않도록 상황을 통제하고, 데이터 유출 사고가 발생한 경우, 즉시 네트워크를 차단하고 보안팀을 소집하여 추가적인 유출을 방지하는 조치 등이 이루어져야 한다.

셋째, 위기 상황에서 내부 및 외부 커뮤니케이션이 체계적이고 전략적으로 이루어져야 한다. 위기 상황에서는 무엇보다도 내부 직원들과의 명확하고 일관된 커뮤니케이션이 필요하다. 모든 직원이 현재 상황과 대응 계획을 이해할 수 있도록 신속한 브리핑과 지속적인 정보 업데이트를 통해 불안감을 줄이고, 혼란을 최소화할 수 있다. 그리고 고객, 주주, 미디어, 공급업체 등 외부 이해관계자에게 상황을 투명하게 알리고, 회사의 대응 조치와 향후 계획에 대해 설명해야 한다. 공공과 언론을 대상으로 한 공식적인 브리핑을 통해 상황을 명확하게 설명하고, 잘못된 정보가 퍼지는 것을 방지하는 한편, 회사의 입장을 일관되게 전달하고, 언론과의 소통을 통해 기업의 신뢰를 유지해야 한다.

넷째, 위기 상황의 심각성을 평가하고 상황에 따라 대응 전략을 실시간으로 조정하는 것이 필요하다. 위기 발생 직후와 대응을 하는 중에 상황의 심각성을 지속적으로 평가해야 초기 대응 전략이 효과적인지, 또는 추가 조치가 필요한지 여부를 판단할 수 있다. 그리고 예상치 못한 상황이 발생하거나 위기가 예상보다 심각한 경우, 기존 계획을 조정하여 새로운 대응 방안을 마련해야 한다.

다섯째, 위기 상황이 어느 정도 종료된 후에는 업무 연속성을 확보하기 위해 복구 계획을 실행해야 한다. 이 과정에서 손실된 데이터를 복구하거나, 시설을 복구하고, 서비스 제공을 준비한다. 위기 대응이 종료된 경우에는 대응 과정과 결과를 철저히 평가하여 교훈을 도출하고, 향후 유사한 상황에 대비할 수 있도록 위기 대응 계획을 개선하는 것이 필요하다. 더불어 복구 과정에서도 내부 및 외부 이해관계자와의 의사소통을 통해 현재 진행 상황과 복구 진행 상태를 명확하게 전달하는 것이 필요하다.

5 위기 복구

기업의 위기 복구(crisis recovery) 단계는 단순히 위기 상황을 넘어서서 기업을 더욱 강력하고 회복력 있는 조직으로 만드는 데 중요한 역할을 한다. 복구 단계에서의 성공적인 관리와 개선은 기업이 미래의 위기에 더 잘 대비하고, 지속가능한 성장과 발전을 이룰 수 있게 해준다. 복구 단계는 위기 발생 후 신속하게 기업 활동을 정상화하고, 손실된 자원과 명예, 브랜드 가치를 회복하는 중요한 단계다.

첫째, 복구 단계의 가장 중요한 목표는 기업이 가능한 한 빨리 정상적인 운영 상태로 돌아가는 것이다. 이를 위해 기업은 업무 연속성 계획을 실행하여 중요한 업무 기능을 재개하고, 위기로 인해 중단된 운영을 회복하는 것이 필요하다. 신속한 IT 정보 시스템의 복구, 공급망 재개, 고객 서비스 재개 등은 고객과 파트너와의 관계를 유지하고 신뢰를 회복하는 데 필수적이다. 업무 연속성을 확보함으로써 기업은 경제적 손실을 최소화하고, 시장 점유율을 유지하거나 빠르게 회복할 수 있다.

둘째, 복구 단계에서는 위기관리 과정 전체를 분석함으로써 성공적인 위기관리와 개선이 필요한 부분을 확인하여 위기관리 계획을 업데이트하고, 향후 유사한 상황이 발생할 때 더 나은 대응을 할 수 있게 준비한다. 위기 대응 중에 발견된 취약점을 보완하거나, 더 효과적인 의사소통 전략을 개발하는 등의 후속 조치가 포함될 수 있다. 이러한 사후 분석과 학습 과정은 기업의 위기 대응 능력을 강화하고, 미래의 위기에 대한 대비를 개선하는 데 중요한 역할을 한다.

셋째, 위기 상황에서는 기업의 자본, 인프라, 인적 자원과 브랜드 가치가 손실될 수 있는데, 복구 단계에서는 이러한 손실을 복구하는 것이 필요하다. 위기 상황에서 손상된 자산을 복구하거나 교체하고, 위기 중 손상된 브랜드 이미지를 개선하기 위한 전략을 마련하는 것이 중요하다. 또한, 고객 신뢰를 회복하고, 시장에서의 경쟁력을 유지하거나 강화하기 위해 고객과의 관계를 재구축하는 것도 필요하다.

넷째, 복구 단계는 기업의 위기 회복탄력성(resilience)을 강화하고 지속가능성(sustainability)을 향상시킴으로써 내부적으로는 직원들의 사기를 높이고, 외부적으로는 이해관계자들에게 신뢰를 제고할 수 있다. 또한, 복구 과정에서 도출된 교훈을 바탕으로 기업의 전반적인 위기 대응 전략과 정책을 개선함으로써 장기적인 지속가능성을 제고할 수 있다.

CHAPTER

06 기업 위기관리의 위협요인

제1절 기업 위기관리의 취약성 위협요인

기업 위기관리의 취약성은 기업이 위기 상황에 직면했을 때 신속하고 적절한 대응을 하지 못하는 상태를 말한다. 위기에 효과적으로 대응하거나 회복하는 데 필요한 준비, 자원, 조직적 협력, 커뮤니케이션 능력 등이 부족하게 되면, 위기 발생 시 기업의 운영 지속성, 재정 안정성, 명성 및 신뢰에 부정적인 영향을 미치며, 위기 후유증을 심화시키거나 회복 과정을 지연시킬 수 있는 잠재적인 약점을 포함한다. 기업 위기관리의 취약성은 위기의 예측 불가능성, 자원 및 인력의 부족, 내부 및 외부 의사소통의 비효율성, 부서 간 협력의 부족, 그리고 미비한 위기관리 계획 및 준비 등으로부터 나올 수 있다. 이러한 취약성들은 위기 상황에서 기업의 대응력을 저하시켜, 위기 극복과 정상화에 장애가 된다.

기업의 안전을 위협하는 위기로는 기업의 도산이나 파산, 기업활동의 마비, 공장 시설의 붕괴, 영업 마케팅의 실패를 가져올 수 있는 위협요인이나 위험요인 등이 있는데, 기업의 생존성과 지속가능한 경영을 위협하는 위기의 종류는 다양하다. 예를 들면, 기업을 둘러싼 경기 침체나 인플레이션, 환율의 변동, 금리 상승 등 경제 전반의 불안정성은 기업에게 위협요인이 될 수 있다. 그리고 시장에서의 동종 업계 내의 경쟁 심화 또는 신규 진입 기업의 등장으로 인해 시장 점유율이 감소하거나 수익성이 저하되는 경우도 있다. 시장의 기술 변화에 대응하지 못하거나, 혁신적인 제품 및 서비스 개발에 실패하면 경쟁력을 잃을 위험이 있다. 또한 법률의 개정이나, 정부의 새로운 규제, 사법부의 판결 등 법적 문제가 발생하면 기업 운영에 중대한 차질을 빚는다. 이와 함께 자연재난이나 인적재난의 발생 역시 기업의 위협요인으로 나타날 수 있다. 지진, 홍수, 태풍 등 자연재난이나 화재, 붕괴, 침몰, 추락, 폭발 등과 같은 인적재난의 발생은 공장이나 생산시설의 붕괴를 초래할 수 있으며, 이는 생산 마비로 이어질 수 있다. 그리고 오늘날 정보통신 사회에서는 사이버 보안 위협이 심각한 위기로 나타난다. 해킹은 물론이고 데이터 유출, 사이버 공격 등은 기업의 중요 정보를 손상시키고 기업 이미지에 심각한 타격을 줄 수 있다. 이외에도 우수 전문 인력의 경쟁 국가나 경쟁 기업으로의 이탈, 인력 부족 등 인적 자원 관리 실패도 기업의 성장과 운영에 큰 영향을 준다. 원자재 가격 상승, 공급업체의 파산, 국제적인 무역 분쟁 등으로 인한 공급망 차질은 생산 비용 증가 및 제품 공급 지연을 초래할 수 있다. 마지막으로 사업 또는 사업장, 공중이용시설 및 공중교통수단을 운영하거나 인체에 해로운 원료나 제조물을 취급하면서 안전이나 보건 조치의무를 위반하여 인명피해를 발생하게 한 사업주, 경영책임자, 법인의 처벌 등을 규정하는 중대재해처벌 등에 관한 법률을 위반하는 경우, 사업주나 경영책임자가 구속되거나 법인이 처벌을 받음으로 경영, 재정 상에 심각한 피해를 입을 수 있다.

이러한 기업의 위협요인들은 서로 복합적으로 작용하여 기업에 심각한 위기를 초래할 수 있기 때문에 효과적인 위기관리 계획을 세워 이러한 위협에 효율적으로 대응해야 한다.

제2절 기업의 위협요인

기업의 생존성과 지속가능한 경영을 위협하는 요인 중에 경기 침체, 인플레이션, 환율 변동, 금리 상승 등 경제 전반의 불안정성이 기업의 재무 건전성에 심각한 영향을 미칠 수 있다. 그리고 시장에서의 기업 간의 경쟁의 증가나 격화 현상도 있다. 시장에서 동일한 업계 내의 경쟁 심화 또는 신규 경쟁기업의 등장으로 인해 시장 점유율이 감소하거나 수익성이 저하될 수도 있다. 또한 시장에서 제품이나 서비스 제공과 관련된 기술 변화에 대응하지 못하는 것 역시 중요한 위협요인이 된다. 이와 함께 혁신적인 제품 및 서비스 개발에 실패하면 경쟁력을 잃을 위험이 있다.

애플의 아이폰 개발과 노키아의 몰락을 사례로 들 수 있는데, 애플은 2007년 아이폰을 출시하며 스마트폰 시장에 혁신을 일으켰다. 아이폰은 터치스크린 기반의 직관적인 인터페이스, 모바일 인터넷 브라우징 기능, 그리고 다양한 앱을 다운로드할 수 있는 앱 스토어를 제공하면서 기존의 휴대전화와 차별화된 기술을 개발했다. 이 혁신적인 제품으로 애플은 스마트폰 시장에서 선도적인 지위를 차지하게 되었고, 아이폰의 성공은 애플이 글로벌 기술 시장에서의 경쟁력을 크게 강화하는 데 기여했으며, 이후의 제품 및 서비스 생태계 확장에도 중요한 기반이 되었다. 또한 삼성전자 역시 애플의 아이폰 출시 이후, 스마트폰 시장에서의 입지를 강화하기 위해 2010년에 갤럭시 S시리즈를 출시했다. 삼성은 기술적 혁신을 지속적으로 추진하여 디스플레이, 카메라 성능, 배터리 수명 등에서 뛰어난 기능을 제공하는 노력 덕분에 스마트폰 시장에서 빠르게 점유율을 늘려 나갔고, 애플과 함께 시장의 양대 강자로 자리 잡게 되었다. 삼성의 갤럭시 시리즈는 스마트폰 시장의 트렌드를 주도하며, 새로운 기능과 디자인을 지속적으로 도입하여 글로벌 경쟁력을 강화하여 스마트폰 시장에서 중요한 위치를 유지하고 있다. 이와는 달리, 노키아는 2000년대 초반까지 휴대전화 시장의 선두 주자였으나, 스마트폰 시장의 변화에 적절히 대응하지 못하면서 점차 경쟁력을 잃기 시작했다. 노키아는 초기 스마트폰 트렌드를 과소평가했고, 터치스크린 기술과 운영 체제의 발전에 대한 투자와 혁신을 게을리한 결과, 애플과 같은 경쟁사들이 스마트폰 시장을 장악할 때 기존의 피처폰 시장에 머물렀고, 스마트폰 경쟁에서 뒤처지게 되었다. 결국 노키아는 시장 점유율을 급격히 잃었고, 2013년에는 마이크로소프트에 휴대전화 부문을 매각하게 되었다.

1 규제 및 법적 위협요인

기업뿐만 아니라 사회를 구성하는 모든 구성원은 국가와 지역 사회가 정한 법률 및 규제를 준수해야 하는데, 새로운 법규나 규제가 도입되거나 기존 규제 내용이 변화하면 기업 운영에 영향을 미칠 수 있다. 환경 규제를 강화하는 경우에는 기업의 생산 방식이나 제품 구성을 변경해야 할 수 있으며, 제품 결함이나 고용 관련 문제, 지적재산권의 침해 등과 관련된 소송은 기업의 재정이나 평판의 손실을 초래할 수 있다. 다양한 규제를 준수하기 위해 많은 비용을 투자해서 기업의 재정적 부담이 증가할 수 있다.

기업의 생존성과 지속가능한 경영을 위협하는 규제나 법적인 위협요인은 여러 가지가 있는데, 이러한 위협요인은 정부의 정책, 법률, 규제 기관의 변화, 그리고 사회적 요구와 관련이 있다.

첫째, 환경보호와 관련된 법률 및 규제가 강화되는 경우, 기업이 환경 오염을 줄이거나 탄소 배출을 줄이는 등의 기준을 충족하지 못할 때 벌금, 운영 중단, 소송 등 다양한 처벌을 받을 수 있다. 유럽연합(EU)의 탄소배출권 거래제도(ETS)는 산업 부문에서의 탄소배출량을 제한하며, 이를 초과할 경우 기업은 추가 비용을 지불해야 한다. 이는 에너지 집약적인 산업에 큰 재정적 부담을 줄 수 있다. 그리고 EU와 일부 국가에서는 플라스틱 사용을 줄이기 위한 규제, 즉 일회용 플라스틱 제품을 금지하였다. 이는 플라스틱 제품을 생산하거나 사용하는 기업에게 비용 증가 및 사업 모델의 변화를 요구하는 것으로 이해할 수 있다.

둘째, 근로자 권리 강화, 최저 임금 인상, 근로 시간 규제, 고용 형태의 제한 등은 인건비 상승, 고용의 유연성 감소, 법적 분쟁의 증가 등을 초래할 수 있다. 예를 들면, 최저 임금 인상은 소매업과 식당업 같은 노동 집약적인 산업에서 인건비 부담을 크게 증가시킨다. 주당 노동시간을 제한하는 규제는 일정한 시간 이상 근무하는 것을 금지함으로써, 제조업체와 같은 일부 산업에서 생산성을 저해하는 결과를 가져올 수 있다.

셋째, 세금 인상, 새로운 세금 제도의 도입, 세금 혜택의 감소 등은 기업의 세후 수익성에 직접적인 영향을 미치게 된다. 프랑스와 영국은 구글이나 아마존과 같은 디지털 서비스 기업으로 하여금 매출의 일정 비율을 세금으로 부과하는 디지털세를 도입하여, 글로벌 IT 기업들의 재정 부담을 증가시켰다. 독점 금지, 담합 방지, 불공정 거래 관행 규제 등은 시장에서의 기업 간 경쟁을 촉진하는 법률로, 이를 위반할 경우 높은 벌금과 규제 조치가 뒤따르게 된다. 또한 구글은 EU로부터 검색 엔진 시장에서의 독점적 지위를 남용했다는 이유로 수십억 유로의 벌금을 부과받았다. 이는 다른 글로벌 기술 기업들에게도 경고가 되었으며, 퀄컴은 독점적 지위를 이용해 스마트폰 제조사들에게 불공정하게 로열티를 부과했다는 이유로 수십억 달러의 벌금을 부과받았다.

넷째, 개인정보 보호 및 데이터 관리와 관련된 법률 강화로 인해 기업은 데이터 처리 방법을 엄격히 관리하고, 위반 시 높은 벌금과 제재를 받을 수 있다. 영국정보위원회(ICO)는 데이터 보호 규정을 위반한 영국항공과 메리어트 호텔에 각각 1억 8천만 파운드와 9,900만 파운드의 벌금을 부과했는데, 이는 기업의 데이터 관리 방식에 대한 엄격한 규제를 보여준다.

다섯째, 무역 장벽, 수입 관세 인상, 무역 제한 등은 국제 거래 비용을 증가시키고 공급망을 복잡하게 만들 수 있다. 미국과 중국 간의 관세 부과와 보복 관세는 두 나라 간 거래에 크게 영향을 미쳐, 많은 다국적 기업들이 공급망을 재편성해야 하는 상황에 이르게 했다. 이와 마찬가지로 브렉시트 후 무역 규제 사례를 보면, 영국은 EU를 탈퇴한 후에 새로운 관세와 무역 장벽이 생기면서, 영국과 EU 간의 상품 및 서비스 거래가 복잡해졌고, 이는 기업 운영에 직접적인 영향을 미쳤다.

여섯째, 금융, 의료, 식품 산업 등과 같은 특정 산업에 대한 규제를 강화하는 경우, 그 산업 부문에 속한 기업들에게는 특별한 상황이 발생한다. 미국과 유럽 일부 국가에서는 의약품 가격을 규제하거나 인상 제한을 두고 있어, 제약 기업의 이익률에 영향을 미치고 있다.

일곱째, 사회적 책임, 인권, 다양성 및 포용성과 관련된 규제 및 사회적 압력의 증가는 기업의 경영 전략과 운영 방식에 중요한 영향을 미친다. 기업의 사회적 책임(CSR)의 요구가 증가하는 경우, 즉 환경, 사회, 지배구조(ESG)와 관련된 요구가 증가하면서, 기업들은 지속가능성 보고서 발간, 환경적 영향 감소, 사회적 프로그램 투자 등의 의무를 부담하게 된다.

이와 같은 규제와 법적인 위협요인들은 기업의 경영 환경에 큰 영향을 미치며, 기업은 이를 미리 대비해야 한다. 기업은 이러한 법적 및 규제 변화에 신속하게 대응하고, 지속가능한 경영을 위해 법적 준수 및 위험관리 방안을 강화하는 것이 필요하다.

2 재난 위협요인

자연재난과 인적재난은 기업 운영에 영향을 준다. 홍수, 지진, 산사태, 태풍과 같은 자연재난은 기업의 물리적 인프라를 파괴하거나 생산을 중단시키게 된다. 그리고 화재나 폭발, 붕괴, 산업재해 등의 사회적 재난은 기업의 인적 자원과 자산에 심각한 피해를 입힐 수 있으며, 긴급 대응과 복구를 위한 비용이 많이 든다. 효과적인 재난 복구 계획이 없으면 재난 발생 시 기업의 생존 가능성이 낮아지는 것이 현실이다.

이처럼 기업의 생존성과 지속가능한 경영을 위협하는 자연재난과 인적재난의 위협요인은 다양한데, 이들 재난은 기업의 물리적 자산은 물론 공급망이나 인력, 평판 및 재정 상태에 중대한 영향을 미칠 수 있다.

1) 자연재난(Natural Disaster)

자연재난은 지리적 위치, 기후 변화, 환경적 요인 등에 의해 발생하며, 기업의 운영에 심각한 영향을 미칠 수 있다. 지진은 건물, 장비, 인프라의 파괴, 생산 중단, 직원 부상 또는 사망을 가져온다. 2011년에 발생한 일본 도호쿠 대지진의 경우, 지진과 그로 인한 쓰나미는 일본의 여러 주요 기업들의 생산 시설을 파괴하였고, 공급망을 붕괴시켰다. 특히, 도요타와 소니 같은 글로벌 기업들은 생산 중단과 심각한 재정적 손실을 겪기도 했다.

홍수는 생산 시설의 침수 피해, 원자재 및 제품 손실, 인프라 파괴, 생산 차질 등을 가져온다. 2011년에 발생한 태국에서의 홍수로 인해 주요 산업 단지들이 물에 잠기면서 전자 및 자동차 부품 제조업체들이 큰 피해를 입었는데, 특히 하드 드라이브 제조사 웨스턴 디지털(Western Digital)은 생산 중단으로 글로벌 하드 드라이브 공급 부족을 야기했고, 큰 재정적 손실을 입었다.

허리케인이나 태풍은 강한 바람과 홍수를 가져와 물리적 손상과 전력 및 통신 인프라 붕괴, 물류 문제 등을 야기한다. 2005년에 발생한 허리케인 카트리나로 인해 미국 걸프 해안에 위치한 여러 석유 정제소와 화학 공장들이 심각한 피해를 입어, 에너지 산업에 큰 타격을 주었고, 미국 내 가스 가격이 급등했다.

가뭄은 물 부족으로 인한 생산 차질을 빚고, 농업 및 식음료 산업에 직접적인 영향을 준다. 2018년 남아프리카공화국 케이프타운 가뭄의 경우, 물 부족 위기로 인해 지역 산업, 특히 농업과 관광업이 큰 타격을 입었다.

산불은 산림 자원을 파괴하는 한편, 공기질 악화로 인한 작업 환경 악화와 시설 및 주택 파괴 등을 가져온다. 대규모 산불은 관광은 물론 농업 생산, 보험 산업에 심각한 영향을 미치며 농업 지역의 경우에는 그 피해가 커서 연관 산업에도 큰 타격을 준다.

2) 사회적 재난(Social Disaster)

사회적 재난은 인위적인 원인이거나 사회적인 원인에 의해 발생하며, 기업의 운영과 평판에도 심각한 영향을 미친다. 화재의 경우는 빈번하게 발생하는 인적재난 유형으로서 기업의 물리적 자산 손실, 데이터 및 기록 손실, 생산 차질, 인명 피해를 가져온다. 2019년에 발생한 프랑스 노트르담 대성당 화재는 파리의 상징적 건물이 불에 타면서 관광업과 관련된 여러 기업들이 영향을 받았고, 화재 발생 원인 조사와 복구 과정에서 큰 비용이 들었다.

산업사고는 인명 피해, 환경 오염, 시설 손상, 법적 소송 및 벌금을 통해 기업에게 치명적인 피해를 준다. 1984년에 발생한 인도 보팔 가스 누출 사고를 살펴보면, 유니언 카바이드 공장에서 발생한 가스 누출 사고로 수천 명이 사망하고 수십만 명이 건강 피해를 입었다. 이 사고로 인해 기업의 안전관리의 중요성이 부각되었으며, 법적 소송과 복구 비용이 막대했다.

테러리즘의 경우 인명 피해와 시설 손상, 운영 중단, 공포 분위기 조성 등의 피해가 나타난다. 2001년 9・11 테러의 경우, 미국 뉴욕의 세계무역센터가 공격을 받은 것은 글로벌 금융 시장에 큰 혼란을 일으켰고, 관련 기업과 금융 기관들이 심각한 피해를 입었다. 이 사건 이후 많은 기업들이 보안과 비상 대응 계획을 강화했다.

사이버 공격의 경우에는 데이터 유출, 시스템 손상, 운영 중단, 평판 손상 등이 발생하는데, 2017년에 있었던 WannaCry 랜섬웨어 공격 사례가 있다. 이 당시 전 세계 수십만 대의 컴퓨터가 감염되어 영국의 NHS(국민 건강 서비스)와 같은 기관들이 큰 피해를 입었고, 여러 기업들이 데이터 복구 및 보안 강화에 막대한 비용을 지출했다.

공급망 중단으로 인해 필수 부품 또는 원자재의 부족 현상, 물류 지연, 운영비용 증가 등의 피해가 발생할 수 있다. COVID-19 팬데믹으로 인한 글로벌 공급망의 중단으로 인해 많은 기업들이 생산 중단 및 재고 부족을 겪었다.

폭동 및 사회 불안 역시 사회적 재난으로서 시설 파괴, 영업 중단, 고객 신뢰도 감소 등의 위협요인이 된다. 2020년 미국 조지 플로이드 사건 이후 미국 전역에서 발생한 폭동과 시위로 인해 많은 소매업체들이 약탈과 파손을 경험했으며, 이는 수익 손실로 이어졌다.

자연재난과 사회적 재난은 기업의 생존성과 지속가능한 경영에 큰 위협이 되는데, 기업은 이러한 재난에 대비하기 위해 비상 대응 계획을 세우고, 위험 관리 전략을 강화하며, 보험을 포함한 다양한 대비책을 마련해야 한다. 또한, 복구와 회복력을 높이기 위한 지속적인 교육과 훈련도 필수적이다.

3 사이버 위협요인

디지털 사회로의 전환으로 말미암아 사이버 위협은 기업의 주요 위험 요인이 되었다. 해킹이나 피싱, 랜섬웨어와 같은 사이버 공격은 데이터 유출, 금전적 손실, 운영 중단 등을 초래하기 때문이다. 특히, 기업은 중요한 고객 정보나 기업 기밀이 유출되는 경우에 법적 책임과 평판 손상이 뒤따르게 된다. 그리고 최신 보안 기술에 대한 투자 부족은 기업을 사이버 위협에 취약하게 만든다.

기업의 생존성과 지속가능한 경영을 위협하는 사이버 위협은 점점 더 복잡해지고 정교해지고 있는데, 사이버 위협은 기업이 지닌 데이터, 자산, 평판, 그리고 운영 전반에 걸쳐 중대한 영향을 미친다.

랜섬웨어(Ransomware) 공격은 악성 소프트웨어를 통해 기업의 데이터를 암호화하고, 이를 풀기 위한 비용을 요구하는 방식으로 기업은 데이터 접근이 차단되거나, 데이터를 잃을 위험에 처한다. 2021년에 있었던 미국 최대 석유 파이프라인 운영사인 Colonial Pipeline은 랜섬웨어 공격을 받아 운영이 일시 중단되었는데, 이로 인해 미국 동부 지역의 석유 공급에 큰 차질이 발생했고, 회사는 대가를 지불한 후에 운영을 재개할 수 있었다.

데이터 유출(data breach)은 해커가 기업의 고객 정보, 직원 정보, 금융 데이터, 지적재산 등을 탈취하는 것으로서, 금전적 손실뿐만 아니라 평판 손상, 고객 신뢰도 하락, 법적 문제를 야기할 수 있다. 2018년 Cambridge Analytica 스캔들로 인해 약 8,700만 명의 페이스북 사용자의 데이터가 무단으로 사용된 사실이 드러났다. 이로 인해 페이스북의 사용자 신뢰도와 주가가 큰 타격을 입었다. 그리고 2017년에 있었던 Equifax 해킹 사건에서는 사이버 공격으로 인해 미국의 신용평가 회사인 Equifax사가 보유한 약 1억 4천 3백만 명의 개인정보가 유출되었다. 대규모 개인정보 유출로 인해 회사에 막대한 재정적 피해와 법적 책임을 야기했다.

피싱(phishing) 공격은 이메일, 문자 메시지 등을 통해 사용자를 속여 개인정보를 빼내거나 악성 코드를 설치하도록 유도하는 방식으로 기업의 보안 시스템이 뚫리거나, 중요 정보가 유출된다. 2020년에 피싱 공격을 통해 트위터 직원들의 자격 증명이 도용되었다. 이로 인해 해커들이 다수의 유명 인사 계정을 해킹하여 비트코인 사기를 벌였다. 이 사건은 트위터의 보안 정책과 대응 능력에 대한 비판을 불러일으키기도 했다.

서비스 거부 공격(Distributed Denial of Service, DDoS)은 다수의 컴퓨터를 통해 특정 서버에 과도한 트래픽을 보내 서버를 다운시키는 공격으로 웹사이트와 온라인 서비스의 중단을 초래하고 고객 서비스와 매출에 부정적인 영향을 미친다. 2016년에 있었던 대규모 DDoS 공격으로 인해 미국의 주요 인터넷 인프라 제공업체인 다인(Dyn)의 DNS 서비스가 중단되었고, 아마존, 트위터, 넷플릭스, 페이팔 등의 주요 웹사이트가 여러 시간 동안 접속 불가능 상태가 되었다.

내부자 위협(insider threats)은 직원, 계약자, 또는 기타 내부인이 고의적 또는 비의도적으로 기업의 데이터를 유출하거나 손상시키는 것을 의미하는데, 이러한 위협은 보안 정책의 부재, 교육 부족, 또는 악의적 의도로 발생할 수 있다. 제로데이 공격(Zero-Day Exploits)은 소프트웨어나 시스템의 보안 취약점이 공개되기 전에 이를 이용하는 공격으로, 이는 방어할 시간이 없는 상태에서 이루어져 피해가 크고, 특히 기업의 핵심 시스템이 타겟이 될 경우 치명적인 피해가 발생할 수 있다.

악성 소프트웨어(Malware)는 바이러스, 웜, 트로이 목마 등 다양한 형태로 존재하며, 기업의 시스템을 손상시키거나 데이터를 훔칠 수 있다. IoT(사물인터넷) 장치의 보안 취약점은 해커들이 기업의 네트워크에 침입할 수 있는 새로운 통로를 제공한다. 이러한 장치들이 연결된 스마트 공장이나 의료 기기에서의 보안 침해는 심각한 결과를 초래할 수도 있다.

사이버 위협은 기업의 운영, 평판, 재정 상태에 부정적 영향과 피해를 줄 수 있다. 이에 대응하기 위해 기업은 강력한 사이버 보안 전략과 정책을 갖추는 것이 필요하다. 기업은 정기적인 보안 감사, 직원 교육, 최신 보안 기술 도입, 그리고 철저한 위험 관리 계획을 통해 이러한 위협에 대비할 수 있다. 또한, 위협이 발생했을 때 신속하고 효과적으로 대응할 수 있는 복구 계획을 마련하는 것이 중요하다.

4 인력관리 위협요인

인력관리는 기업의 지속가능성과 직결된 중요한 요소다. 기업의 경우, 숙련된 인력의 부족, 높은 이직률, 노사 갈등 등은 기업의 생산성과 혁신에 부정적 영향을 미칠 수 있다. 기업은 노동법을 위반할 경우 법적 제재와 함께 기업의 평판이 손상될 수 있는데, 인력의 다양성과 포용성을 고려하지 않은 인력 정책은 기업 문화에 악영향을 끼칠 수 있다.

첫째, 핵심 인재의 유출(talent drain)은 기업의 기술력, 지식, 경쟁력 손실로 이어지는데, 특히 경쟁업체로의 인재 유출은 기업의 업무 전략에 큰 위협이 된다.

둘째, 노사 갈등(labor disputes)은 임금, 근로 조건, 복지 혜택 등에 대한 분쟁으로서 생산성 저하는 물론 파업이나 법적 소송 등을 초래할 수 있다.

셋째, 직원 건강 및 안전 문제(employee health and safety issues)의 경우에는 근로 환경에서 제기되는 건강 및 안전 문제를 적절하게 관리하지 않으면, 직원들의 생산성 감소, 법적 소송, 높은 이직률로 이어질 수 있기 때문에 중요한 문제가 된다.

넷째, 고용 다양성 및 포용성 부족(lack of diversity and inclusion)은 기업의 창의성과 혁신을 저하시키게 되며, 평판 위험과 법적 소송을 초래할 수 있다.

다섯째, 고용주의 브랜드 및 평판 관리 실패(employer branding and reputation management failures)는 우수한 인재의 유치 및 유지가 어려워지는 것은 물론이고 경쟁력 저하로까지 이어질 수 있다.

여섯째, 직원 생산성 저하(decline in employee productivity)는 직원들의 동기 부여 부족, 스트레스 증가, 불만족스러운 근로 환경 등으로부터 야기된다. 이는 직원의 높은 이직률(high turnover rate)과 연결되고, 높은 이직률은 채용 비용 증가, 조직 내 지식 손실, 직원 사기 저하로 이어질 수 있다. 이직률이 높으면, 채용과 교육 비용이 크게 증가하게 되며, 이는 기업의 운영 효율성에 부정적인 영향을 미친다.

일곱째, 빠르게 변화하는 기술 환경에서 기존 직원들이 최신 기술과 역량을 따라잡지 못하는 스킬 갭(skills gap)이 발생하는 경우, 기업의 경쟁력이 저하된다. 특히, IT 및 디지털 기술의 급변하는 트렌드에 있어서 많은 전통적 산업들이 디지털 전환을 가속화하고 있으나, 필요한 기술적 역량을 가진 인재가 부족하여 경쟁에서 뒤처지는 경우가 발생한다.

5 중대산업재해 위협요인

산업재해는 기업의 인력, 자산, 운영에 심각한 위협이 되는데, 안전 규정을 준수하지 않으면 근로자 부상 및 사망으로 이어질 수 있으며, 이에 따른 법적 책임과 재정적 손실이 발생한다. 특히, 중대재해처벌법으로 인해 기업 책임자가 직접 처벌을 받을 수 있어 기업 운영에 심각한 위협이 된다. 그리고 환경 오염 사고는 법적 제재뿐 아니라 기업의 사회적 평판에도 치명적인 영향을 줄 수 있다.

기업의 생존성과 지속가능한 경영을 위협하는 중대산업재해 위협요인은 다양한데, 중대산업재해는 주로 산업 현장에서 발생하며, 인명 피해, 물적 손실, 법적 문제, 기업 평판 손상 등을 초래할 수 있다. 중대산업재해는 기업의 운영에 즉각적이고 중대한 영향을 미치기 때문에, 이에 대한 철저한 대비와 예방이 필요하다.

첫째, 화학물질 누출 및 폭발(chemical spills and explosions) 사고 사례다. 화학 공장이나 제조 시설에서 유독성 화학물질이 누출되거나 폭발할 경우, 대규모 환경오염은 물론 인명 피해가 발생할 수 있는데, 이는 기업에 막대한 경제적 손실을 초래하고 법적 책임을 물을 수 있다.

둘째, 기계 및 설비 사고(machinery and equipment accidents) 사례로서, 제조업 및 건설업 현장에서 기계나 설비의 오작동, 노후화, 부적절한 유지보수로 인해 사고가 발생할 수 있다. 이로 인해 직원이 사망하거나 중상을 입는 경우에는 중대재해처벌법 등 법적 문제와 운영 중단으로 이어질 수 있다.

셋째, 건설 현장 사고(construction site accidents) 사례다. 건설 현장에서의 추락, 붕괴, 기계 오작동 등의 사고는 심각한 인명 피해를 초래할 수 있으며, 이러한 사고는 기업의 평판과 재정적 안정을 위협하게 된다.

넷째, 전기 사고(electrical accidents)의 경우, 전기 작업 중 감전 사고, 전기 화재 등의 사고는 근로자의 사망이나 중상이 발생할 수 있다. 이로 인한 법적 소송과 보험 비용 증가는 기업에게 위협요인이 된다.

다섯째, 노동 안전 규정 위반(violation of labor safety regulations) 사례다. 기업의 안전 규정을 준수하지 않으면 작업 현장에서 사고가 발생할 위험이 높아지며, 이는 법적 제재와 높은 벌금, 심지어 기업의 운영 중단으로 이어진다.

여섯째, 인프라 붕괴(infrastructure collapse) 사고는 다리, 터널, 빌딩 등 주요 인프라의 붕괴를 말하는데, 이로 인해 대규모 재산 피해와 인명 피해를 초래할 수 있다. 이는 기업과 정부 모두에 책임 문제가 발생할 수 있다.

일곱째, 공장이나 산업 현장에서 발생하는 환경재해(environmental disasters)다. 환경재해는 기업의 법적 책임과 평판에 심각한 영향을 미치는데, 이는 대규모 환경 오염과 인명 피해를 초래할 수 있다.

중대산업재해는 기업의 운영과 지속가능한 경영에 심각한 위협을 가하는 요소라고 할 수 있다. 기업은 중대산업재해에 대비하기 위해 철저한 안전 관리 시스템을 구축하고, 정기적인 점검과 직원 교육을 통해 재해 예방 및 대응 능력을 강화해야 한다. 그리고 법적 규제를 준수하고, 최신 기술과 장비를 활용하여 사고 발생을 최소화하기 위한 노력을 기울여야 한다. 이를 통해 기업은 생존성을 보장하고, 장기적인 지속가능한 경영을 실현할 수 있다.

CHAPTER

07 기업 위기관리의 기본 변수와 모델

제1절 기업 위기관리의 기본 변수

기업의 생존과 지속가능한 경영을 위협하는 요인들을 재정적 · 경제적 측면에서 찾아보면 다양한 변수들이 있다. 경기 침체와 인플레이션은 물론이고 금리 인상, 환율 변동, 소비자의 수요 변화, 국제 무역 환경의 변화, 정부 규제 및 정책 변화, 기술 변화 및 첨단 자동화, 공급망 문제, 에너지 가격 변동 등 다양한 변수들이 영향을 준다는 것을 알 수 있다.

우선, 경기 침체 변수를 살펴보면, 글로벌 차원 또는 국내 경제의 둔화는 소비자 지출의 감소와 투자 축소를 가져올 수 있다. 인플레이션과 같은 물가 상승의 경우에는 원자재 가격이나 인건비, 운영비 등의 비용 증가로 인해 기업의 이익이 줄어들고, 제품 가격이 인상됨으로써 소비자들의 수요가 감소한다. 금리 인상의 경우, 금리가 상승하면 기업의 대출 상환 부담이 증가하게 되고, 자금 조달 비용이 상승하게 되어 신규 투자가 줄어든다. 환율 변동은 수입과 수출에 의존하는 기업들에게는 큰 영향을 미친다. 예를 들면, 환율 상승은 수입 원자재 비용을 높이고, 환율 하락은 수출품의 가격 경쟁력을 약화시킬 수 있다. 이와 함께 경제적 상황에 따라 소비자들의 구매력이나 소비 패턴이 변화하는 소비자의 수요 변화 변수는 기업의 매출에 영향을 미친다. 경기 침체 시에는 고가품이나 사치품의 수요가 줄어들 수 있다. 국제 무역 환경의 변화, 즉 무역 장벽, 관세 인상, 보호무역주의 창궐 등은 수출입 기업에게 추가 비용을 발생시키는 것은 물론이고, 공급망을 혼란시킬 수 있다. 이는 글로벌 경제 의존도가 높은 기업에게 특히 큰 위협이 된다. 정부 규제 및 정책 변화의 경우, 세금 정책, 노동법, 환경 규제 등이 강화되면 기업의 운영 비용이 증가하고, 법적 규제에 대한 적응이 어려워질 수 있다. 기술 변화 및 첨단 자동화 현상 등 기술 혁신으로 인해 시장 환경의 급격한 변화는 기존 업무 모델을 시대에 뒤쳐진 것으로 만든다. 새로운 기술을 도입하지 못하는 기업은 경쟁력을 잃는 것이 당연한 귀결로 이어진다. 글로벌 공급망이 중단되거나 차질을 빚을 경우, 원자재 확보나 제품 생산에 문제가 생겨 기업의 운영이 어려워지게 된다. 예를 들면, COVID-19 팬데믹 상황과 같은 글로벌 위기에서는 글로벌 공급망 문제가 두드러졌다. 에너지 가격의 변동, 특히 에너지 비용의 급격한 상승은 특히 제조업이나 에너지 의존도가 높은 산업에 큰 타격을 줄 수 있다.

기업의 위기관리를 연구할 때는 재정적·경제적 요인뿐만 아니라 정신적 압박감을 유도하는 요인에도 주의를 기울이는 것이 필요하다(Slatter, 1984). 부스(Booth, 1993)는 조직의 내부 및 외부 요소를 조직의 위기 취약성과 연결하는 위기 경향성의 일반 모형을 설정하고 조직 위기에서 나타나는 세 가지 주요 변수들을 확인하였다(Booth, 1993: 93). 위기관리 관점에서 기업의 외부 요소와 내부 요소들을 연결하여 세 가지 주요 변수에 대해 구체적으로 설명하면 다음과 같다.

❶ 환경의 특성(Environmental Characteristics)

기업은 다양한 외부 환경 요인에 의해 영향을 받는다. 이러한 외부 환경 요인은 시장, 생산자 또는 공급자의 관점에서 급격한 변화를 겪을 수 있으며, 이는 기업의 위기 취약성에 직접적인 영향을 준다. 구체적으로 살펴보면 다음과 같다.

첫째, 시장 변동성 차원에서 시장의 수요와 공급 조건, 소비자의 선호도, 경쟁사의 활동 등은 기업의 수익성과 시장 위치에도 영향을 미친다. 갑작스럽게 변화하는 시장의 변화는 예측하기 어려운 것은 물론이고, 이에 대응하지 못하면 기업이 위기에 처할 수 있다.

둘째, 경기 침체, 환율 변동, 인플레이션 등과 같은 경제적 요인은 기업의 원가 구조와 매출에 직접적인 영향을 미친다. 이러한 경제적 변화에 미리 대비하지 못하면 기업은 재정적 압박을 받게 되어 위기 상황에 처한다.

셋째, 정책이나 법규의 변화, 즉 정부 정책, 규제 변화, 무역 제한 등은 기업의 경영 환경에 크게 영향을 줄 수 있는데, 이러한 변화에 신속하게 대응하지 못하면 기업은 법적 문제나 시장 진입 장벽에 직면할 수 있다.

넷째, 기술의 발전과 변화와 같은 기술 혁신은 기업의 제품과 서비스에 영향을 준다. 끊임없이 기술 혁신을 추구하지 않거나, 기술 혁신에 대한 대응이 늦으면 기업은 시장 경쟁에서 순식간에 뒤처질 수 있다.

❷ 관리의 특성(Managerial Characteristics)

기업의 관리 특성은 기업의 위기관리 능력에도 큰 영향을 준다. 특히, 경영자의 개인적인 자질, 능력, 리더십 유형 등이 중요한데, 구체적으로 살펴보면 다음과 같다.

첫째, 의사결정 능력을 살펴보면, 기업 경영자의 의사결정 능력은 위기 상황에서 중요한 역할을 한다. 명확한 판단과 신속한 결정을 통해 기업은 위기 상황에 효과적으로 대처할 수 있다. 기업 경영자의 의사결정 능력은 다음 요소들을 고려하는 것이 필요하다. 우선, 판단력이다. 위기 상황에서는 무엇보다도 상황을 정확하게 파악하고 분석하여 올바른 판단을 내릴 수 있는 능력이 중요하다. 판단력은 경영자가 수많은 정보 속에서 가장 중요한 핵심적인 정보들을 추출하고, 이를 바탕으로 최선의 결정을 내릴 수 있는 능력을 말한다. 다음으로, 신속성이다. 위기 상황에서는 무엇보다도 신속한 결정이 필요하다. 기업 경영자가 상황을 빠르게 파악하고 즉각적인 조치를 취할 수 있어야 한다는 것을 말한다. 이 때 중요한 것은 신중하면서도 기회를 놓치지 않는 의사결정이다. 마지막으로, 결단력 차원에서 기업의 경영자는 때로는 불확실한 상황에서 결단을 내려야 할 수도 있다. 결단력이 없는 경영자는 결정을 미루거나 우유부단한 태도로 조직을 혼란에 빠뜨릴 수 있기 때문이다.

둘째, 리더십 스타일은 조직 문화와 위기 대응에 영향을 준다. 예컨대, 변혁적 리더십은 위기 상황에서 직원들의 사기와 동기를 높여 위기를 극복할 수 있게 한다. 조직 문화와 위기 대응에 중요한 영향을 미치는 리더십 스타일을 살펴보면 다음과 같다. 우선, 변혁적 리더십이다. 변혁적 리더십은 조직 구성원의 동기와 사기를 높여 혁신과 변화를 이끌어내는 리더십 스타일이다. 이러한 리더십은 위기 상황에서 조직원들의 협력을 끌어내고, 어려운 상황에서도 희망과 방향성을 제시하는 데 효과적이다. 다음으로, 거래적 리더십이다. 거래적 리더십은 보상과 처벌을 통해 조직원을 관리하는 리더십 스타일로서, 위기 상황에서 규율을 유지하고 안정적인 환경을 조성하는 데 도움이 되지만, 지나치게 통제적이면 조직원들의 창의성과 유연성을 저해할 수 있다는 단점이 있다. 마지막으로 카리스마적 리더십은 리더의 개인적인 매력과 비전을 기반으로 조직을 이끄는 스타일이다. 카리스마적 리더십은 위기 상황에서 조직원들의 신뢰와 결속을 강화하는 데 도움이 되지만, 과도한 의존성을 유발할 수 있다는 단점이 있다.

셋째, 경험과 전문성이다. 기업 경영자의 경험과 전문성은 기업의 위기관리에 필수적이다. 경험이 많은 경영자는 위기의 징후들을 미리 감지하고 예방 조치를 취할 수 있으며, 전문성이 높은 관리자는 효과적인 위기 대응 전략을 수립할 수 있다. 경영자의 경험과 전문성은 위기 상황에서 필수적이다. 우선, 경험이 많은 경영자는 과거의 유사한 상황을 통해 배운 지식을 활용하여 위기의 징후를 감지하고 적절한 예방 조치를 하게 해준다. 경험은 경영자에게 위기 상황에서 신뢰할 수 있는 기준과 참조점을 제공한다. 전문성이 높은 경영자는 특정 분야의 지식과 기술을 바탕으로 효과적인 위기 대응 전략을 수립할 수 있다. 이는 특히 환경이 복잡하고 기술적인 위기 상황에서 중요한 역할을 한다.

넷째, 위기 상황에서는 기업의 경영자와 직원, 이해관계자 간의 원활한 커뮤니케이션이 중요하다. 효과적인 커뮤니케이션은 조직 구성원이나 이해관계자들이 상황을 명확하게 이해하고 일치된 대응이 가능하도록 한다. 위기 상황에서 커뮤니케이션이 원활하게 이루어지면 조직의 위기 대응 능력을 높이는 데 결정적인 영향을 미친다. 우선, 기업 내부의 원활한 커뮤니케이션이 중요하다. 경영자와 조직 구성원 사이의 원활한 내부 커뮤니케이션은 조직 구성원들이 위기 상황을 명확하게 이해하고, 신속하고 일관된 대응을 하는 것을 가능하게 해준다. 또한, 내부 커뮤니케이션은 조직 구성원의 사기와 신뢰를 유지하고 높이는 데도 중요한 역할을 한다. 이와 다르게 기업은 위기 상황에서 고객, 공급자, 투자자 등 외부 이해관계자와의 커뮤니케이션도 중요하다. 외부 이해관계자들과의 명확하고 투명한 커뮤니케이션은 오해와 루머를 방지하고, 이해관계자들의 신뢰와 지원을 유지하는 데 도움이 된다. 그리고 일관성 차원에서 보면, 커뮤니케이션의 일관성은 위기 상황에서 매우 중요한 요소가 된다. 메시지의 일관성은 기업 내외부에서 발생할 수 있는 혼란을 방지하고, 기업의 위기 대응 전략에 대한 신뢰성을 높여준다.

3 조직의 특성(Organizational Characteristics)

기업이 지니고 있는 조직의 특성은 그 자체가 효율적인 위기관리와 위기 발생 가능성에 영향을 준다. 기업의 조직 규모, 자원 기반, 조직 구조, 계획과 통제 절차 등이 주요 변수가 될 수 있다. 구체적인 내용을 살펴보면 다음과 같다.

1) 조직 규모(Organizational Size)

첫째, 조직의 규모가 큰 대규모 조직은 풍부한 자원과 인력을 보유하고 있다. 이처럼 조직 규모가 큰 경우에는 위기 상황에서 활용할 수 있는 더 많은 대안들을 가질 수 있다. 다양한 부서와 전문 인력을 확보하고 있기 때문에 다양한 측면에서 대응을 하는 것이 가능하고, 자원의 배분 역시 상대적으로 유연할 수 있다. 그렇지만 대규모 조직은 의사결정이 복잡하고 느릴 수 있으며, 부서 간의 커뮤니케이션이 원활하게 이루어지기 어렵다는 단점도 있다. 즉 대규모 조직의 경우에는 의사결정이 거쳐야 할 복잡한 관료적 절차로 인해 위기 상황에서 신속한 대응을 하는 것이 어려울 수 있다.

둘째, 소규모 조직은 단순한 구조와 빠른 의사결정을 통해 위기 상황에 민첩하게 대응할 수 있다. 또한, 조직 내부의 커뮤니케이션이 상대적으로 원활하게 이루어질 수 있기 때문에 위기 상황에서 대응을 효율적으로 하는 것이 가능하다는 장점이 있다. 하지만 조직이 지니는 자원과 역량이 제한적이기 때문에 위기 상황에서 필요한 전문 지식이나 기술을 확보하기 어렵고, 재정적 측면에서의 유연성도 떨어질 수 있다는 단점이 있다.

2) 자원 기반(Resource Base)

조직이 활용 가능한 자원의 종류와 필요한 상황에서 동원할 수 있는 자원이 풍부한 경우, 그렇지 못한 조직에 비해 위기에 보다 효율적으로 대응할 수 있다. 이러한 자원에는 재정적 자원, 물적 자원, 인적 자원, 정보 자원 등이 있다.

첫째, 재정적 자원이 충분한 조직은 위기 상황에서 필요한 자원을 확보하고 적절한 대응 조치를 할 수 있는 능력을 갖추고 있다. 예를 들면, 신제품을 개발하는 데 필요한 새로운 기술을 도입하거나 추가 전문 인력을 채용함으로써 효율적으로 위기에 대응하는 것이 가능하다.

둘째, 인적 자원은 조직의 위기 대응에 필요한 중요한 자원이다. 위기 상황에 대응하기 위해서는 다양하고 적절한 대안을 마련하여 제시하는 것이 필요하다. 평상시에 전문성을 지니고 있고 실무 경험이 풍부한 인적 자원을 많이 보유한 조직은 위기 상황에서 적절한 대안을 찾고 실행하는 능력이 높다. 그러므로 평상시에 조직은 구성원의 전문성을 함양하고 다양한 경험을 축적할 수 있는 기회를 부여함으로써 구성원이 위기 대응 역량을 갖출 수 있도록 지원하는 것이 바람직하다.

셋째, 현대 사회는 기술의 변화가 매우 빠르게 진행되고 있다. 제4차 산업혁명 시대라고 불리울 정도로 첨단 기술이나 새로운 기술이 개발되어 유통되고 있다. 그러므로 현대 기업에서는 인공지능, 로봇, 드론, 빅데이터 분석, 클라우드 컴퓨팅, 메타버스 등의 첨단 기술 자원을 활용할 수 있는 역량을 갖추는 것이 중요하다. 이와 같은 첨단 기술 자원을 풍부하게 지니고 있는 조직은 기술적 위기나 정보 보안 위기 등에 효과적으로 대응할 수 있다.

3) 조직 구조(Organizational Structure)

조직이 구조적인 면에서 어떤 특성을 지니는 가는 일반적으로 조직이 지니는 복잡성(complexity), 공식화(formalization), 집권화(centralization) 변수에 따라 이해할 수 있다. 조직의 복잡성(complexity)은 한 마디로 말해서 조직이 어떤 방향으로 어느 정도 분화되어 있는지의 정도(degree of differentiation)를 의미하는 것이다. 즉, 조직이 목표를 달성하기 위해 구성원과 자원들을 과업에 할당하고 업무와 권한을 세분화한 것이라고 볼 수 있다. 여기에는 수평적 분화(horizontal differentiation), 수직적·계층적 분화(vertical or hierarchical differentiation), 공간적 분산(spatial dispersion)이 있다.

수평적 분화는 조직을 기능 및 직무의 성질에 따라서 수평적으로 나누는 것인데, 업무의 전문화(work specialization)와 부문화(departmentalization)로 이루어진다. 전문화는 조직 내부의 과업들이 별개의 직무로 세분화되어 있는 정도를 말하고, 부문화는 일정한 기준에 따라서 조직을 분화하는 것이라고 할 수 있다. 수직적 분화는 조직 구조의 깊이를 말하는 것으로 계층을 나누는 것이라고 이해할 수 있다. 조직에 수직적 계층을 만들고 계층에 따라 다른 권한과 책임을 부여하는 것인데, 조직의 수직적 계층의 수가 많아지면 커뮤니케이션이 왜곡될 가능성이 높아진다. 이러한 수직적·계층적 분화를 통해 계층 간에 기능 분화가 이루어진다. 예를 들면, 고위 계층은 주로 정책 결정과 계획 기능을 수행하는 반면에, 하위 계층은 실질적으로 정책을 집행하고 수행하는 기능을 하는 경우이다. 공간적 분산 또는 분화는 조직의 사무실, 공장 및 직원들이 지리적으로 분산되어 있는 정도를 말하는데, 인원이나 시설 및 하위 조직 등이 지역적으로 분산되는 것이다. 이때 수평적 분화는 지역적으로 분산된 조직이 동등한 수준에 위치하는 경우를 의미하며, 수직적 분화는 일종의 계층적으로 분화된 구조를 이루는 경우를 말한다. 조직의 구조가 분화되어 발달하면 분화된 각 조직 단위별로 업무가 나누어지고 전문적으로 수행되기 때문에 해당 업무의 효율적 수행이 가능하다는 장점이 있다. 하지만 계층제 구조는 커뮤니케이션의 왜곡과 지연·의사결정의 교착과 지연, 하급자들의 상급자 눈치보기, 계층 간에 과도한 권력 격차가 발생하는 단점도 있다. 그러므로 조직의 분화 구조가 발달하여 복잡성이 증대할수록, 전체 조직의 관리자는 조직의 모든 단위의 활동과 노력을 통합·조정함으로써 위기 대응의 효율성을 확보할 수 있다.

공식화(formalization)는 조직의 업무가 표준화되어 있는 정도를 말한다. 조직에서 이루어지는 일·활동·절차·관계 및 역할 등을 공식적인 법·규정·규칙으로 성문화해 놓은 정도를 말하는 것이다. 예를 들면, 조직의 인사관리는 인사 법규에 근거해야 하고, 의사결정과 명령·지시·보고·회람 등은 일정한 절차와 규정에 따라서 하는 것을 의미한다. 공식화는 표준화(standardization) 혹은 표준운영절차(Standard Operation Procedure, SOP)와도 서로 관계가 있다. 이를 통해 예측성, 안정성, 질서를 얻을 수 있다. 표준화는 조직 내에서 구성원들이 일정한 규정에 따라 동일한 투입물을 동일한 방법으로 처리하여 동일한 산출을 얻는 것을 의미한다. 표준운영절차는 조직의 운영절차를 표준화하는 것을 말한다. 조직 내에서 이루어지는 업무가 규정화·

성문화 · 문서화 및 표준화될수록 공식화 수준이 높아지며, 반대로 이러한 요소들이 적을수록 공식화 수준이 낮다고 볼 수 있다. 공식화의 수준이 높으면 조직에 공식화된 절차나 행태의 패턴이 확립됨으로써 조직관리 및 활동의 객관성 · 안정성 · 질서 · 일관성 · 통일성 · 예측 가능성을 확보하는 것이 가능하고, 전체 조직 내부에 있는 다양한 집단 및 개인에 따라 나타날 수 있는 변이성(variability)을 감소시켜 준다. 그리고 직무 수행 절차를 가시적이며 체계적으로 연결하고 통합하기 쉽다. 하지만 공식화 수준이 지나치게 높아지면 조직은 공식적인 규정과 절차에 얽매여 변화하는 상황이나 위기 상황에 유연하게 대응하지 못하고 조직구성원의 재량과 자율적 행위를 제약하여 위기 대응이 효율적으로 이루어지기 어렵다.

집권화(centralization)는 조직 내부의 의사결정(decision making)을 내리는 권한이 어디에 소재(locus)하는가와 관련된 개념이다. 의사결정 권한이 비교적 조직의 상위층에 집중되는 현상을 집권화, 조직의 중간관리층이나 하위층에 의사결정 권한이 놓여 있는 현상을 분권화라고 한다. 조직구성원이 조직 내의 의사결정 과정에 참여하는 수준과 관계를 나타내는 집권화 개념과 관련하여 조직의 전략적인 주요 결정에 소수의 고위층만 참여하는 경우를 집권화, 중 · 하위층 조직구성원의 다수가 결정을 주도하는 경우에 분권화라고 할 수 있다. 집권화는 조직의 문제를 조직 전체의 관점에서 바라보고 통일적 · 종합적 · 통합적인 결정을 내리고 이를 수행하는 데 적합하다. 그러므로 집권화 수준이 높은 조직은 돌발적인 상황이나 위기에 처했을 때, 신속하고 강력하게 대응하는 의사결정을 하고 행동을 할 수 있다는 장점이 있다. 하지만 집권화는 조직의 상급자에게 과중한 업무 부담을 주고, 조직을 구성하는 하위 단위의 실정에 적합한 결정을 내리기 어렵게 한다. 또한 하급자의 자율성을 증진시키지 못하고, 조직 내의 참여적 의사결정을 제약하며, 하급자를 장래의 관리자로 육성할 기회를 제한한다. 이에 비해 분권화는 조직의 하위 단위 구성원의 의사결정 참여를 높여주고, 구성원의 사기 앙양, 조직의 유연성 향상, 미래 관리자의 육성에 기여한다. 하지만 하위 계층 인력이 전문성과 능력이 부족한 경우에는 잘못된 의사결정, 조직 내의 부서 이기주의, 조직 내에

상충되고 중복되는 목표와 업무 수행 등 문제점들이 발생할 수 있다.

4) 계획과 통제 절차(Planning and Control Procedures)

첫째, 조직이 사전에 발생할 수 있는 위기 유형별로 대응 계획을 마련한다면, 위기 발생 시 더 신속하고 효율적으로 대처할 수 있다. 위기 대응 계획은 위기 대응 시 필요한 조치, 책임자, 대응 절차 등을 사전에 규정함으로써 위기 상황에서 조직이 겪을 수 있는 혼란을 줄여준다.

둘째, 평상시에 기업을 둘러싸고 있는 환경을 모니터링하고 발생 가능한 위기 상황을 감시하고 통제하는 절차를 갖춘 조직은 위기 발생 가능성을 줄이는 동시에 실제 위기 발생 상황에서도 신속하게 대응할 수 있다. 예를 들면, 조직들이 평소에 위험관리 시스템, 위기 대응 훈련, 모니터링 시스템 등을 갖추고 업무 연속성 계획(business continuity plan)을 마련하는 것이 이에 해당한다.

제2절 기업의 위기 대응 모델

기업의 환경은 소용돌이 환경이라고 할 수 있다. 위기가 다가오는 상황에서 자칫 주저하거나 올바른 대응을 하지 않거나, 잘못된 대응을 하면 기업은 도산하거나 망하게 된다. 평소 기업이 지니는 위기 대응 행태를 분석하여 도산하는 경우와 생존하는 경우를 나누어 살펴볼 수 있다. 이러한 맥락에서 다베니와 맥밀란(D'Aveni and MacMillan, 1990: 634-657)은 위기 상황에서 실패해서 도산한 기업 57개와 생존한 기업 57개를 비교한 후에 위기 대응 모델을 제시하였다. 이들은 크게 세 가지의 위기 대응 모델을 확인하여 제시했는데, 첫째, 위협-경직 모델, 둘째, 위기-부정 모델, 셋째, 환경-탐색 모델이 그것이다.

1 위협-경직 모델

위협-경직 모델(threat-rigidity model)은 위기가 잡음(noises)을 발생시키므로 관리자의 관심을 위기의 영역으로부터 멀리 전환시킨다는 점에 주목한다. 그리고 위기에 대한 경직적인 대응은 과업 환경이나 학습 환경이 변하는 경우에 매우 부적절한 것으로 밝혀졌다. 개인, 집단, 그리고 조직은 위협 상황에서 고정되게 반응을 하는 일반적인 경향이 있는데, 이처럼 위협에 대해 경직성과 일관성을 보여주는 것은 환경의 변화에 대해 부정적인 대응을 가져온다.

위협에 경직적으로 대응하는 것의 특성은 다음과 같다. 첫째, 의사결정의 경직성이다. 위기 상황에서 의사결정이 경직되어 조직이 빠르게 변화하는 환경에 적응하지 못할 수 있는데, 이는 조직이 과거에 효과적이었던 의사결정 방식을 고수하려는 경향이 있기 때문이다. 둘째, 집단사고 요인이다. 위기 상황에서 조직 구성원들이 경직된 사고방식을 가지게 되면 집단사고의 위험이 높아진다. 이는 조직 내에서 비판적인 사고를 억제하고, 새로운 아이디어나 해결책을 받아들이지 못하게 만드는 요인이 된다. 셋째, 위험 회피다. 위협에 대해 경직적으로 대응하는 것은 위험을 회피하려는 경향을 강화하여, 조직이 새로운 기회를 탐색하거나 혁신적인 대응책을 찾지 못하게 할 수 있다.

위협에 대한 부적절한 경직 대응의 주요 내용은 크게 두 가지로 나눌 수 있다. 첫째, 과업 환경 변화에 대한 부적절성이다. 위협에 대해 경직적으로 대응하면 변화하는 과업 환경에서 기업이 적절히 대응하지 못하게 된다. 특히, 변화하는 시장 요구나 경쟁 환경에 유연하게 대처하지 못할 경우, 기업은 경쟁에서 뒤처질 수 있다. 둘째, 학습 환경 변화에 대한 부적절성이다. 위기 상황에서 조직이 학습하지 못하고 경직된 대응만을 반복하면, 새로운 정보를 습득하거나 이전의 실수를 수정하지 못하는 결과를 초래할 수 있다.

2 위기 - 부정 모델

위기-부정 모델(crisis-denial model)은 경영자들이 외부의 위기에 대한 대응에 있어서 관심의 초점을 변화시키지 않고 외부의 위기를 무시한다는 점을 지적한다. 이는 외부의 위기를 일시적인 것이나 혹은 사소한 것으로 인식하였기 때문이며, 경영자들이 과거에 기업을 성공적인 것으로 이끌었던 내부 방법에 초점을 맞추기 때문이다.

위기-부정의 특성은 다음과 같다. 첫째, 위기 인식의 부재다. 경영자가 위기를 사소하거나 일시적인 문제로 인식하고, 외부 환경에서 발생하는 중요한 변화를 간과할 가능성은 항상 존재한다. 이는 경영자가 현재의 내부 방식에 지나치게 집중하거나 과거의 성공에 안주하는 태도에서 기인한다고 볼 수 있다. 둘째, 과거 성공에 대한 집착이다. 경영자가 과거의 성공을 지나치게 강조하면, 기존의 전략이나 운영 방식에 고착될 위험이 있다. 이는 조직이 변화하는 환경에 적응하지 못하고 기존의 방식에만 의존하게 만든다. 셋째, 위기 신호를 무시하는 것이다. 위기에 대한 부정적인 반응은 경영자나 관리자들이 외부로부터의 경고나 위험 신호를 무시하도록 만든다. 이는 기업이 위기의 초기 단계에서 대처하지 못하고 상황이 악화될 때까지 기다리게 만든다.

위기에 대한 부정적인 대응의 결과를 살펴보면 다음과 같다. 우선, 환경 변화에 대해 부적절한 대응을 한다. 위기-부정 모델에 따르면, 경영자가 기업의 조직을 둘러싼 외부 환경의 변화를 부정하고 조직 내부의 방법에만 초점을 맞추면, 조직은 변화하는 환경에 적절히 대응하지 못해 위기에 빠질 수 있다. 다음으로, 조직 유연성이 감소한다. 위기를 부정하는 경영자는 조직의 유연성을 감소시켜 변화에 대응하기 어렵게 만든다. 이는 조직이 새로운 기회나 위협에 대해 적절히 반응하지 못하게 하는 원인이 된다.

❸ 환경 - 탐색 모델

환경-탐색 모델(environmental-scanning model)에서는 쟁점 사안의 중요성과 긴급성, 불확실성으로 말미암아 경영자들이 외부의 위기에 대해 보다 많은 관심을 기울일 것이라고 예측한다. 생존한 기업의 대부분은 환경-탐색 모델에 입각하여 주변 환경에 대해 끊임없이 탐색하고 위협요인이 될 것이 무엇인지를 찾고 대응해왔다.

이 모델은 경영자들이 조직 외부의 위기에 대해 보다 많은 관심을 기울이고, 주변 환경에 대해 끊임없이 탐색하며 위협요인을 찾고 대응하고 있음에 주목한다.

환경 탐색의 특성을 살펴보면 다음과 같다. 첫째, 사전 탐색을 꾸준하게 실시한다. 경영자가 조직의 주변 환경을 사전에 탐색하여 위협요인을 미리 파악하고 대응할 수 있는 준비를 한다. 이러한 환경의 탐색은 조직으로 하여금 위기 상황에 철저히 대비할 수 있게 만들어준다. 둘째, 변화하는 환경에 적응한다. 환경 탐색을 통해 경영자는 조직이 변화하는 환경에 적응할 수 있도록 대응 전략을 조정할 수 있다. 이는 조직이 변화에 대해 유연하고 혁신적으로 대처할 수 있게 한다. 셋째, 미래 사회의 변화와 위협요인을 예측하기 위한 노력을 기울인다. 기업 조직의 경영자들이 환경을 지속적으로 탐색하는 경우, 미래의 변화 트렌드나 위협을 예측하고 준비할 수 있다. 이러한 환경 탐색 노력은 아직 발생하지 않았지만 미래에 발생할 가능성이 있는 잠재적 위기 상황에 대비하는 데 크게 기여한다.

환경 탐색을 통해 성공적인 대응을 한 결과는 다음과 같다. 우선, 조직이 효과적으로 위기 대응을 할 수 있도록 했다. 환경-탐색 모델에 따르면, 생존한 기업들은 주변 환경을 끊임없이 탐색하여 위협요인을 파악하고 대응하였기 때문에 위기 상황을 극복할 수 있었던 것이다. 다음으로 조직의 학습 능력을 길러주었다. 환경 탐색을 통해 조직은 새로운 정보를 습득하고, 학습을 통해 개선하며, 지속적으로 적응해 나갈 수 있다. 이는 조직이 변화하는 환경에 유연하게 대응할 수 있게 해준다. 그리고, 조직이 전략적 유연성을 발휘할 수 있도록 했다. 환경 탐색을 통해 경영자는 조직의 전략을 유연하게 조정할 수 있는 능력이 생긴다. 이는 조직이 변화하는 환경에 맞춰 전략을 수정하고, 새로운 기회를 활용하거나 위협을 피할 수 있게 해준다.

이들 각각의 모델은 조직이 위기 상황에서 어떻게 대응하는지에 대한 다양한 관점을 제시해준다. 이를 통해 조직은 위기 상황에서 자신에게 적합한 대응 방식을 찾고, 위기를 극복하기 위한 전략을 수립하는 것이 가능하다.

제3절 코어 시스템 모델

1950년대와 1960년대 시스템 이론은 자연 현상과 인위적인 현상들을 이해하고 예측하기 위한 새로운 이론적 관점이었다. 이는 역사적·환원주의적·행태적 방법을 지닌 많은 과학 학문에서 채택하고 있는 접근법과는 구분되었다. 일반 체계 이론은 완전한 전체, 상호 관련성과 상호 의존성에 대한 과학적 탐구를 위한 새로운 패러다임이었다. 따라서 오늘날까지도 시스템 접근법은 대부분의 학문 분야나 전문직업 분야에서 큰 영향력을 지닌다.

이러한 시스템은 전체를 형성하기 위해 관련된 물건 또는 개념들의 집합이나 배열로 정의할 수 있다. 모든 시스템은 일반적으로 투입, 과정, 산출, 피드백·피드포워드 루프(feedback and feedforward loops), 평형, 항상성, 그리고 개방 체계와 폐쇄 체계같은 시스템 개념을 사용해서 기술된다. 시스템은 단순한 인과 관계적 용어에서 뿐만 아니라 목표 지향적이고 합목적(teleological)인 용어로도 설명될 수 있다. 이러한 시스템은 다음과 같이 분류되어 논의되어 왔다. 최초의 시스템 이론가들은 시스템을 실재하는 시스템(예: 은하계, 세포, 원자)과 개념적 시스템(예: 논리, 수학, 음악)으로 구별했다. 그리고 일반 시스템 이론 또한 다양한 형태의 시스템 기술, 시스템 철학, 시스템 인식론으로 구분하기도 한다. 한편, 시스템 이론가들은 시스템을 환경에 대해 폐쇄되었거나 개방된 것으로 보기도 한다. 환경에 대해 더 개방적인 시스템이 폐쇄 체계보다 더 역동적이고 변화하기 쉽다. 모든 물리적 실체와 추상적 실체가 시스템이라는 용어로 기술될 수 있는 것이다(Overman, 1998: 2203). 시스템은 어떤 목적을 위해 전체로서 기능하고 있는 수많은 상호 의존적인 부분들로 구성되어 있다. 예를 들어, 일반 시스템 이론(general system theory)에 따르면, 인체의 활동을 충분히 이해하기 위해서는, 사람들은 상호 의존적인 부분들(귀, 눈, 뇌, 등)의 작용을 이해해야 한다. 일반 시스템 이론에서는 전체로서의 체계를 더 잘 이해하기 위해 다양한 전문화된 영역의 지식을 통합한다(Certo, 1989: 44).

그렇다면 코어 시스템(core system)이란 무엇인가? 코어 시스템이란 하나의 전체 체계를 일정한 방향으로 지도하고 조정하는 네트워크의 중심(network hub)이라고 정의할 수 있다(Lee, 2014: 23). 우리는 그동안 시스템 모델(system model)에서 시스템의 다양한 투입 요소들을 산출로 전환하는 과정을 블랙박스(black box)로 간주하고, 이에 대해 깊은 관심을 갖지 않은 채 사회 시스템이나 정치 시스템을 설명하고 이해해 온 것이 사실이다. 이제 투입 요소들을 산출물로 전환하는 과정의 실체에 대해 관심을 갖고 그 기능과 역할을 찾아내는 것이 코어 시스템을 이해하는 데 필요하다. 즉, 블랙박스로 간주되어 왔던 전환 과정(conversion process)을 구성하는 것이 코어 시스템이라고 보기 때문이다.

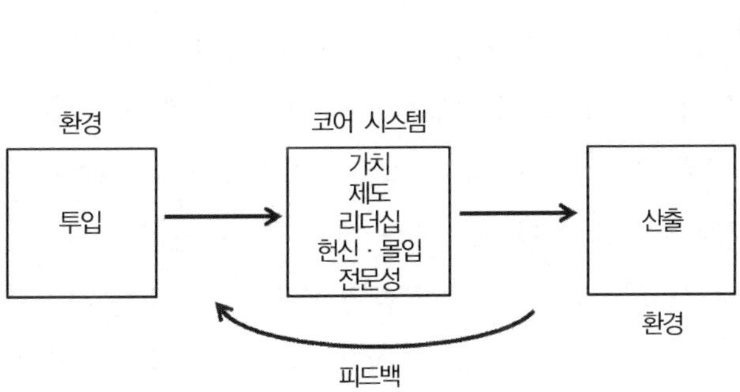

[코어 시스템의 구성요소]

자료: Lee(2014: 23)

코어 시스템을 구성하는 주요 요소로는 가치(value), 제도(institution), 리더십(leadesrship), 헌신(devotion), 전문성(expertise)이 있다(Lee, 2014: 23).

첫째, 가치란 재난, 공공 의제, 사건 등의 상황에서 시스템 운영의 방향을 결정하는 것으로 정의할 수 있다. 방향을 제시해 주는 가치가 존재하지 않는다면, 시스템은 무엇인가를 찾아 목적 없이 숲 속에서 길을 잃고 헤맬 것이다. 따라서 어느 한 사회가 목표를 달성하기 위해서는 사회 구성원들이 일반적으로 동의하고 수용하는 바람직한 가치와 철학을 갖추어야 한다. 현재 우리나라는 사회 구성원 모두가 동의하고 수용할 수 있는 바람직한 가치와 철학이 정립되어 있지 않아서, 사회 전체적으로 나아가야 할 방향을 잃고 우왕좌왕하고 있는 것으로 판단된다.

둘째, 바람직한 목표를 달성하기 위해, 시스템은 사회 구성원들이 사회적·법적으로 수용할 수 있는 제도를 만들거나 설치해야 한다. 코어 시스템은 제도를 통해 필요한 기능이나 임무(mission)를 수행하기 위한 정당성을 확보할 수 있다. 특히, 사회 시스템이나 정치 시스템의 경우, 정당성을 확보한 법적 제도나 기관이 공식적 임무를 수행하는 것이 목표 달성에 필요하다.

셋째, 바람직한 가치와 정당한 제도적 기반에 근거해서 시스템이 작동되고 있는 경우, 리더십이야말로 시스템을 관리하는 데 필수적인 요소이다. 리더십은 목표 달성과 구성원의 협력적 업무 수행이라는 차원에서 시스템의 운영에 영향을 준다. 이러한 리더십이야말로 공동의 과업을 달성해야 하는 시스템의 성공적 운영에 필수 요소이다. 확실히, 성공적인 과업 수행을 촉진하기 위해서는 코어 시스템에서의 리더십 성과를 이해하고 고려해야 한다.

넷째, 시스템이 업무를 성공적으로 수행하고 목표를 달성하려면, 구성원들에게 시스템의 임무에 대한 헌신을 요구해야 한다. 코어 시스템을 구성하는 구성원의 시스템 운영에 대한 헌신은 더 좋은 시스템으로 발전시키는 데 기여할 것이다. 구성원의 헌신을 확보한 코어 시스템은 시스템 구성원들로 하여금 필수적인 업무를 수행하는 데 강한 영향을 미칠 수 있다.

다섯째, 시스템은 과업 수행에 필요한 전문성을 지녀야 한다. 전문성은 연습, 훈련, 연구 등에 의해 얻을 수 있는 특별한 지식(knowhow)이나 방법이다. 직무가 점점 더 전문화될수록 시스템은 목표를 달성하기 위해 전문성에 의존하게 된다. 오늘날 전문성은 시스템을 관리하는 모든 업무의 기반이 된다. 시스템의 환경 변화는 코어 시스템의 전문성을 위협할 수 있다. 코어 시스템에 대한 이들 위협은 새로운 전문가를 받아들이고 기존 활동가들을 교육시킴으로써 줄어들 수 있음을 인식해야 한다.

CHAPTER

08 위기관리 업무 연속성 계획

제1절 업무 연속성 계획의 중요성과 구성요소

1 업무 연속성 계획의 중요성

업무 연속성 계획(Business Continuity Plan, 이하 'BCP')은 단순한 위기관리 도구가 아니라, 기업의 장기적인 생존과 성장, 그리고 지속가능한 성공을 위한 필수적인 전략이라고 할 수 있다. 기업은 업무 연속성 계획을 통해 불확실한 상황에서도 안정적으로 운영을 지속하며, 경쟁력과 신뢰도를 유지할 수 있기 때문이다. 업무 연속성 계획은 기업의 안정성과 지속가능성을 유지하는 데 있어서 매우 핵심적인 역할을 한다는 데 그 중요성이 있다. 즉 업무 연속성 계획은 위기 상황에서 활용하기 위한 단순한 비상 계획을 넘어서, 다양한 위기 상황에서 기업이 지속적으로 운영될 수 있도록 하는 체계적인 접근법이라고 할 수 있다.

첫째, 업무 연속성 계획은 기업의 생존성 보장과 지속가능성의 확보에 기여한다. 위기 상황에서 업무 연속성 계획이 없다면, 기업의 중요한 업무 기능이 중단될 수 있다. 이는 기업의 핵심 운영이 중단되는 것을 의미하며, 이로 인해 심각한 재정적 손실과 시장 경쟁력의 약화가 발생할 수 있다. 업무 연속성 계획은 이러한 위기 상황에서도 중요한 업무 기능이 계속되도록 하여, 기업이 장기적으로 생존하고 성장할 수 있게 해준다.

둘째, 업무 연속성 계획은 기업의 평판을 보호하는 데 있어서 필수적이다. 위기 상황에서 적절한 대응이 이루어지지 않으면 기업의 평판은 심각하게 훼손된다. 고객, 파트너, 이해관계자들은 기업의 위기 대응 능력을 신뢰하지 않게 되고, 이는 곧 기업에 대한 신뢰도 하락으로 이어진다. 업무 연속성 계획은 기업의 이러한 위험을 최소화하고, 기업이 위기 상황에서도 신뢰성을 확보할 수 있게 해준다. 신뢰는 기업의 장기적 성공에 중요한 요소이기 때문에 업무 연속성 계획의 중요성은 더욱 강조된다.

셋째, 업무 연속성 계획은 기업이 법적 및 규제 요구사항을 준수하는 데 필요하다. 일부 산업에서는 법적 또는 규제 기관이 업무 연속성 계획을 수립하고 유지할 것을 요구한다. 이러한 요구사항을 준수하지 않을 경우에는 법적 제재나 벌금, 그리고 허가나 인증이 취소될 위험이 있기 때문에 업무 연속성 계획은 이러한 규제를 준수하고, 법적 위험을 관리하는 데 중요한 역할을 한다.

넷째, 업무 연속성 계획은 비용을 절감하는 효과를 갖는다. 위기 상황에서 신속한 복구가 이루어지지 않으면, 기업은 막대한 재정적 손실을 입을 수 있다. 이는 단기적인 손실뿐만 아니라 장기적으로도 회복하기 어려운 손실을 가져올 수 있는데, 업무 연속성 계획은 이러한 손실을 최소화하고, 장기적으로 비용 절감 효과를 제공함으로써 기업이 재정적 안정성을 유지할 수 있게 해준다.

마지막으로, 업무 연속성 계획은 위기 상황에서의 신속하고 효율적인 대응을 가능하게 한다. 업무 연속성 계획은 기업이 예상하지 못한 상황에서도 정상적인 운영을 지속할 수 있도록 돕는 필수적인 전략이다. 업무 연속성 계획은 위기가 발생한 경우에 명확한 위기 대응 절차와 업무 책임을 규정함으로써 혼란을 줄이고, 신속하고 효율적인 대응을 가능하게 한다. 이는 기업이 처한 위기를 기회로 전환할 수 있게 해주는 요인이 될 수 있다.

2 업무 연속성 계획의 구성요소

업무 연속성 계획(BCP)은 기업이 위기 상황이나 예기치 못한 재난 발생 시에도 중요한 업무 기능을 지속할 수 있도록 준비하는 체계적인 계획을 의미한다. BCP는 기업의 운영 중단을 최소화하고, 가능한 한 빨리 정상적인 운영 상태로 복귀할 수 있게 도와주기 때문에 BCP는 기업의 생존과 신뢰를 유지하는 데 있어서 필수적인 요소다. BCP는 위험 평가 및 분석, 핵심 업무 기능 식별, 복구 전략 개발, 위기 대응 및 비상 대책, 테스트 및 훈련, 계획 유지 및 갱신 등을 그 구성요소로 지닌다. BCP의 주요 구성요소는 기업의 위기 대응 능력을 강화하고, 신속한 복구와 안정적인 운영을 보장하는 데 필수적이다. 이들 구성요소는 상호 연계되어, 기업이 위기 상황에서도 효과적으로 대응하고 신속하게 정상 운영을 복구할 수 있도록 지원한다. BCP는 기업의 생존과 지속가능성, 평판을 보호하는 데 있어 필수적인 전략적 도구로서, 모든 기업이 갖추어야 할 계획이라고 할 수 있다.

1) 위험 평가 및 분석

위험 평가 및 분석은 BCP의 첫 번째 단계로, 기업이 직면할 수 있는 다양한 위협과 위험요소를 식별하고 분석하는 과정이다. 이 과정에서 지진이나 홍수와 같은 자연재난, 파업이나 테러리즘과 같은 인적·사회적 요인, 사이버 공격이나 시스템 오류와 같은 기술적 문제 등 다양한 위험요소들을 평가해야 한다. 위험의 발생 가능성과 그로 인한 잠재적 영향을 분석하여, 기업이 가장 취약한 부분이 무엇인지를 확인하고 이를 개선하기 위한 우선순위를 설정해야 한다. 이러한 위험 평가 및 분석 결과는 BCP 전체의 토대가 되며, 이후 단계에서 구체적인 복구 전략을 수립하는 데 중요한 자료로 활용될 수 있다.

2) 핵심 업무 기능 식별

기업의 운영에 필수적인 핵심 업무 기능을 정의하고, 이러한 기능이 중단될 경우 발생할 영향을 분석하는 단계다. BCP는 업무 운영의 우선순위를 설정하는 데 중요한 역할을 한다. 핵심 업무 기능 식별은 기업의 운영에 있어 반드시 유지되어야 하는 중요한 기능과 프로세스를 확인하는 과정이라고 할 수 있다. 모든 업무 활동이 동일한 중요성을 가지는 것은 아니기 때문에 기업은 특정 위기 상황에서 어떤 기능이 가장 중요한지와 해당 기능이 중단되었을 때 기업에 미치는 영향을 평가해야 한다. 그러므로 여기서는 업무 영향 분석(Business Impact Analysis, BIA)을 통해 특정 기능이 중단되었을 때의 재정적 손실, 고객 및 파트너 관계의 악화, 법적 및 규제상의 문제 등을 정량적으로 평가하게 된다. 그리고 이를 바탕으로 복구의 우선순위를 정하고, 위기 상황에서도 기업의 핵심 기능이 계속될 수 있도록 대비책을 마련해야 한다.

3) 복구 전략 개발

복구 전략 개발은 식별된 핵심 업무 기능을 보호하고, 위기 상황 발생 시 식별된 핵심 업무 기능을 유지하거나 빠르게 복구하기 위한 전략을 수립하여 실제 위기 상황에서 신속하게 복구할 수 있는 구체적인 전략을 수립해야 하는 단계다. 복구 전략의 개발 단계는 재난 발생 직후부터 정상적인 운영 상태로 복귀하기까지의 전 과정을 다루게 된다. 복구 전략에는 대체 작업 장소의 확보, 데이터 백업 및 복구 절차, 인력 배치 계획, 비상연락 체계 구축, IT 시스템 복구 전략, 공급망 관리 등을 포함한다. 또한, 특정 상황에서 필요한 인력 자원, 장비 자원, 시설 자원 등을 사전에 준비해두는 것이 바람직하다. 이 전략은 기업의 상황과 자원에 따라 맞춤형으로 설계되며, 가능한 시나리오별로 세부 계획을 마련하는 것이 필요하다.

4) 위기 대응 및 비상 대책

위기 대응 및 비상 대책은 위기 발생 시 즉각적으로 대응하기 위한 구체적인 절차와 지침을 마련하는 과정이다. 이 단계에서는 위기 발생 시 신속하게 비상 연락망을 가동하고, 책임자와 팀원들이 즉각적으로 행동할 수 있도록 명확한 역할과 책임을 지정한다. 또한, 위기 대응 절차에는 초기 대응, 직원 및 자산 보호, 정보 전파, 상황 모니터링, 복구 단계 진입 등의 내용이 포함되는데, 이를 위해 비상 연락망 구축, 위기 대응팀 구성, 의사결정 프로세스, 내부 및 외부 커뮤니케이션 계획 등을 마련해야 한다. 비상 대책은 각종 비상 상황에 맞춰 사전 준비된 계획에 따라 실행되며, 필요한 경우 대체 통신 수단이나 임시 작업 공간을 활용하여 업무 연속성을 유지한다.

5) 테스트 및 훈련

테스트 및 훈련은 수립된 BCP가 실제로 효과적으로 작동할 수 있는지를 검증하고, 직원들이 이를 숙지하고 대응할 수 있도록 훈련하는 과정이다. 즉 업무 연속성 계획의 효과성을 검증하기 위해 정기적인 테스트와 훈련을 실시하는 단계라고 할 수 있다. 이 단계에서는 다양한 시나리오를 기반으로 시뮬레이션을 하며, 계획의 각 부분이 실제로 실행 가능한 것인지, 예상대로 작동하는지 여부를 평가한다. 테스트를 통해 발견된 문제점이나 개선 사항은 즉시 반영하여 계획을 수정하고 보완해야 한다. 또한, 정기적인 훈련을 통해 직원들이 위기 상황에서도 자신감 있게 행동할 수 있도록 하며, 모든 관련자가 BCP에 따라 일관된 대응을 할 수 있도록 지원한다.

6) 계획 유지 및 갱신

BCP는 정기적으로 검토되고 갱신되어야 한다. 기업을 둘러싼 환경이나 업무 목표의 변화, 새로운 위협이 등장하는 경우에는 계획을 수정하여 항상 최신 상태로 유지해야 한다. 즉 계획 유지 및 갱신은 BCP가 지속적으로 최신 상태를 유지할 수 있도록 정기적으로 검토하고, 필요한 경우에는 수정 및 업데이트하는 과정인 것이다. 기업의 업무 환경, 기술, 법적 규제, 조직 구조 등이 변함에 따라서 BCP도 변경될 필요가 있다. 정기적인 검토와 갱신은 계획이 현실에 맞게 유지되도록 하고, 새로운 위협에 대응할 수 있는 유연성을 제공한다. 또한, 조직 내에서 BCP의 중요성을 지속적으로 인식시키고, 관련된 절차와 정책이 준수될 수 있도록 내부 통제와 관리가 이루어져야 한다.

제2절 효과적인 업무 연속성 계획

효과적인 업무 연속성 계획(BCP)을 수립하는 것은 기업이나 조직의 업무가 중단 중이거나 업무가 중단된 이후에도 업무를 진행하고 운영을 지속할 수 있도록 보장하는 데 필요한 여러 단계를 포함한다.

1 업무 연속성 계획 팀 구성

효과적인 BCP를 수립하기 위해서는 다양한 부서와 역할을 아우르는 전문적인 팀 구성이 필수적이다. BCP 팀은 기업 내 다양한 부서에서 필요한 인력과 자원을 조정하고, 각 부서의 요구사항을 반영하여 종합적이고 실행 가능한 계획을 수립하는 데 중요한 역할을 한다. IT, HR, 운영, 재무, 법무, 커뮤니케이션 등 주요 부서의 대표들을 포함시켜 다부서 팀으로 구성한다. 프로세스를 이끌고 조직 전반에 걸쳐 조정을 보장할 업무 연속성 계획 코디네이터나 매니저를 지정한다. BCP 팀을 구성하는 주요 내용은 다음과 같다.

첫째, BCP 팀의 목적과 범위를 명확히 정해야 한다. BCP 팀을 만드는 목적은 기업의 업무 연속성을 보장하고, 위기가 발생하는 경우 신속하고 효율적으로 대응을 할 수 있게 준비하는 것이다. 그 범위로는 계획의 수립, 테스트 및 훈련, 위기 대응, 계획의 유지 및 갱신 등이 있다.

둘째, BCP 팀의 리더가 누구인지 정하는 것이 필요하다. BCP 팀의 리더는 전반적인 업무 연속성 계획을 수립하고 실행하며, 구성원 사이의 업무를 조정하고 의사결정을 책임진다. 리더는 BCP에 관한 폭넓은 지식을 갖추고, 위기 상황에서 신속하게 판단하고 결정을 내릴 수 있어야 한다. BCP 팀의 리더는 기업의 고위 임원진 중에서 맡는 것이 일반적이다.

셋째, BCP 팀에는 기업의 주요 업무를 수행하고 있는 핵심 부서의 대표자들이 포함되어야 한다. 이는 BCP팀이 기업의 모든 업무 기능을 포괄할 수 있도록 구성하는 것이 바람직하기 때문이다. 주요 부서로는 기획, 인사, IT, 법무, 재무, 운영, 커뮤니케이션 부서 등이 포함된다.

넷째, BCP 팀에는 기업 내의 위기관리 전문가나 외부의 컨설턴트를 포함하는 것이 바람직하다. 이들은 다양한 위기 상황이나 시나리오에 대해 전문지식과 경험을 바탕으로, BCP 수립 과정에서 놓치기 쉬운 중요한 사항들을 체크하고 자문을 해줄 수 있다. 외부 컨설턴트는 기업 내에서 놓치기 쉬운 잠재적 위험들을 식별하고, 최근 관련 업계의 동향과 표준, 모범 사례들을 반영할 수 있도록 해준다.

다섯째, BCP 팀은 구성원이 수행해야 할 역할과 책임을 분명하게 정해줘야 한다. 이를 통해 위기 상황에서 발생할 수 있는 혼란들을 최소화하고, 위기 대응을 신속하게 할 수 있다. 역할과 책임의 분담은 위기 평가 및 분석, 핵심 업무 기능의 식별, 복구 전략의 개발, 테스트 및 훈련, 위기 커뮤니케이션, 계획의 유지 및 갱신 등으로 구분될 수 있다.

2 업무 영향 분석

BCP를 수립하기 위해서는 업무 영향 분석을 이해하고 실행하는 것이 필요하다. 업무 영향 분석은 기업의 업무 기능과 프로세스가 중단되었을 때 발생할 수 있는 잠재적 영향들을 평가하는 과정이다. 이러한 업무 영향 분석은 BCP를 수립할 때 꼭 필요한 핵심적인 부분이다. 업무 영향 분석을 위해서는 다음 사항을 고려하는 것이 필요하다.

첫째, 업무 영향을 분석하기 위한 첫 번째 단계는 기업의 운영에서 반드시 수행해야 하는 핵심 업무 기능이 무엇인지를 확인하는 것이다. 기업이 수행하는 모든 업무 활동이 동일한 중요성을 갖는 것은 아니다. 위기 상황에서 기업의 어떤 기능이 가장 중요한지를 파악하는 것이 필요하다. 이를 통해 복구의 우선순위를 설정하고, 어떤 업무 기능이 중단될 때 기업이 가장 큰 충격을 받고 영향을 받는지를 확인해야 한다.

둘째, 기업의 핵심 업무 기능이 중단되었을 때 발생할 수 있는 재정적 영향을 평가해야 한다. 재정적 영향 평가에는 수익 손실, 추가 비용의 발생, 계약 위반에 따른 벌금, 인건비 및 운영비 등 고정경비 확보 여부 등을 포함해야 한다. 이러한 재정적 영향을 정량화함으로써 복구 시점을 언제로 잡을지, 혹은 투자의 우선순위를 어떻게 결정할지를 따져볼 수 있다. 그러므로 재정적 영향 분석은 기업의 재무 상태를 확인하고, 중단된 업무 기능을 빠르게 복구하는 데 필요한 정보를 확보할 수 있다.

셋째, 기업의 업무 기능이 중단되었을 때, 그것이 기업의 일상 운영에 미치는 영향을 분석해야 한다. 이때 생산성의 저하, 서비스 제공의 지연, 공급망 중단 등을 포함하여 고려해야 한다. 기업 운영상의 영향은 기업의 내부 업무 프로세스뿐만 아니라 고객, 파트너, 공급업체 등 외부 이해관계자에게도 영향을 미칠 수 있다. 이를 통해 기업 운영의 지속성을 유지하기 위한 전략을 수립하는 것이 바람직하다.

넷째, 기업의 업무 기능이 중단됨으로써 야기될 수 있는 법적 또는 규제상의 문제를 평가해야 한다. 일부 산업에서는 특정 기능이 중단되는 경우, 법적인 제재 조치나 규제 위반 사항이 발생할 수 있다. 이러한 법적 또는 규제의 위험을 사전에 확인하고, 규제를 준수하기 위한 대책을 마련하는 것이 필요하다.

다섯째, 기업의 업무 기능 중단이 고객들이나 이해관계자들에게 어떤 영향을 미치는지를 평가해야 한다. 업무 영향 분석에서는 고객 서비스의 중단, 제품 또는 서비스 제공의 지연, 파트너와의 계약 이행 문제 등을 고려해야 한다. 이러한 분석은 기업이 고객 신뢰를 유지하고, 이해관계자와의 관계를 유지하는 데 필수적이다. 이를 바탕으로 고객 및 이해관계자와의 커뮤니케이션 전략을 수립하고, 위기 시 대응 계획을 마련하는 것이 가능하다.

3 위험 평가

위험 평가는 기업이 직면하게 될 다양한 위험요소들을 찾아내고 이러한 위험이 기업의 업무에 미치는 영향을 평가하는 과정이다. 위험 평가를 실시함으로써 BCP를 수립하는 기초를 마련하고, 기업이 위기 상황에 대비하게 해준다. 위험 평가의 주요 내용을 살펴보면 다음과 같다.

첫째, 기업이 직면할 수 있는 다양한 위험요소들을 확인하는 것이 가장 먼저해야 할 일이다. 이러한 위험요소들로는 자연재난, 기술적인 문제, 인적 오류에 의한 문제, 공급망의 중단 사태, 사이버 공격 등이 있다. 이들 각각의 위험요소들을 식별함으로써, 기업이 어떤 종류의 위기에 대비해야 하는지를 알 수 있다. 여기서는 발생할 수 있는 모든 위기 상황을 찾아내는 것이 중요하다.

둘째, 기업에 위협을 줄 수 있는 모든 위험들이 발생할 수 있는 가능성을 평가하는 것이 필요하다. 각 위험요소가 발생할 수 있는 가능성을 분석하여, 기업이 특정 위험에 얼마나 노출되어 있는지를 알 수 있다. 위험의 발생 가능성을 분석하는 경우에는 과거에 발생했던 사건 자료들과 지역적 특성 등을 고려하여 위험의 발생 확률을 평가하고, 이를 통해 대처해야 할 위험요소의 우선순위를 결정하며, 자원 할당에 도움을 줄 수 있다.

셋째, 기업의 업무에 영향을 주는 위험요소들이 현실에서 발생하는 경우, 기업에 미칠 수 있는 잠재적 영향을 분석하는 것이 필요하다. 이 때 위험 발생이 업무 연속성, 재정적 안정성, 기업의 평판, 고객 신뢰 등에 미치는 영향을 평가해야 한다. 잠재적 영향 분석은 각각의 위험요소가 기업에 미치는 피해들을 측정하고, 복구의 우선순위를 결정하는 데 도움을 준다. 이를 통해 기업은 특정 위험에 대비하기 위한 대응 전략을 수립할 수 있다.

넷째, 기업이 어떤 위험에 가장 취약한지를 분석해야 한다. 예를 들면, 기업의 내부 프로세스, 인프라, 기술 시스템, 인력 관리 등에서 발생할 수 있는 취약점을 찾는 것이 필요하다. 이를 통해 여러 위험요소들 중에서 기업이 어떤 부분에서 가장 취약한지를 확인할 수 있기 때문에, 취약점 분석은 보완이 필요한 부분을 확인하고, 이를 개선하기 위한 대책을 마련하는 데 필수적이다.

다섯째, 위험 평가를 통해 위험을 확인하고 취약점에 어떻게 대응할 것인지와 관련된 대응 전략을 개발하는 것이 필요하다. 위험 대응 전략에는 위험의 회피, 경감, 전가, 수용 등의 방법을 통해 각 위험요소에 대응하는 구체적인 계획을 수립하는 과정이다. 예를 들면, 사이버 공격의 영향을 최소화하기 위해 데이터 백업 시스템을 구축하거나, 대체 공급망을 확보함으로써 원료 및 재료 공급망이 중단될 위험성을 감소시킬 수 있다. 이러한 전략은 기업이 위험을 관리함으로써 위기가 발생하는 경우에 생길 수 있는 피해를 최소화할 수 있기 때문이다.

여섯째, 위험 평가는 어쩌다 한번 실시하는 일회성 작업이 아니라 정기적으로 수행되어야 하는 지속적인 업무다. 기업을 둘러싼 경영 환경, 기술 환경, 법적 환경 등이 끊임없이 변화하기 때문에 위험 평가도 지속적으로 이루어져야 한다. 위험에 대한 정기적인 재평가는 새로운 위험요소를 식별하고, 기존 위험요소에 대한 대응 전략을 갱신하는 데 중요한 역할을 한다. 지속적인 위험 평가를 통해 BCP는 항상 최신 상태로 유지되며, 변화하는 환경과 위험 상황에 대응할 수 있다.

4 복구 전략

복구 전략은 위기 상황에서 중단된 업무 기능을 신속하게 복구하고 정상적인 운영 상태로 돌아가기 위한 구체적인 계획을 말한다. 여기서는 업무 영향 분석을 통해 확인한 핵심 업무 기능의 연속성을 보장하기 위한 전략을 개발하는 데 초점을 둔다. 예를 들면, 원격 근무 설정이나 비상용 대체 작업 장소 등을 마련하는 것이다. 또한 핵심 업무와 관련된 데이터를 정기적으로 백업하고, 업무가 중단되는 경우에 신속하게 복구할 수 있도록 준비해야 한다. 또한 위기 상황이 발생하는 경우, 인력이나 장비, 재정 등 자원을 어떻게 배분할 것인지를 미리 정해두는 것이 필요하다.

이를 위해서는 첫 번째로 복구 목표를 분명하게 설정하는 것이 필요한데, 예를 들면, 복구 시간 목표(Recovery Time Objective, RTO)와 복구 지점 목표(Recovery Point Objective, RPO) 등이 있다. 조직에서 정의하는 복구 시간 목표(RTO)는 서비스 중단 시점부터 서비스가 복원되기까지 허용되는 최대 지연 시간을 의미하며, 서비스를 사용할 수 없는 상태로 유지될 수 있는 최대 기간을 말한다. 또한 조직에서 정의하는 복구 지점 목표(RPO)는 마지막 데이터 복구 시점 이후에 허용되는 최대 시간을 의미하며, 이는 마지막 복구 시점과 서비스 중단 시점 사이에 허용되는 데이터 손실량을 결정한다. 즉, RPO는 목표 복구 시점 장애 발생 시 업무 연속성을 위해 어느 시점으로 데이터를 백업할지 결정하게 될 지표를 의미한다.

두 번째는 복구를 하는 데 필요한 핵심 자원들을 확인하고 이를 적절하게 할당하는 과정이 필요하다. 복구를 하는 데 필요한 인력, 기술, 장비, 데이터, 시설 등을 예로 들면, IT 시스템 복구를 위해 필요한 서버나 데이터 백업 시스템, 그리고 이를 관리할 전문 인력을 사전에 확보하는 것이 필요하다. 자원의 할당은 위기 상황에서 복구 작업이 지연되지 않도록 보장하며, 복구가 문제없이 원활하게 진행되도록 한다.

세 번째로, 기업이 물리적 공간에서 운영할 수 없는 경우를 대비해 대체 작업 공간을 마련하는 것도 고려해야 한다. 대체 작업 공간으로는 임시 사무실, 원격 근무 환경, 또는 외부의 제3자 제공 시설 등이 있는데, 이러한 대체 공간은 복구를 수행하는 중에도 기업의 핵심 업무 기능을 지속적으로 수행할 수 있게 해준다. 대체 작업 공간의 위치나 접근성, 필요한 인프라 등을 사전에 준비해두는 것이 필요하다.

[업무 연속성 계획(BCP)의 사례]

구분	주요 내용
은행 및 금융 서비스	▸ 지역 은행이 주요 사이버 공격을 받아 온라인 뱅킹 서비스가 중단 ▸ BCP – 고객 데이터를 신속하게 복구할 수 있도록 외부에 저장된 견고한 데이터 백업 시스템 운영 – 주 온라인 플랫폼이 손상될 경우, SMS, 이메일, 별도 서버에 호스팅된 백업 웹사이트를 통해 고객과 소통 – 지정된 사이버 대응팀이 대기 중이며, 침해를 관리하고 피해를 최소화하며, 사이버 보안 전문가와 협력 – 고객 문의가 증가할 경우를 대비해 백업 콜센터 활성화
헬스케어	▸ 병원이 지진과 같은 자연재난으로 인해 인프라 손상 ▸ BCP – 환자를 다른 시설이나 임시 의료 쉼터로 이동시키기 위한 상세한 대피 계획 – 병원접근이 어려운 경우에도 사용 가능한 원격 위치에 필수 의료용품 비축 – 영향 지역에서 환자의 필수적 치료를 계속 제공하기 위해 이동의료유닛 배치 – 환자 기록은 클라우드 기반 시스템에 저장, 의사들이 어디서든 접근 가능
제조업	▸ 주요 원자재 공급업체가 장기적으로 가동 중단을 겪어 공급망을 방해받는 상황 ▸ BCP – 제조 회사는 주요 원자재에 대한 의존도를 줄이기 위해 여러 공급업체를 확보 – 공급망이 방해받는 동안에도 생산을 계속하기 위해 필수 재료의 재고 유지 – 생산이 방해받지 않는 다른 시설로 일시적 이전 가능하게 함 – 정기 운송 경로가 방해받는 경우를 대비해 대체 운송 경로나 방법을 사용하는 비상 계획
소매업	▸ 팬데믹으로 인해 오프라인 매장이 폐쇄되는 상황 ▸ BCP – 소매업체는 신속하게 온라인 판매로 전환하여 디지털 마케팅 노력을 증가시키고 프로모션을 제공해 웹사이트 트래픽 유도 – 고객이 매장에 들어가지 않고도 주문을 수령할 수 있도록 커브사이드 픽업 옵션 구현 – 직원이 원격으로 작업하며, 업무 운영을 유지하기 위해 회사 시스템에 안전하게 접근할 수 있게 함 – 팬데믹 동안 수요가 높은 제품에 우선순위를 두기 위해 공급망 조정
정보기술(IT) 서비스	▸ 주요 데이터 센터가 정전으로 인해 여러 고객의 서비스가 중단되는 상황 ▸ BCP – IT 서비스 제공자는 다양한 지리적 위치에 여러 데이터 센터를 유지하여 정전 시 서비스가 다른 곳으로 리디렉션될 수 있게 보장 – 시스템은 자동 페일오버 기능으로 설계되어 최소한의 다운타임으로 백업 데이터 센터로 전환할 수 있게 함 – 고객에게 정전, 진행 중인 조치 및 예상 복구 시간에 대해 알릴 수 있도록 사전 작성된 커뮤니케이션 준비 – 회사는 중단 중에도 특정 수준의 가동 시간과 응답 시간을 보장하는 SLA를 준수

유틸리티	▸ 심각한 날씨로 인해 전력 공급 회사가 광범위한 정전을 겪는 상황 ▸ BCP – 신속한 배치 팀이 전력선 및 기타 중요한 인프라의 손상을 평가하고 복구할 준비 확보 – 유틸리티는 인접 지역 또는 대체 에너지 공급원에서 백업 전원을 확보하기 위한 계약 체결 – SMS, 소셜미디어 및 회사의 전용 정전 지도 등 여러 채널을 통해 고객에게 실시간 업데이트 – 병원과 응급 서비스와 같은 중요한 인프라가 전력 복구에서 우선순위 확보
교육	▸ 팬데믹으로 인해 대학이 장기적으로 캠퍼스를 폐쇄하는 상황 ▸ BCP – 모든 강의를 온라인 플랫폼으로 전환하여 학생들이 원격으로 교육을 계속할 수 있도록 보장 – 도서관 및 기타 학술 자료를 온라인에서 사용할 수 있으며, 저널, 책, 연구 자료에 대한 디지털 접근 강화 – 상담 및 학업 상담이 비디오 회의를 통해 제공되어 폐쇄기간 동안 학생들을 지원 – 교수진은 효과적인 강의 제공과 온라인 평가 방법에 대한 교육을 받음

03
PART

바이오기업의 위기관리

CHAPTER

09 바이오경제와 위기

제1절 바이오경제 관련 용어

바이오와 관련된 용어들은 모두 생명과학과 기술을 기반으로 한 산업과 경제 활동을 설명하는 다양한 개념을 의미한다. 바이오 관련 용어들을 넓은 범위에서 협소한 범위로 정리하면 바이오경제, 바이오산업, 바이오기술, 바이오사업, 바이오기업, 바이오뱅크의 순서로 그 의미의 범위를 생각해 볼 수 있다.

첫째, 바이오경제(bio economy)는 가장 넓은 의미의 범위를 가지는 용어로, 생명공학과 생물 자원을 이용하여 다양한 산업에서 경제적 활동을 이루는 모든 것을 포괄한다. 바이오경제는 농업, 에너지, 식품, 건강, 화학 등 다방면에 걸친 경제 활동과 정책적, 사회적, 환경적 요소들까지도 아우른다. 한마디로 바이오경제는 생명공학과 생물 자원을 기반으로 한 경제 시스템을 의미하는 것으로, 지속가능한 발전을 목표로 한다. 바이오경제는 바이오기술을 통해 농업, 에너지, 식품, 건강, 화학물질 등 다양한 산업 분야의 발전을 촉진하며, 생물자원과 생물기술을 이용한 경제 활동을 의미한다. 이러한 바이오경제는 생물자원을 효율적으로 이용함으로써 환경보호와 경제 성장을 동시에 달성하고자 하는 목적을 지닌다. 그러므로 바이오경제의 주요 내용에는 지속가능성, 재생 가능 자원의 활용, 기후변화 대응 등의 개념이 포함되며, 정부 부문의 정책적 지원과 글로벌 협력이 중요하다.

둘째, 바이오산업(bio industry)은 바이오경제의 일부로서, 생명공학 기술을 활용하여 제품과 서비스를 개발하고 제공하는 모든 산업을 의미한다. 제약, 농업, 환경, 에너지 등 바이오기술이 응용되는 산업들을 포괄하며, 상업적 활동을 중점으로 하고 있다. 바이오산업은 생명과학 및 생명공학 기술을 활용하여 인간의 건강, 농업, 환경, 에너지 등 다양한 분야에 응용되는 산업으로서 제약, 바이오 의약품, 의료기기, 생물정보학, 환경 바이오, 농업 바이오 등으로 구성된다. 그리고 바이오산업은 바이오기술을 통해 건강한 삶, 지속가능한 환경, 식량 생산성 향상 등을 목표로 하고, 과학기술과 산업의 융합이 이루어지며, 연구개발, 생산 및 판매, 시장 확장 전략 등이 포함된다.

셋째, 바이오기술(biotechnology)은 바이오경제와 바이오산업을 뒷받침하는 과학적이고 기술적인 기초를 의미하는 것으로서, 생명체와 생물 시스템의 과학적 원리를 적용하여 유용한 제품이나 기술을 개발하는 것을 포함하며, 다양한 연구 분야와 기술 응용을 포함한다. 바이오기술은 생명체 및 생물 시스템의 과학적 원리를 활용하여 유용한 제품이나 기술을 개발하는 학문 및 기술이라고 정의할 수 있다. 바이오기술은 유전자 조작, 세포공학, 단백질 공학, 생물정보학, 생물공정 기술 등을 포함하며, 제약, 농업, 환경, 에너지 분야에 응용된다. 이러한 바이오기술은 인간의 건강 증진, 식량 생산 향상, 환경보호, 에너지 문제 해결 등을 달성하는 것을 목적으로 두고 있으며, 유전자 편집(CRISPR), 백신 개발, 바이오 의약품, 환경 정화 기술 등이 있고, 혁신 기술의 개발이 핵심이라고 할 수 있다.

넷째, 바이오사업(bio business)은 바이오기술을 기반으로 한 상업적 활동을 의미하며, 특정 바이오 제품이나 서비스를 시장에 내놓고 수익을 창출하려는 기업의 구체적인 사업 활동을 포함한다. 이러한 바이오사업은 바이오산업 내에서 특정 기업들이 수행하는 업무 활동을 말하는 것으로서, 바이오기술과 관련된 제품 및 서비스를 상업화하고 판매하는 활동이라고 한마디로 정의할 수 있다. 바이오사업은 의료, 농업, 환경, 에너지 등에서 바이오기술을 바탕으로 한 상업적 활동으로, 바이오기업의 운영 방식과 긴밀하게 연결된다. 그리고 바이오사업은 기술의 상업화와 수익 창출, 바이오 제품의 시장 확대를 목적으로 하면서, 사업 전략, 마케팅, 규제 준수, 기술 이전, 국제 시장 진출 등 다양한 업무 활동이 포함된다.

다섯째, 바이오기업(bio company)은 바이오기술을 활용하여 제품이나 서비스를 개발하고 상업화하는 개별 기업을 말한다. 바이오기업은 바이오사업을 실제로 수행하는 주체로서, 특정 기업의 운영 및 전략에 초점을 맞추게 된다. 바이오기업은 생명공학 기술을 바탕으로 제품이나 서비스를 개발, 생산, 판매하는 기업으로서 제약, 생명공학, 진단, 의료기기 등 다양한 분야에서 활동하며, 주로 질병 치료제, 진단기기, 유전자 검사, 기능성 식품 등을 개발하는 데 중점을 두고 있다. 이러한 바이오기업은 혁신적인 바이오기술을 상업화하여 의료 및 건강 문제를 해결하고, 시장에서 수익을 창출하는 사업 단위다. 그리고 바이오기업은 연구개발(R&D)에 집중하며, 임상시험, 규제 승인, 상용화 과정에서 기술력과 자본이 중요한 요소로 작용하고, 전략적 제휴 및 기술 라이센싱 등을 통해 성장 가능성을 높인다는 특징을 지니고 있다.

여섯째, 바이오뱅크(bio bank)는 가장 협소한 의미의 범위를 지니는데, 생물학적 샘플과 데이터를 수집 · 저장 · 관리하는 특정 시설 또는 기관을 의미한다. 바이오기술과 관련된 연구와 임상시험을 지원하는 역할을 하며, 데이터 관리와 윤리적 규범 준수에 중점을 둔다. 바이오뱅크는 생물학적 샘플, 예를 들면, 혈액, 조직, DNA 등과 관련된 데이터들인 임상 정보, 유전자 정보 등을 수집, 저장, 관리하는 시설 및 기관을 말한다. 바이오뱅크는 연구 목적으로 사람들의 유전자 및 생물학적 데이터를 저장하여 질병 연구, 신약 개발, 맞춤형 의료 등에 활용하는데, 이를 통해 인간 질병의 원인을 밝히고 치료법을 개발하며, 맞춤형 의료 발전에 기여하고 있다. 주요 활동으로는 샘플의 질 관리, 데이터 보안 및 프라이버시 보호, 윤리적 고려사항이 포함되며, 주로 공공 기관, 병원, 연구소 등에서 운영된다.

이들 바이오 관련 용어들은 모두 생명과학과 생명공학을 중심으로 하는 개념들로, 인간의 건강, 환경보호, 식량 문제 해결 등 사회적 가치를 창출하는 데 기여한다는 공통점을 지니고 있다.

이와는 달리 차이점으로는 바이오기업과 바이오사업은 상업적 활동에 중점을 두고 있으며, 특정 제품이나 서비스를 개발하고 시장에서의 성공을 목표로 하고, 바이오산업은 이러한 기업들을 포함하는 넓은 범주로, 다양한 응용 분야를 포괄한다. 그리고 바이오경제는 경제 시스템 차원에서 생명공학의 활용을 강조하며 지속가능성과 환경보호에 중점을 두고 있고, 바이오기술은 이를 뒷받침하는 과학적, 기술적 기초를 제공하는 반면, 바이오뱅크는 데이터 및 샘플을 관리하고 연구 지원을 주요 목적으로 한다.

이처럼 각 용어들은 서로 밀접하게 연관되어 있으나, 그 초점과 목적이 다르기 때문에 다양한 측면에서 바이오 분야의 발전을 도모하고 있다.

바이오와 관련된 개념으로서 앞에서 언급한 용어들 외에도 다양한 개념 용어들이 존재한다. 예를 들면, 바이오 의약품, 바이오 인포매틱스, 합성 생물학, 유전자 편집, 맞춤형 의료, 줄기세포 연구, 프로테오믹스, 식물 생명공학, 환경 바이오 등이 있다.

바이오 의약품(biopharmaceuticals)은 생물학적 소스로부터 유래된 의약품으로 주로 단백질, 항체, 백신 등으로 구성되며, 전통적인 화학 합성 의약품과 달리 바이오 의약품은 생물체에서 유래된 물질을 사용하여 질병 치료에 이용된다. 항체 치료제, 유전자 치료제, 백신 등이 있다.

바이오 인포매틱스(bioinformatics)는 생물학적 데이터를 분석하고 해석하기 위해 정보기술을 활용하는 학문 분야로서 유전자 서열, 단백질 구조, 생물학적 경로 등을 분석하기 위한 컴퓨터 기술과 데이터베이스를 사용한다. 유전체 연구, 약물 개발, 질병 진단 등에서 역할을 한다.

합성 생물학(synthetic biology)은 생물 시스템과 부품을 설계하고 제작하여 기존 생물학적 시스템을 재설계하거나 새로운 시스템을 창출하는 학문이다. 합성 생물학은 유전자 조작 기술과 공학적 접근을 결합하여 새로운 생물학적 기능을 가진 생명체를 창조하거나 생물체의 기능을 강화하는 데 중점을 두는데, 바이오연료, 바이오 의약품 생산, 환경 복원 등이 있다.

유전자 편집(genome editing)은 생명체의 유전자를 정밀하게 수정하는 기술로, 특정 유전자를 제거하거나 추가, 수정할 수 있다. 질병 유발 유전자를 제거하거나 새로운 특성을 부여하는 데 사용되는데, 질병 치료, 농작물 개량, 연구 목적의 모델 생물체 제작 등이 있다.

맞춤형 의료(personalized medicine)는 개개인의 유전 정보와 생물학적 데이터를 바탕으로 맞춤형 치료 방법을 제공하는 의료 접근법으로서 각 환자의 유전자형, 환경, 생활습관 등을 고려하여 최적화된 치료 전략을 개발한다.

줄기세포 연구(stem cell research)는 재생 능력이 있는 줄기세포를 활용한 연구로, 다양한 세포로 분화할 수 있는 가능성을 지닌 세포를 연구하는 분야다. 줄기세포는 조직 재생, 손상된 장기 복구, 신약 개발 등에 중요한 역할을 한다. 재생의학, 조직공학, 치료제 개발 등에 응용한다.

프로테오믹스(proteomics)는 특정 생물체 또는 세포의 전체 단백질 세트를 연구하는 학문 분야로서 단백질의 구조와 기능, 상호작용 등을 분석하여 생물학적 과정을 이해하는 데 중점을 둔다.

식물 생명공학(plant biotechnology)은 식물의 유전자 조작을 통해 특정 특성을 강화하거나 새로운 특성을 부여하는 기술로서 유전자 변형 작물 개발, 질병 저항성 식물 육성, 생산성 향상 등 다양한 응용이 가능하다. 농업, 식량 안전, 환경보호 등에 응용된다.

환경 바이오(environmental biotechnology)는 생물학적 공정을 활용하여 환경 문제를 해결하는 학문 분야로서 폐기물 관리, 오염 정화, 바이오리메디에이션 등 생물학적 방법을 사용하여 환경을 개선하는 기술이다. 오염된 토양 및 수질 복원, 바이오연료 생산, 생태계 복원 등에 응용된다.

이들 용어는 바이오 분야에서 사용되는 다양한 개념들을 나타내며, 각기 다른 응용 분야와 목적을 지니고 있다.

제2절 바이오경제의 구성요소

바이오경제는 우리가 흔히 사용하는 화석연료를 자연에서 얻은 바이오자원으로 대체하여 경제활동을 하는 것을 말한다. 이는 단순한 기술 발전의 결과가 아니라, 환경을 고려한 지속가능한 발전을 목표로 하는 지식기반의 경제활동이라고 할 수 있다. 예를 들면, 석유를 대신하여 곡물, 목재, 식물성 기름 등을 원료로 사용하여 의약품, 화학제품, 각종 소재를 생산하는 것을 들 수 있다. 또한 이러한 자원들은 운송 수단이나 발전소에서 연료로도 사용되며, 이 과정에서 발생하는 부산물과 폐기물도 재활용하여 자연 생태계처럼 물질의 순환을 이루기도 한다.

바이오경제에서는 환경친화적인 생산 방식을 넘어서 생물학적 공정을 통해 에너지 사용을 최소화하고, 독성 폐기물 발생을 차단한다. 이를 통해 환경에 미치는 부정적 영향을 줄이면서도 경제활동을 지속할 수 있는 방법을 제공하는 것이다. 이와 함께 바이오경제는 자연에서 얻은 재료를 사용하고, 이 재료들을 가공하는 과정에서도 자연의 원리를 따르려 노력하는데, 이는 바이오경제가 단순히 자원의 활용에 그치지 않고, 전체 생태계와 조화를 이루려는 노력의 일환이기도 하다.

더 넓은 범위에서 보면, 바이오경제는 농업, 식품업, 어업, 임업과 같은 전통적인 산업뿐만 아니라 이와 연계된 제조업, 에너지 생산 등 광범위한 산업군을 포함한다. 이러한 산업들은 관련된 정책, 법제, 교육, 기술, 사회활동과도 긴밀하게 연결되어 있다. 이 모든 분야에서 지속가능한 방식으로 자원을 활용하고 관리하는 것이 중요하며, 이를 위해 정부와 사회가 협력하는 것도 바이오경제의 중요한 측면이라고 할 수 있다.

바이오경제는 우리의 생활 방식과 경제활동에 새로운 방향을 제시하고 있다. 이는 환경을 보호하면서 경제적 이익을 추구하는 방식으로, 기존의 화석연료에 의존하는 경제 시스템을 대체할 수 있는 가능성을 제공한다. 더 나아가, 이러한 바이오 중심의 경제 활동은 국가적 차원에서 뿐만 아니라 글로벌 차원에서도 중요한 의미를 지니며, 지구 온난화와 같은 글로벌 이슈에 대응하는 데에도 기여할 수 있다.

그러므로 바이오경제는 단순히 자원을 대체하는 것을 넘어서 환경과 조화를 이루며 지속가능한 방식으로 경제적 가치를 창출하고자 하는 시도다. 이는 경제, 환경, 사회가 상호 연결된 지속가능한 미래를 향한 중요한 출발점이다. 이와 같은 경제 시스템을 통해 우리는 다음 세대에게 더욱 건강하고 풍요로운 지구를 물려줄 수 있는 기회를 마련할 수 있다.

이러한 바이오경제는 매우 광범위한 개념이다. 하지만 핵심을 살펴보면 화석연료 및 화학 공정에 기반을 두고 대량의 폐기물을 배출하던 20세기 경제에 반해 바이오경제는 재생 가능한 바이오자원과 생물학적 공정에 기반을 두고 완전한 재활용 사이클을 구축하여 실질적으로 폐기물을 배출하지 않는 21세기형 경제를 지칭하는 개념이다. 바이오경제를 구성하는 분야는 다음과 같다(이주량 외, 2011: 63-70).

현재 바이오경제를 구성하고 있는 바이오 에너지는 생물학적 자원을 원료로 사용하여 에너지를 생산하는 것이다. 이러한 바이오 에너지의 역사는 인류의 역사만큼이나 오래되었다. 땔감을 이용하여 난방을 하거나 화력발전을 하는 것이 하나의 예인데, 지금도 많은 지역에서 이러한 형태로 바이오 에너지가 사용되고 있다. 삼림의 지나친 훼손 없이 현지에서 땔감의 공급이 가능하고 기술 발달로 연소 효율성을 대폭 높이면서도 온실가스 발생을 최소화하는 것이 가능하다면 이러한 형태의 전통적인 바이오 에너지도 분명히 바이오경제의 중요한 일부분이 될 것이다.

그러나 21세기 바이오경제에서는 점차 바이오자원을 연료(액체)화하여 사용하는 비중이 늘어나고 있다. 바이오연료는 옥수수나 사탕수수 같은 곡물이나 지푸라기, 잡초, 버려진 잔가지 등의 식물성 물질, 그리고 채종유나 야자유 등의 식물성 기름들로부터 발효 등의 공정을 통하여 생산된 에탄올, 부탄올 또는 바이오 디젤 등의 연료를 의미한다. 현재 전 세계 수송 연료의 1%를 바이오연료가 차지하고 있으며 브라질에서는 바이오 에탄올의 점유율이 이미 석유를 뛰어넘어 가장 중요한 수송 연료의 지위에 올랐다.

현재로서는 바이오연료가 바이오경제의 가장 큰 분야이지만 앞으로 바이오자원을 사용하여 연료 이외의 제품을 생산하는 것과 생물학적 공정을 이용하는 비중도 급격하게 증가할 것으로 전망된다. 바이오원료 및 생물학적 공정은 폭넓은 응용이 가능하며, 정밀 화학제품, 화장품, 의약품 및 식품 첨가물 등에서 거대한 잠재력을 가지고 있다. 기존의 화학적 공정보다 더 선택적으로 작용하는 생물학적 공정은 상대적으로 순도가 낮은 원료의 사용을 가능하게 해주고 또한 부산물의 양도 감소시킬 것으로 예상된다.

과학 기술의 발달로 바이오자원의 용도가 연료 및 각종 원료로 확장되자 이러한 바이오자원을 공급하는 산업, 즉 농업이나 임업 등이 재조명되기 시작하였다. 곡물이 식량으로서뿐만 아니라 바이오연료나 효소, 아미노산, 의약품, 플라스틱 등의 고분자물질, 섬유 등의 생산 과정에서 역할을 하게 되자 곡물의 수확량 증대가 이러한 여러 산업들의 성장 발전과 직결된 과제가 된 것이다. 이렇게 양적인 증가를 위한 노력 외에 각종 제품이나 공정에 적합한 특성을 보유한 곡물을 만들어 내는 것 또한 중요해졌으며, 이러한 모든 것들이 소위 '그린 바이오' 기술을 통해 가능해지고 있다.

제3절 지속가능성 위기와 바이오경제의 역할

1 지속가능성 위기

기존에도 존재하고 있었던 화이트 바이오기술과 그린 바이오기술이 바이오경제라는 개념 아래 하나로 모이면서 세계적으로 주목을 받는 이유는 바이오경제가 전 인류가 직면하고 있는 지속가능성 위기에 대한 해결책으로 여겨지기 때문이다. 이러한 지속가능성 위기로는 기후 변화, 식량 부족, 에너지 수요 급증, 유해 폐기물로 인한 생태계 파괴 및 농촌 지역의 경제 문제 같은 것들이 있다.

인구 증가 및 경제 성장은 이산화탄소, 메탄, 아산화질소 등의 온실가스 발생량을 증가시켜서 전 지구적인 기후 변화를 초래하고 있다. 인류가 2배로 부자가 될 때마다 탄소 방출은 80% 증가하며, 이의 대부분이 화석연료의 사용에 기인한다. 이러한 기후 변화에 전 지구적으로 대처하기 위하여 1997년 교토의정서에서는 국가별로 이산화탄소 등의 온실가스 감축 목표를 설정하였으며, 이후 각 국가들은 자체적으로 계획을 세워서 온실가스 감축을 추진하고 있다.

현대 사회에서 가장 주요한 에너지원인 석유는 지속적으로 가격이 상승하고 있다. 이는 인구 증가와 경제 성장으로 인한 수요의 증가, 특히 아시아를 포함한 개발도상국 지역에서의 급격한 수요 증가와 함께 매장량의 감소로 인하여 야기되는 것이다. 인류가 처음으로 1조 배럴의 석유를 사용하는 데에는 125년이 걸렸지만, 다음 1조 배럴은 30년 만에 소진될 것으로 추정된다. 따라서 멀지않은 미래에 심각한 석유의 수급 불균형이 나타날 것으로 예상된다. 또한 대부분의 산유국들이 위치한 중동 지역의 지정학적 불안정성은 언제라도 원유 공급에 문제가 생길 가능성이 있는 것이 현실이다.

미국, 유럽을 포함한 여러 선진국에서는 석유를 이용한 화력 발전에 대한 대안으로 현재 원자력 발전이 주요한 역할을 하고 있으나 원자력 발전은 환경 단체 및 일반인들로부터 끊임없이 안전성에 대한 우려가 제기되고 있다. 2011년 3월에 발생한 후쿠시마 원전 사태를 계기로 원자력의 안전성에 대한 우려는 더욱 악화되었으며, 대체 에너지 개발에 대한 요구가 급증하는 상황이다.

경작이 가능한 용지의 부족, 기후 변화로 인한 물 부족 사태 및 빈번한 기상 이변 등으로 인하여 인구 증가 속도에 걸맞는 곡물 수확량을 유지하기가 점점 힘들어지고 있다. 특히 개발도상국들은 비효율적인 시장 체제나 낙후된 기술 등으로 인하여 적정량의 식량 공급이 이루어지고 있지 않으며, 인구의 17%가 영양실조라는 보고도 있을 정도이다. 따라서 식량의 안정적인 공급은 인류의 존속을 위해 해결해야 할 핵심적인 문제다.

화석연료 및 석유 화학 제품의 사용으로부터 발생하는 각종 폐기물은 대기 오염, 수질 오염 및 토양 오염의 주된 원인이며, 이는 즉각적으로 삶의 질을 떨어뜨릴 뿐만 아니라 생태계 파괴로 인해 장기적으로 기후 변화나 식량 부족 현상이 나타나는 악순환으로 이어진다. 따라서 폐기물을 감소시키는 것은 지속가능한 사회를 만드는 데 있어서 필수적인 요구사항이다.

전 세계적으로 인구의 도시 집중 및 이로 인한 농촌의 공동화 현상이 심각한 문제로 제기되고 있다. 2007년에 이미 개발도상국 국민의 44%가 도시에 거주하는 것으로 나타나고 있는데, 이 수치는 앞으로 계속 상승하여 2050년에는 개발도상국 국민의 86%가 도시에 거주할 것으로 예상된다. 지나친 도시화는 환경오염 증가, 자연 환경 파괴 등 지속가능성 위기의 원인을 제공하는 것 외에도 지역 경제 및 산업 간의 불균형을 야기해 사회적 불안정성을 높인다. 이러한 불안정성은 한 나라의 내부에서뿐만 아니라 국제적으로도 문제가 된다. 개발도상국의 낮은 소득과 낮은 경제자립도로 인한 정치적 불안정성은 세계정세에 위협이 될 수 있으며 또한 천연자원에의 과도한 경제 의존도는 지속 불가능한 방식으로 자원을 고갈시켜 전 지구적인 위기를 초래할 수도 있다.

2 바이오경제의 역할

바이오경제는 인류가 직면한 지속가능성 위기에 대한 통합적이고 다각적인 해결책을 제공할 수 있다. 온실가스 배출 저감이나 에너지 대체, 식량 안보 강화, 폐기물 관리, 지역 경제 발전 등 여러 측면에서 바이오경제는 지속가능한 미래를 구축하는 데 중요한 역할을 하고 있는데, 바이오경제는 기술 혁신과 자원의 지속가능성을 결합하여 글로벌 문제를 해결하는 데 기여하는 것이다. 특히 바이오경제는 생물학적 자원과 생명공학 기술을 활용하여 지속가능한 방식으로 경제적 가치를 창출한다. 지속가능성을 위협하는 다양한 위기들을 극복하기 위해 바이오경제가 수행할 수 있는 구체적인 역할을 살펴보자.

바이오경제의 핵심 중 하나는 화석연료를 대체할 수 있는 바이오연료의 개발인데, 바이오연료는 식물, 미생물 등 생물학적 자원에서 유래한 연료로서 바이오 디젤, 바이오 에탄올 등이 있다. 이러한 연료는 연소 과정에서 화석 연료보다 훨씬 적은 양의 이산화탄소를 배출하며, 특히 폐기물로부터 연료를 생산하는 경우, 온실가스 배출을 더욱 줄일 수 있다. 예컨대, 농업 폐기물, 목재 찌꺼기 등과 같은 바이오매스를 사용하여 연료를 생산하면, 폐기물의 처리 문제도 해결할 수 있다. 또한 바이오경제에서는 식물과 미생물을 이용하여 대기 중의 이산화탄소를 흡수하고 저장하는 탄소 고정(carbon sequestration) 기술, 특히 해양 미세조류나 육상 식물의 활용은 자연적인 탄소 흡수 능력을 강화하여 대기 중 온실가스를 줄이는 데 기여한다. 화학 제품 생산 과정에서 발생하는 온실가스를 줄이기 위해, 바이오기반 원료를 사용하는 녹색 화학(green chemistry) 기술은 생분해성 플라스틱, 바이오기반 화학물질 등의 개발을 통해 석유화학 제품을 대체하고, 환경 친화적인 생산 공정을 도입함으로써 탄소 배출을 줄이는 데 기여한다.

바이오 에너지는 바이오매스를 연료로 사용하는 에너지 형태로, 발전소에서 전기를 생산하거나 난방용 에너지원으로 사용할 수 있어서 석유나 석탄과 같은 화석 연료를 대체하여 온실가스 배출을 줄이고, 에너지 자립도를 높인다. 일부 바이오경제 연구에서는 미생물을 이용하여 수소를 생산하는 바이오 수소(biohydrogen) 기술에 초점을 맞추고 있는데, 수소는 연소 시 물만 배출하기 때문에 무공해 청정 에너지원으로 주목받고 있다. 기존의 화석 연료 기반 수소 생산에 비해 환경 친화적인 대안을 제공한다.

바이오경제는 유전자 변형 작물(GMOs)을 통해 식량 생산성을 향상시킬 수 있다. GMOs는 가뭄, 해충, 질병에 강한 특성을 지니도록 유전적으로 조작된 작물로, 이를 통해 더 적은 자원으로 더 많은 수확이 가능하다. 예를 들면, 황금쌀(golden rice)로 일컬어지는 비타민 A가 풍부한 작물은 영양실조 문제 해결에도 기여한다. 화학 비료와 농약 대신, 미생물 비료(biofertilizers)와 생물농약(biopesticides)을 사용하게 되면 토양의 질을 개선하고, 작물의 생산성을 높이며, 환경 오염을 줄일 수도 있다. 미생물 비료는 질소 고정 세균이나 특정 미생물을 이용해 작물에 필요한 영양소를 공급하고, 생물농약은 해충을 생물학적으로 제어하는 방법을 제공한다. 바이오경제에서 식품 기술의 혁신, 즉 인공 육류나 배양육(cultured meat)과 같은 새로운 식품 생산 기술은 전통적인 축산업보다 자원을 덜 사용하며, 환경적 영향을 줄이고, 지속가능한 식량 공급을 가능하게 해준다.

바이오경제는 생분해성 소재의 개발을 통해 플라스틱 폐기물에 대한 문제 해결에 기여한다. 생분해성 플라스틱, 바이오기반 포장재 등은 사용 후 쉽게 분해되어 미세 플라스틱 문제의 해결에 도움을 줄 수 있다. 이러한 소재는 폐기물 관리 비용을 절감하고, 토양과 수질 오염을 줄이는 데 기여한다. 그리고 오염된 토양과 수질을 정화하는 환경 복원(bioremediation) 기술도 바이오경제의 중요한 부분으로서 오염된 지역에 특정 미생물을 투입하여 오염물질을 분해하고 중화하는 방식으로, 화학적 처리보다 더 친환경적이고 효과적으로 환경을 복원할 수 있다는 장점이 있다.

바이오경제는 지역 맞춤형 모델을 통해 농촌의 경제 문제 해결에도 기여할 수 있다. 예컨대 현지에서 쉽게 얻을 수 있는 바이오 매스를 활용한 에너지 생산, 지역 농산물에 기반한 바이오기술 개발로 지역 경제의 자립도를 높이고 일자리 창출이 가능하다. 또한 선진국에서 개발된 바이오기술을 개발도상국으로 이전하고, 역량 강화 프로그램을 통해 지역 주민들이 해당 기술을 활용할 수 있도록 지원하면, 경제적 자립과 함께 지속가능한 발전을 촉진할 수 있다. 바이오경제의 접근 방식은 농업 생산성을 높이는 동시에 환경 영향을 최소화하는 것이기 때문에 지속가능한 농업을 지원함으로써 식량 안보 문제 해결에 기여하고 농촌의 경제적 안정성을 높이는 역할을 수행한다.

CHAPTER

10 바이오기업의 위기관리

제1절 바이오기업 위기관리

1 바이오기업 위기관리

바이오기업 위기관리(bio company crisis management)는 바이오경제 시대의 바이오기술 관련 기업이 직면할 수 있는 다양한 유형의 위험과 위기 상황을 예방, 대비, 대응, 회복하는 과정이라고 정의할 수 있다. 이는 바이오기업의 연구개발(R&D) 실패, 윤리적 논란의 발생, 규제의 강화 등 변화, 제품의 리콜, 환경적 충격, 경기 변동의 영향, 공중보건 위기의 발생 등 다양한 유형의 위기가 발생할 때 이를 체계적으로 관리하는 것을 포함한다. 바이오기업의 위기관리 전략은 위기가 발생하기 전에 미리 계획을 수립하고, 위기가 발생한 경우 신속하고 효과적인 대응을 통해 기업의 손실을 최소화하고 브랜드 및 회사 이미지를 보호하기 위해 사전에 대비를 하는 데 중점을 둔다. 이러한 바이오기업의 위기관리는 기업의 재무적, 운영적, 기술적, 법적, 윤리적 측면에서 기업의 지속가능성과 성장을 지원하는 핵심 운영 부문으로 작용한다.

바이오기업의 위기관리를 정의하기 위해서 바이오기업을 구성하고 있는 요소들에 대해 살펴보자. 무엇보다 먼저 바이오기술(biotechnology, BT)이 무엇인지를 살펴보는 것이 필요하다. 바이오기술은 생물학적 과정, 유기체, 세포, 또는 생체 분자를 이용하여 제품을 만들거나 수정하는 기술이라고 이해할 수 있다. 또한 UN에서는 바이오기술을 생물학 시스템, 생명 유기체, 또는 파생물을 이용하여 특정 사용을 위해 제품이나 프로세스를 만들거나 변형하는 기술적 응용이라고 정의하고 있다(wikipedia, 2024.4.25). 바이오기술은 의학, 농업, 산업, 환경보호 등 다양한 분야에 적용될 수 있는데, 의학 분야에서는 유전자 편집 기술을 통한 질병 치료나 백신 개발, 농업 분야에서는 작물의 수확량을 높이고 병해충에 강한 품종을 개발 등에 사용된다. 산업 분야에서는 생물학적 공정을 통한 화학물질의 생산 및 폐기물 처리에 활용할 수 있으며, 환경보호에서는 오염 물질을 분해하거나 제거하는 데 이용할 수 있다. 바이오기술은 생명 과학의 이해를 바탕으로 혁신적인 솔루션을 제공하여 인류의 삶의 질을 향상시키는 데 기여한다.

바이오기술 또는 생명공학 기술은 사람의 유전자 DNA를 인위적으로 재조합하여 형질을 전환하거나 생체 기능을 모방하여 다양한 분야에 응용하는 기술을 말하는데, 생명 현상, 생물 기능 그 자체를 인위적으로 조작하는 기술이라고도 할 수 있다. 생물체가 지니는 유전·번식·성장·자기제어 및 물질대사 등의 기능과 정보를 이용해 인류에게 필요한 물질과 서비스를 가공·생산하는 기술을 말한다.

이러한 맥락에서 바이오기업 위기관리(bio company crisis management)는 바이오기업이 갑작스럽게 발생한 위기 상황, 예를 들면 대규모 품질 문제, 임상시험 부작용, 바이러스 유출 등이 있을 경우에 바이오기업의 생존성과 명성을 보호하고, 피해를 최소화하기 위한 일련의 활동을 말한다. 바이오기업의 위기관리는 이미 발생한 급박하고 심각한 사건이나 상황을 신속하게 통제하고 수습하는 데 있고, 바이오기업 위기관리의 핵심은 위기가 발생했을 때의 대응 절차와 위기 이후의 복구 활동을 포함한다. 이러한 위기 상황은 예상치 못하게 발생할 수 있으며, 기업의 평판, 재정 상태, 운영 지속가능성 등에 중대한 영향을 미칠 수 있다. 바이오기업은 위기 발생 시 기업의 피해를 최소화하고, 신속한 복구를 통해 정상 운영 상태로 회복하는 것을 목표로 한다. 그리고 위기 상황에서의 신속한 의사결정과 대응을 통해 기업의 평판을 보호하고, 이해관계자의 신뢰를 유지하는 것을 중요시한다. 이를 위해 위기 대응 계획 수립, 위기 대응 팀 구성, 내부 및 외부 커뮤니케이션 전략, 위기 상황 시 대처 방안, 위기 이후 복구 및 개선 활동 등을 포함한다. 대규모 리콜 사건이 발생하는 경우의 대응 방안, 데이터 유출 사건 발생 시의 고객 대응 전략 등도 포함한다.

2 바이오기업 위험관리

바이오기업 위기관리와 바이오기업 위험관리는 모두 바이오기업이 직면할 수 있는 다양한 불확실성을 다루는 활동이라고 할 수 있다. 이들 두 개념의 차이를 살펴보면 다음과 같다.

첫째, 위기관리는 이미 발생한 급박한 상황에 대응하는 데 초점을 맞추고 있으며, 신속한 대응과 피해 최소화에 중점을 둔다. 위험관리는 미래에 발생할 수 있는 잠재적인 위험을 예측하고 이를 사전에 예방하거나 완화하는 데 중점을 두는 것으로 이해할 수 있다.

둘째, 위기관리는 일반적으로는 단기적으로 대응을 하는 과정으로 이해하는 경향이 있는 반면에 위험관리는 장기적인 관점에서 지속적으로 이루어지는 과정이라고 볼 수 있다. 하지만 위기관리와 위험관리 모두 체계적으로 문제를 해결해나가는 과정이라고 할 수 있다.

셋째, 위기관리는 주로 바이오기업의 생존성과 지속가능한 경영을 위협하는 사건이 발생한 후의 비상 대응 절차와 복구 계획에 집중하는 것으로 이해하는 경향이 있다. 이에 반해 위험관리는 위험이 발생할 가능성을 사전에 식별하고, 이를 평가하고 모니터링하며 대응하는 사전 예방적 활동이 중심이다.

넷째, 위기관리는 예기치 못한 사태에 대한 대응 계획을 주로 다룬다고 볼 수 있다. 위험관리는 기업의 다양한 운영 측면에서 발생할 수 있는 모든 형태의 위험을 포괄적으로 다룬다.

이러한 맥락에서 바이오기업 위험관리(bio company risk management)는 바이오기업이 장기적으로 직면할 수 있는 다양한 위험들 즉 기술적 위험, 재무적 위험, 규제 위험 등을 사전에 찾아서 그 위험성을 평가하고 관리함으로써 위험으로 인한 부정적인 영향을 최소화하려는 지속적이고 체계적인 과정이다.

기업의 위험관리는 일상적인 운영 과정에서 직면할 수 있는 모든 형태의 잠재적 위험을 예측하고, 이를 예방하거나 최소화하는 방안을 마련하는 데 초점을 맞춘다. 특히, 바이오기업에서 위험관리는 기술개발, 임상시험, 규제승인, 재무 전략 등 전반적인 경영 활동에서 발생할 수 있는 위험요소들을 포괄한다. 사전에 위험을 인지하고 그 영향력을 줄이기 위한 전략을 마련함으로써 기업의 안정적이고 지속가능한 성장을 도모하는 것이 필요하다. 위험을 관리하고 완화하는 프로세스를 통해 기업의 목표 달성과 성과 향상에 기여한다.

우리나라의 가습기살균제로 인한 피해 사건은 세계 최초로 발생한 생활제품으로 인한 대규모 치사사건으로서 화학물질의 오·남용으로 인한 바이오사이드 피해 사례라고 할 수 있다. 국가는 유해화학물질이 국민건강과 환경에 미치는 영향을 파악하여 국민의 건강과 환경상의 위해를 예방하기 위한 시책을 수립하고 시행하여야 하며, 유해화학물질의 관리를 위하여 오염도 측정, 조사·연구, 기술의 개발, 전문 인력의 양성, 교육 및 홍보시책 등을 강구하여 유해화학물질의 안전관리에 필요한 행정 및 재정적인 지원을 해야 한다(문성재, 2014). 그리고 바이오기업은 위험관리를 위해 위험 식별, 위험 평가 및 분석, 위험 완화 전략 개발, 위험 모니터링 및 보고, 위험 대응 계획 수립 등을 해야 한다. 새로운 제품의 임상시험이 실패할 가능성을 예측하고 이에 대한 대응 전략을 마련하거나, 규제 변화에 대비한 사전 대응 계획을 세운다.

바이오기업의 위기관리와 위험관리는 서로 다른 상황과 목적을 다루며, 기업이 직면할 수 있는 다양한 불확실성에 대응하려는 노력이라고 할 수 있다. 위기관리는 긴급하고 예기치 못한 상황에 대처하기 위한 활동인 반면, 위험관리는 이러한 상황이 발생하지 않도록 사전에 관리하고 완화하는 전략이다. 중요한 것은 위기관리와 위험관리 모두 다 바이오기업의 생존성을 보장하고 지속가능한 성장을 위해 중요한 역할을 한다.

제2절 바이오기업의 업무 연속성 계획

기업은 업무 프로세스 상에서 수많은 불확실성과 위험에 노출되어 있다. 이러한 여러 가지 요인들 중에서 폭우, 화재, 지진, 테러, 전쟁, 사이버범죄 등과 같은 다양한 위기와 재난, 사고에 의한 위험은 비록 그 발생빈도는 낮지만 직접적인 충격과 그 파급효과가 매우 크기 때문에 결코 간과할 수 없다. 그러므로 업무 연속성 계획(business continuity plan, BCP)은 평상시에 위기 상황이 발생할 것에 대한 정확한 문제의식을 갖고 유사시에 발생할 수 있는 업무 중단에 대비하여 지속적인 서비스를 제공할 수 있는 계획이라고 할 수 있다(정창호, 2009). 이러한 맥락에서 바이오기업의 업무 연속성 계획은 조직의 목표를 달성하는 데 필수적인 중요한 업무와 서비스를 중단 없이 수행할 수 있도록 하는 체계적인 전략으로 이해할 수 있다. 바이오기업의 경우에는 연구개발, 제조, 공급망 등이 중단되면 심각한 피해를 입는다.

첫째, 바이오기업이 업무를 수행하는 과정에서 직면할 수 있는 위험요소들이 무엇인지를 찾는다. 이들 위험요소로는 지진, 호우, 태풍 등과 같은 자연재난, 전염병의 대유행, 대형 화재, 사이버 공격, 공급망 중단, 실험실 사고 등 다양한 형태의 사회재난 위기가 있다. 이들 위험요소가 조직의 핵심적인 업무와 주요 자산에 미치는 영향을 평가한다. 예를 들면, 실험실의 시설・기자재의 손실이나 공급망 중단 등이 기업의 생산과 연구개발에 어떤 영향을 미치는지 분석한다.

둘째, 바이오기업이 반드시 수행해야 하는 핵심 업무가 무엇인지를 찾아서 정의하는 것이 필요하다. 예를 들면, 연구개발, 임상시험, 생산, 품질 관리, 법과 규제 준수, 데이터 관리, 고객 관리 등이 있다. 위기 상황에서 어떤 업무를 가장 우선적으로 수행해야 하는지를 결정한다. 바이오기업의 경우, 임상시험 데이터의 보호와 핵심 생산시설의 유지, 공급망 유지 등이 중요한 핵심 업무일 수 있다.

셋째, 주요 시설이나 장비가 피해를 입었을 때 사용할 수 있는 대체 작업 장소나 장비를 미리 확보해야 한다. 실험실, 생산 및 제조 시설 등에서 재난이나 사고가 발생하거나 문제가 생기는 경우에는 이를 대체할 장소나 장비를 미리 확보해 놓는다. 연구 데이터, 임상시험 결과, 생산 기록 등 중요한 데이터들을 정기적으로 백업하고, 신속하게 복구하여 활용할 수 있는 시스템을 구축한다. 또한 위기 상황에서 필요한 원료나 실험 장비 등과 같은 필수 자원과 인력을 운영할 수 있는 계획을 마련한다. 핵심 인력이 없을 경우에는 이를 대체할 인력 확보 계획도 마련한다.

넷째, 위기가 발생하는 경우 신속하게 대응할 수 있는 전담 팀을 구성해서 위기 커뮤니케이션을 하는 것이 필요하다. 위기 대응팀은 위기 발생 시 의사결정권을 가지고 위기 상황을 모니터링하고 관리하며, 대응 전략을 마련하여 실행할 수 있어야 한다. 이와 함께 바이오기업은 내부 구성원은 물론 고객, 규제 당국, 공급업체 등 주요 이해관계자들과 원활하고 신속한 커뮤니케이션을 할 수 있도록 계획을 마련한다. 특히, 규제 기관과의 원활한 소통을 위해 필요한 정보를 신속하게 제공하는 절차가 필요하다.

다섯째, 바이오기업은 자체 업무 연속성 계획을 검증하기 위해 정기적으로 테스트를 한다. 모의 훈련이나 시뮬레이션을 통해 실제 위기 상황이 발생하면 업무 연속성 계획이 제대로 작동하는지 여부를 확인한다. 실제 상황에서의 적응력을 향상시키기 위해 구성원들에게 업무 연속성 계획의 중요성과 역할을 교육하고, 위기 상황에서의 행동 요령을 익히도록 한다.

여섯째, 기술의 발전, 조직 구조의 변화, 새로운 위협의 등장 등으로 인해 조직의 변화하는 내부 환경 및 외부 환경에 발맞춰 지속적으로 업무 연속성 계획을 수정 · 보완하는 것이 요구된다. 테스트와 실제로 발생한 위기 상황에서 얻은 교훈들을 반영하여 업무 연속성 계획을 지속적으로 개선하는 것이 필요하다. 따라서 바이오기업의 생존성 보장과 지속가능한 경영을 위해서는 업무 연속성 계획을 정기적으로 검토하고 최신 상태로 유지하는 것이 절실하다.

일곱째, 바이오기업을 둘러싼 규제 환경은 매우 복잡하고 다양하다. 그러므로 다양한 규제 기관의 요구사항을 충족해야만 하고, 업무 연속성 계획(BCP) 또한 규제 기관의 규제 기준이나 규정을 따라야 한다. 예를 들면, GMP(우수의약품 제조 · 관리 기준) 또는 식품의약품안전처 규정에 맞는 대응 절차를 포함한다.

바이오기업은 국내 식약처 등 기관의 규제도 준수해야 할 뿐만 아니라 FDA(미국 식품의약청), EMA(유럽 의약청)와 같은 글로벌 규제에 대해서도 준수해야 한다. 이들 국내 및 국제 규제 기관은 의약품 제조 및 품질 관리, 임상시험, 데이터 보안, 환자 안전 등을 철저하게 관리하고 있고, 업무 연속성 계획에서의 규제 준수(regulatory compliance)는 이들 기관의 기준과 지침에 부합하는 절차를 포함한다.

자연재난이나 전염병, 혹은 기타 예상치 못한 사건이 발생했을 때에도 규제 요구사항을 준수할 수 있도록 필요한 자원을 확보하고, 직원들에게 규제 준수 관련 교육을 지속적으로 실시한다. 규제 환경은 시간이 지나면서 변화한다. BCP는 이러한 변화에 대응할 수 있도록 유연성을 가져야 하며, 새로운 규제 요구사항이 발생할 경우 이를 반영할 수 있는 업데이트 절차도 확보해야 한다.

여덟째, 바이오기업은 제품 생산에 절대적으로 중요한 원재료나 장비의 공급망에 문제가 생길 경우를 대비하여 대체 공급망을 사전에 마련해야 한다. 또한, 공급업체와의 협력을 통해 위기 상황에서도 원재료나 핵심장비의 원활한 공급이 가능해야 한다. 기업은 주요 원재료나 핵심 장비의 공급이 중단될 경우를 대비해 대체 공급업체를 미리 선정하고 계약을 맺어야 하는데, 이러한 대체 공급망은 기존 공급망 수준의 품질과 안정성을 지니고 있어야 한다. 이를 위해 공급업체와 정기적인 회의를 통해 서로의 비상 계획을 공유하고, 위기 상황 발생 시에 수행할 대응 절차를 미리 조율해 놓아야 한다. 전체 공급망의 투명성을 높이기 위해서는 주요 공급업체의 운영 상태를 모니터링하는 시스템 구축이 필요하다. 이 시스템은 공급업체의 생산 능력, 재고 수준, 물류 상황 등을 실시간으로 파악할 수 있어야 한다. 그리고 정기적으로 대체 공급업체의 생산 능력과 품질 관리를 평가한다. 이와 동시에 위기 상황에서 공급망에 문제가 생길 경우, 대체 공급망으로 원활하게 전환할 수 있는 구체적인 절차와 커뮤니케이션 계획도 마련해 놓는다.

바이오기업은 다른 무엇보다도 공급망의 취약성을 주기적으로 평가하고, 잠재적 위험에 대한 대응 전략 개발을 소홀히 해서는 안 된다. 예컨대, 특정한 지역에서 자연재난이 자주 발생한다면 해당 지역에 집중되어 있는 공급망을 다각화하거나, 지리적 위험을 최소화할 수 있는 전략을 마련한다. 이와 동시에 공급망에 문제가 생길 경우에는 신속하게 복구할 수 있는 복구 계획도 준비해 놓는다.

이외에도 기능 연속성 계획(Continuity of Operation Plan, COOP)이 있다. 이는 중요한 기능이 중단된 경우를 상정하고 복구시간 내에 기능을 재개시키며, 기능중단에 따른 위험을 최소화시키기 위한 재난대응을 계획한 것이라고 볼 수 있다(임동균 · 네모토 마사쯔구, 2021: 107-127). 즉, 지진, 태풍, 산사태 등과 같은 자연재난, 전염병 확산 및 테러 등의 사건과 대형사고, 공급망 단절, 돌발적인 경영환경의 변화 등과 같은 다양한 사회적 재난의 발생시 바이오기업의 중요한 기능이 중단되지 않도록 노력을 기울일 필요가 있다.

CHAPTER

11 바이오기업의 취약성 위협요인

최근 환경오염, 농약사용의 증가, WHO 체제하에서의 국제 교역의 증가에 따른 식품 의약품 안전관리를 둘러싼 국내·외 환경이 급속하게 변화하고 있다. 또한, 바이오산업의 발달에 따라 유전체 연구에 기반한 새로운 형질 전환 동·식물 및 유전자 재조합 식품, 생물학적 제제의 증가 현상이 나타나고 있다. 이러한 잠재적 위해물질의 증가로 인한 식품 의약품 안전사고가 자주 발생하여 국민의 안전한 삶이 위협받고 있다(이세정, 2009: 13).

제1절 바이오 안전사고

바이오기업의 안전을 위협하는 요인들 중 하나인 바이오 안전사고는 바이오산업이 다루는 생물학적 물질과 기술이 인체에 유해한 영향을 미칠 수 있는 경우를 말한다. 바이오 안전사고는 주로 바이오기업의 실험실이나 생산 시설에서 발생하며, 연구 또는 생산 중 바이오 물질이나 화학물질의 유출, 오염된 제품의 유통, 인적 오류 등으로 나타난다.

1 연구 또는 생산 중 바이오 물질 및 화학물질의 유출

실험실이나 생산 시설 등에서 바이오 물질이 유출되면 연구자나 근로자뿐만 아니라 주변 환경에도 영향을 미친다. 대학, 기업, 연구소의 연구 활동 종사자는 학술적 연구, 신기술 및 신물질 개발을 통해 첨단 과학기술의 발전에 기여를 하는 동시에 각종 안전사고에 노출되어 있는 것도 사실이다. 실험실은 다른 대부분의 작업장보다 더 많은 화재나 폭발 등의 위험에 노출되어 있다. 또한, 바이오 실험실은 일반적인 작업장과는 다르게 실험이 종료되면, 기존에 사용한 실험장치를 철거하고 신규로 다른 실험장치가 설치되기 때문이다. 연구 실험실에서 발생한 사고원인을 분석해 보면, 실험실 기능의 불비, 설비 및 유지관리의 불충분, 실험공간의 협소, 실험 작업 안전에 대한 배려의 부족, 안전전문가의 부족과 교육훈련 체계의 미흡 등을 지적할 수 있다(하동명, 2013: 143).

연구개발은 신물질, 신제품 개발, 공정개선 및 신규공정에 따른 원칙 수립 등 창조적인 활동을 수행하고, 지속적인 연구개발과 과학기술의 고도화 덕분에 인류의 삶은 날이 갈수록 좋아지고 있다. 하지만, 연구개발을 하는 동안에 발생하는 안전사고는 오히려 증가 추세에 있다. 특히 교육 연구 기관의 경우에는 대기업 기업부설 연구소와는 다르게 안전관리 시스템, 안전시설 및 연구환경이 매우 열악하며, 안전사고는 매년 급증하고 있다. 화재, 폭발, 환경오염, 화학물질 또는 가스누출, 생물안전(바이러스)사고 등 안전사고의 발생 형태도 복잡·다양해지고 있다(문성용, 2017).

이와 함께 화학물질의 경우에는 우리나라 화학 산업의 지속적인 성장 추세와 더불어 시설 노후화 등으로 인해 사고 위험성이 크게 증대되고 있다(김인혁 외, 2021: 280-281). 화학물질안전원의 화학물질 종합정보 시스템의 '화학물질 사고 현황 및 사례' 자료에 따르면, 2018년 국내 화학물질 유통량은 638.2백만톤/년(2016년 558.6백만톤/년), 전체 조사표를 제출한 사업장 수는 30,954업체(2016년 21,911업체), 보고한 물질 수는 29,499종(2016년 16,874종)으로 각각 2016년 조사 대비 14.2%, 41.3%, 74.8%로 대폭 증가한 것으로 나타났다.

국내에서 유통되고 있는 화학물질 양의 증가, 산업단지 시설의 노후화 및 일본의 수출규제 등으로 인해 2014년 이후 화학사고가 지속적으로 감소하고 있었지만, 롯데케미칼 대산공장 폭발(2020.3.4), 포항 OCI 액체 화학물질 누출(2020.3.16), 여수 산단 삼남석유화학 화재(2020.6.23)와 같은 크고 작은 사고들이 급속하게 증가했다.

2015년에 화관법이 시행된 이후 2020년까지 국내의 화학사고 건수는 총 476건으로, 사고원인별로는 시설 결함 199건(42%), 안전기준 미준수 171건(36%), 운송차량 98건(21%), 자연재난 8건(4%)으로 나타났다. 연도별 발생 건수를 살펴보면, 2015년에 113건, 2016년 78건, 2017년 87건, 2018년 66건, 2019년 57건으로 감소 추세에 있다. 하지만 2020년 75건 발생으로 2019년 대비 32%가량 증가한 바 있다. 2020년에 발생한 화학사고의 유형은 작업자 부주의 38건, 시설관리 미흡 22건, 운송차량 사고 15건이다. 인명피해를 살펴보면 2020년에는 2019년(32명) 대비 2배 가까이 늘어난 61명으로, 2015년의 129명 이후에 가장 많았다. 재산피해는 21억 5천만 원으로, 2014년 314억 원, 2018년 23억 3천만 원 다음으로 컸다.

환경부에서는 화학물질을 체계적으로 관리하고 사고에 대응하기 위해 화학물질 배출・이동량 정보 시스템(pollutant release and transfer registers, PRTR)을 운용하여 사업장 내에서 제조 과정과 사용 및 저장 과정에서 환경, 즉 대기, 수계, 토양으로 배출되는 유해화학물질의 양을 공개하고 있다. 또한, 화학물질안전원은 화학사고 대응정보 시스템(chemical accident response information system, CARIS)을 운용하여 화학사고로 인해 발생하는 피해의 예측 범위와 방재 정보를 제공하고 있다. 유해화학물질의 취급 시설을 설치・운영하려는 경우에는 화관법 제23조에 따른 화학사고 예방관리 계획서 작성 및 위험등급에 따른 안전진단 및 점검을 실시하고, 화학재난 합동방재센터의 설치 및 운영에 관한 규정에 따라 화학사고 합동방재센터 설치 등 화학사고 예방 및 대응을 강화하고 있다.

2 오염된 제품의 유통

식품산업의 발전 덕분에 건강에 대한 관심이 높아지면서 가공식품보다 자연식품을 선호하는 추세로 변하고 있다. 이러한 변화 추세에 따라 신선한 농식품에 대한 수요가 증가하였으며, 특히 익히지 않고 직접 섭취하는 비가열 즉석섭취(ready-to-eat) 신선 과채류의 수요가 증가하였다. 이와 같은 신선 과채류는 간편하게 섭취할 수 있다는 장점이 있지만, 일반적으로 가열하지 않고 직접 신선한 상태로 섭취되기 때문에 병원성 미생물이 오염되어 있는 경우에는 식품 안전성에 위협요인이 된다.

식중독 발생 통계에 따르면, 급식과 외식의 생활화로 인해 5년 전보다 발생 건수가 3.8배 증가했고, 환자 수는 20% 증가하였으며, 2023년에도 359건으로 많은 수의 식중독 현상이 보고 되었다. 또한 건강에 대한 관심이 높아져서 샐러드 등 여러 종류의 채소를 생식하는 일이 많아지면서 새싹 및 양상추 등의 신선 채소와 관련된 식중독 사고가 최근 식중독 발생 통계에서 적지 않은 부분을 차지하게 되었다. 또한, 자연계 및 곡류, 채소류에 널리 존재하는 Bacillus cereus에 의한 식중독 건수가 식자재의 오염, 식품 간의 교차 오염 등으로 인해 증가하였다. 그 외 다른 병원성 세균에 의한 식중독도 조리종사자의 손이나 기구의 혼용에 의해 신선 채소 음식으로 교차 오염이 일어나면서 발생한다. 병원성 미생물은 과일과 채소를 씻는 과정에서도 제거되지 않아 식중독 발생에 관여되는 것으로 알려져 있고, 다양한 종류의 병원성 미생물이 식중독을 야기할 수 있다(배영민 외, 2011: 161).

바이오기업에서 생산된 제품이 오염되어 소비자에게 유통되는 경우, 제품을 사용하는 소비자에게 건강상의 위험을 초래할 수 있다. 우리나라에서 생식 제품은 동·식물성 원료를 주 원료로 하여 건조 등의 가공처리 방법을 통해 분말, 과립, 바, 페이스트, 겔상, 액상 등으로 제조한 것으로 이를 그대로 또는 물 등과 혼합하여 섭취할 수 있도록 한 것을 말한다. 소비자들이 생식 제품을 섭취하는 것은 체질 개선 목적이 50%, 질병 치유식이 26%, 식사 대용식이 22%였다. 시판 생식의 제조 공정과 최종 제품에서 병원성 미생물을 분석한 결과, 최종 제품의 위해 미생물 검출률이 원료보다 높게 나타나 제조 공정 중 미생물 오염이 증가한다고 보고된 바 있다. 하지만 생식이 선식보다 위생적으로 더 안전할 것이라는 소비자 인식조사 결과와는 다르게 생식의 미생물 위해 정도가 더 높은 것으로 나타났다(오윤지 외, 2009: 798). 생식 제품의 특성상 열처리를 하지 않기 때문에 위생적인 문제가 부각되면서 2005년 생식류에 대해 수분은 8.0% 이하, 대장균(Escherichia coli)은 음성, 클로스트리디움 퍼프린젠스(Clostridium perfringens)는 1g당 100CFU 이하, 바실러스 세레우스(Bacillus cereus)는 1g당 1,000CFU 이하로 규정하는 기준 규격이 만들어졌다.

최근 식생활의 다양화와 건강식품에 대한 선호도가 증가함에 따라 신선한 과일과 채소류를 식품소재로 이용한 신선편이 가공 농산물에 대한 수요가 늘어나고 있다. 신선편이 농식품은 박피되거나 절단되어져 신선함을 유지한 채로 소비자들에게 높은 영양과 편이성 및 풍미를 제공하는 포장 형태로 100% 이용 가능한 과일 및 채소 제품을 말한다. 이러한 신선편이 농식품은 식재료 공급에 있어서 안전성 및 편이성이 있으나 수확 후 처리시설에 대한 위생 개념이 도입되지 않으면 양질의 식재료를 공급하는 것이 어렵다. 신선편이 농식품은 살아있는 생체조직으로 박피, 절단 등의 과정을 거치면서 세포가 파괴되어 급격한 품질의 변화가 나타날 수 있다. 최소한의 비가열 가공 공정만을 거치기 때문에 원료 농산물에 내재하는 오염 미생물의 잔존 확률이 높다는 문제점이 있다.

일반적으로 신선편이 제품의 가공과정에서 절단 처리 시 표면에 묻어있던 미생물이 과육 부위로 옮겨지면서, 식품 세포 조직의 체액을 영양성분으로 활용하여 미생물이 급격히 증식하여 식품의 변질을 일으키거나 섭취 시에 질병을 일으킬 가능성이 있다. 특히 신선편이 농식품 중에서 가장 많이 소비되는 엽채류는 수확을 한 직후 잎 표면에 토양과 물에 의한 다양한 미생물이 부착되어 있어 식품의 변질 가능성이 크다. 그러므로 농산물의 유통 및 보관 단계에서 미생물 오염 가능성이 있기 때문에 신선편이 농식품은 원료 구입 후 제품 생산 및 포장에 이르는 과정에서 각 작업 단계별 위해요소를 분석하고, 식품 안전성을 확보하여 철저한 위생관리를 하는 것이 중요하다(김병삼 외, 2009: 573).

3 인적 오류

실험이나 생산 과정에서 인적 오류로 인해 바이오물질을 잘못 다루는 경우 사고가 발생할 수 있다. 실험실에서 취급하는 물질에 대하여 안전을 규정한 법률로는 원자력법, 유해화학물질관리법, 고압가스안전관리법, 생명공학육성법 등이 있다. 이중에서 인체 감염에 의해 질병을 일으킬 수 있는 병원체의 취급, 사용 등에 대한 안전을 규정하고 있는 법률로는 생명공학육성법, 감염병예방법 등이 대표적이다.

과학기술 연구 활동 종사자들은 연구 현장에서 수많은 위험요소에 노출되어 있다. 화재위험은 매우 잘 인식되어 있으며 이에 대비한 주의 사항도 명확하지만, 실험실은 연구 또는 실험실습 중 안전 위험요소뿐만 아니라 불규칙하게 발생하는 다양한 유해요인에 노출될 위험이 매우 많다. 그 중 나노물질 및 바이오 에어로졸과 같은 새로운 분야에 관한 관심과 연구가 활발해짐에 따라 이러한 물질에 노출되었을 때 건강 위험 문제들도 제기되고 있다. 특히, 대학의 연구실험실은 대부분의 일반 작업장에 비해 매우 다양한 위험요소들을 지니고 있으며, 이러한 일반적이지 않은 위험요소들로 인해 더욱 위험하다고 볼 수 있다(최진아 · 이재은, 2012: 107-108).

일반적으로 실험실은 화학물질과 열원이 항상 공존하고, 한정된 공간에서 물리적, 화학적, 기계적, 전기적인 극한 상황의 실험을 수행하는 동시에, 위험 기기나 장치, 기구와 실험자가 함께 공존하며, 일반 사무실이나 생산현장과 같은 사고 발생 요소(일반화재, 흡연, 파손 등)를 내포한다는 특징을 지니고 있다. 또한 연구실이나 실험실은 일정하게 결정된 순서에 따라서 작업이 반복되는 일이 적고, 항상 새로운 물질에 대해 새로운 방법으로 작업하는 경우가 많다. 실험실은 언제나 새로운 재료, 기계, 공정을 개발하는 곳이기 때문에 그 위험을 예측하기가 힘들어 결코 안전한 장소라고 할 수 없다.

실험실의 안전은 산업현장과는 다른 특성의 위험성이 있다. 이로 인해 때로는 더 큰 위험에 노출되어 있다고도 할 수 있다. 특히, 대학의 실험실은 주된 연구자가 전문가이기 보다는 학생들이기 때문에 지식과 능력을 쌓아가고 경험을 축적하는 곳이라고 할 수 있다. 대학 실험실은 대학생, 대학원생들의 교육 및 실습뿐 아니라 연구 수행을 위한 다양한 종류의 실험이 상시적으로 이루어지는 곳이다. 특히 이공계 대학원생과 연구원들에게 있어서 실험실은 하루 일과의 대부분을 보내는 주요 생활공간이다. 학생들이 연구활동을 하는 대학실험실은 안전한 관리와 연구가 필수적인 요소가 되어야 함에도 불구하고 항상 보이지 않는 위험과 매우 다양한 위험에 노출되어 있으며, 일반적이지 않은 위험에 노출되어 있다. 그러나 실험실에서는 안전한 관리와 연구의 중요성을 인식하여 대비하기보다는 연구를 우선으로 진행하고 있는 것이 현실이다. 안전이란 사고가 날 염려가 없는 상태를 말하며 위험과 반대되는 말로써 안전한 상태란 위험 원인이 없는 상태 또는 위험 원인이 있더라도 인간이 위해를 받는 일이 없도록 대책이 세워져 있고, 그런 사실이 확인된 상태를 말한다. 재난이나 사고가 발생하지 않는 상태만을 안전이라고는 할 수 없으며, 잠재 위험의 예측을 기초로 한 대책이 수립되어 있어야만 안전이라고 할 수 있다(최진아 · 이재은, 2012: 108).

결국, 안전이란 신체의 건강과 생명을 지키며, 환경으로부터 건전한 신체의 완전한 확보라고 할 수 있으므로 안전은 인간 존중의 사상으로부터 생겨나는 것이며, 자기를 중히 여기고 남을 생각하는 마음을 항상 갖는 것이 중요하다. 이러한 안전은 개개인의 건강뿐 아니라 우리 주위의 환경을 재정비한다는 점에서 공동체적 운명을 지니고 있으며 여기에 안전의 중요성이 있다(박성은, 2001: 5). 안전관리의 사전적 정의로는 기업이 근로기준법에 따라 재해와 사고를 방지하여 종업원의 안전을 도모하기 위해 행하는 조치나 대책을 의미한다. 반면, 일반적 정의에서 안전관리는 사고와 재해에 대한 보상 등 사후적 처리와 이를 예방하기 위해 위험을 제거하는 예방적 관리 활동을 의미한다. 여기서 관리란 일정한 목적을 효과적으로 실현하기 위한 것으로 인적·물적 요소를 적절히 결합하여 그 운영을 지도, 조정하는 기능 또는 그 작용으로 볼 수 있다.

생물안전이란 병원체를 다루는 실험실에서 이를 취급하는 연구자의 건강 및 연구자 동료, 가족, 주변 환경을 보호하는 개념이다. 생물안전을 고려한 연구 시설과 연구자 스스로 실험실 감염 사고를 막기 위한 기본적인 규정의 준수가 필수적이다. 병원성 미생물에 대한 실험은 주로 국공립대학의 연구소 및 의과대학의 미생물학 교실을 중심으로 이루어지고 있으며 이에 따른 감염 사고가 종종 보고되고 있다.

우리나라에서 국내 학술지 등에 정식으로 보고된 실험실 감염사례는 1990년대부터 있었다. 이들은 주로 Hannta virus와 Murine typhus에 의한 실험실 감염이었고, 실험 중 발생한 에어로졸에 의한 호흡기 감염으로 추정되었던 사례들이다. 물론 불현성 감염이나 가볍게 감염된 경우 등 본인이 자각하지 못한 상태로 실험실 감염이 일어날 수도 있다.

미국에서 있었던 1976년 보고에 따르면 알려진 감염사고는 전체 실험실 감염사고의 20%가 안 되며, 보고된 사례 중에서 에어로졸에 의한 감염이 80%이상인 것으로 추정된다. 또한 Francisella tularensis(이하, 'F. tularensis')를 연구하던 미국 대학 연구실에서 3명의 연구자 감염 사고가 발생하여 연구비 중단, 환수 및 총 US$ 8,100의 벌금이 부과된 사례는 시사하는 바가 크다. 미국 OSHA(Occupational Safety and Health Administration)의 보고서에 따르면 이 감연 사고는 연구자가 마스크와 가운 등을 착용하지 않은 채 일반 실험대에서 균을 접종하고, 배양된 균의 측정을 수행하는 등 연구자의 안전의식 결여에 따른 사고로 기록되어 있다(유천권, 2007: 14-15).

4 공중보건 위기

바이오 안전사고가 더 큰 규모로 확산되거나, 바이오기업이 다루는 병원균이나 바이러스가 예상치 못한 방식으로 유출되는 경우, 이는 공중보건 위기(public health crisis)로 발전할 수 있다. 이러한 위기는 다음과 같은 경우에 발생할 수 있다. 첫째, 감염병의 발생이다. 바이오기업이 다루는 바이러스나 병원균이 유출되어 감염병이 발생할 경우, 지역사회와 세계적인 규모로 공중보건 위기가 발생할 수 있다. 둘째, 독소 및 화학물질 유출이다. 바이오산업에서 사용되는 독소나 화학물질이 유출되어 환경과 인체에 피해를 주는 경우, 공중보건 위기로 이어질 수 있다. 셋째, 바이오 테러리즘이다. 바이오 테러리즘은 의도적으로 병원균이나 독소를 이용하여 공중보건에 위협을 가하는 행위로, 이 역시 공중보건 위기를 유발할 수 있다. 정부에서는 재난 피해의 전개 속도, 확대가능성 등 재난 상황의 심각성 등을 종합적으로 고려하여 위기 경보를 관심 · 주의 · 경계 · 심각의 4단계로 구분하고 있다. 해외 감염병 유입 및 확산의 사례를 기준으로 감염병 위기 경보 단계를 좀 더 세분화해서 보면, 먼저 관심 단계는 해외에서 감염병이 유행하고 있는 상황이 이에 해당되며 징후활동을 감시하고 대비계획을 지속적으로 점검한다. 보건복지부, 질병관리청, 지방자치단체 등 관련 기관은 해외 상황을 모니터링하고, 검역, 감시체계 운영, 예방교육 및 홍보와 같은 일상업무를 추진한다. 24시간 긴급상황실을 운영, 비상 시 대비 유관기관 상호협조체계를 구축하고, 관련 지침 및 매뉴얼을 지속적으로 점검 · 개선하며, 대응인력의 역량향상을 위해 긴급상황 대비 교육 · 훈련을 반복하여 실시한다(정은경, 2017: 297).

바이오 안전사고와 공중보건 위기는 기업의 신뢰도 저하, 법적 문제, 그리고 기업의 지속가능성에 위협을 가할 수 있다. 이에 따라 바이오기업은 철저한 안전관리 시스템과 위기관리 전략을 마련하여 위험에 대비하는 것이 필요하다.

제2절 규제 및 법적 위기와 재무 위기

1 바이오기업에 대한 규제 및 법적 위기

바이오기업은 제품 개발 및 시장 출시 과정에서 여러 정부 기관의 규제를 준수해야 한다. 이러한 규제는 국가별로 다양하며, 특히 의약품, 의료기기, 생명공학 제품 등의 경우 매우 엄격한 규제 절차를 거쳐야 한다. 규제를 준수하지 않으면 제품 출시가 지연되거나, 심지어 제품이 시장에서 철수될 수 있다. 이같은 규제행정에 대한 불만 요인을 크게 정책 요인, 집행주체 요인, 감독평가기관 요인, 정책대상자 요인, 환경요인으로 구분하여 살펴보면, 정책 내용 측면에서 규제의 중복성이나 상충성, 규제 절차의 복잡성, 규제로 인한 경제적 부담이 규제대상자의 불편을 야기하는 중요한 요소로 나타났다(김난영 외, 2015: 269-293).

바이오 분야는 생명을 다루기 때문에 보수성, 개별성, 복잡성과 같은 특성에 대한 이해를 바탕으로 다양한 규제 방식에 대한 종합적인 이해가 필요하다. 이에 최근 바이오 분야 규제개혁에 대한 요구가 증대되고 상당부분 규제개선이 추진되었지만, 아직까지도 어떤 방식의 개선이 적절할지에 대한 논의는 충분하지 않은 상황이다. 이명화 · 이혜진(2016: 113-137)은 지금까지 다양한 기준에서 논의되어 온 바이오 분야의 규제 방식들과 쟁점들을 분석하여, 큰 방향성 차원에서 새로운 규제방식을 논문을 통해 제시하였다. 구체적으로 살펴보면 바이오 분야의 규제를 규제수립의 주체(규제자 vs. 피규제자), 규제수립의 방식(포지티브 vs. 네거티브), 의견을 수렴하는 방식(open vs. closed), 규제를 수립하는 시기(reactive vs. proactive), 규제의 정당화 근거(과학적 근거 vs. 해외 유사제도), 규제적용을 받는 대상(process vs. product), 규제를 적용하는 시기(pre-marketing vs. post-marketing)의 일곱 가지 기준으로 제시한다. 바이오 분야는 이러한 일곱 가지 기준의 관점에서 피규제자가 자율적으로 규제를 수립하는 방식, 보완장치가 마련된다는 전제 하에 원칙적 허용과 예외적 금지의 네거티브 규제, 사회적 합의가 중시되는 개방형 방식, 신기술의 급속한 발전에 따른 선제적 대응, 과학적 근거에 기반을 두는 규제 수립, 최종산물과 함께 프로세스에 대한 규제, 시판 후 규제로의 변화를 고려할 필요가 있다.

바이오기업은 특허 및 지적재산권을 중요시하는데, 이로 인해 다른 기업들과의 법적 분쟁이 발생할 수 있고, 지적재산권 관련 분쟁은 제품의 개발 및 출시를 방해하고, 기업의 재정적 부담을 증가시킬 수 있다. 문제는 각종 지적재산권에 관한 분쟁은 법원의 판결만으로는 효율적으로 해결될 수 없다는 데 있다. 지적재산권 분쟁의 종류는 매우 다양하므로 사안별로 중재가능성을 검토할 필요가 있는데, 국가별로 자국의 정치적, 사회적, 경제적 정책에 따라 어떤 문제를 중재로 해결할지 여부를 결정하고 있다(강수미, 2010: 127-155).

바이오기업의 제품 개발 과정에서 윤리적 문제가 제기될 수 있다. 예를 들면, 동물 실험, 임상시험, 유전자 조작 등에 대한 윤리적 문제가 기업의 평판에 영향을 미친다. 더욱이 이로 인해 법적 문제도 발생할 수 있다. 특히, 인간복제(human cloning)의 문제는 복제 후손(cloned offspring)의 탄생으로 야기될 재앙적 결과의 방지를 위한 복제 행위 금지 등의 규제 필요성과 인간의 생명이라는 좌표에 놓인 매우 난해한 문제이다. UN 인간복제에 관한 선언은 UN 회원들에게 인간 생명의 적절한 보호에 필요한 모든 수단을 채택하고 인간의 존엄성과 생명보호와 합치되지 않는 형태의 인간복제(배아복제를 포함)를 금지하며 인간의 존엄성에 반하는 유전공학을 금지하는 수단을 채택하고 여성의 이용을 방지하는 수단을 국내법으로 채택할 것을 요구한다(류병운, 2014: 809-834). 그리고 EU 인권과 생명의학에 관한 협약의 '인간복제 금지 추가 의정서'는 "살아 있거나 죽은 다른 사람과 유전자적으로 동일한 인간을 창조하려는 여하한 개입도 금지된다"라고 규정(제1조)한다.

2 바이오기업의 재무 위기

2020년 초부터 전 세계로 확산된 COVID-19는 인류에게 새로운 형태의 공포와 불확실성을 가져다주었고 자본시장에도 큰 영향을 주었다. 특히 COVID-19는 각국의 소비와 투자의 심각한 감소를 유발하였고 글로벌 공급망을 손상시켰으며, 주가하락은 물론 주가변동성을 급격히 증가시켰다. 기업도 경영환경이 급격히 나빠져서 재무적 곤경이 심화되었고 자산에 대한 손상 위험이 커졌다. 기업이 재무적 곤경에 처하면 청산가치와 자산포기가치를 제공하는 순자산의 가치관련성은 증가하는 반면, 성장성과 수익성을 나타내는 순이익의 가치관련성은 하락한다(Barth, et. al., 1998). 하지만 COVID-19로 인한 자본시장의 위기는 개별기업의 수익성 악화나 1997년 우리나라에서 발생한 외환위기 또는 2008년 글로벌 경제위기와는 달리 감염병이라는 경제 외적요소로 나타났다. COVID-19의 확산 후 순이익의 가치관련성은 크게 하락하였으며 순자산의 가치관련성도 동시에 하락하였다. 이는 COVID-19가 순이익은 물론 청산가치를 의미하는 순자산의 가치에도 부정적인 영향을 주었다는 것이다. 또한 순이익의 가치관련성 하락은 영업현금흐름보다는 발생액의 가치관련성 하락으로 인한 것이며, 이 결과는 자본시장의 이해관계자들이 COVID-19라는 위기하에서 불확실성이 큰 발생액보다는 실현된 영업현금흐름에 대한 정보가치를 선호한다는 것을 의미한다. 또한 일반산업에 비해 바이오산업의 순이익과 순자산의 가치관련성이 유의하게 높았다. 이는 COVID-19로 이해관계자들의 관심이 바이오산업에 집중되었으며 백신과 치료제 개발에 대한 기대감이 자본시장에 반영된 것으로 추정된다(손혁 외, 2021: 281-320).

바이오기업의 안정적인 경영을 위협하는 '재무 위기'는 다음과 같은 요인들로 인해 발생할 수 있다. 첫째, 바이오기업은 제품 개발에 막대한 비용이 필요한데, 의약품 및 생명공학 제품의 개발 과정은 비용이 많이 들고 시간이 오래 걸린다. 그러므로 개발 비용을 충당하기 위한 자금 조달이 어려울 경우에는 기업이 재무적 압박을 받아 재무 위기를 겪게 된다. 둘째, 바이오기업의 주가는 시장의 변동성에 크게 영향을 받는다. 신약 승인 실패, 연구 결과의 실망스러운 발표, 경쟁 기업의 진입 등으로 인해 주가가 급격히 하락할 수 있다. 셋째, 바이오기업은 제품 출시 이후에도 수익성 문제를 겪게 될 수 있다. 경쟁 제품의 등장, 시장 수요의 변화, 가격 압박 등으로 인해 예상했던 수익을 내지 못할 수 있다. 넷째, 바이오기업이 제품의 개발 비용을 충당하기 위해 많은 부채를 지게 되면, 이로 인해 재무 위기가 발생할 수 있다. 부채 부담이 커지면 이자 비용이 증가하고, 기업의 재무 건전성이 약화된다.

제3절 기술 실패 및 연구개발 지연

1 기술 실패

바이오기업의 핵심 활동 중 하나는 신약 개발인데, 신약 개발에 실패하는 경우 재무적으로 문제가 발생할 수 있다. 신약을 개발하는 과정은 실제로 성공 확률이 매우 불확실하며, 초기 임상시험 단계부터 후기 임상시험 단계까지 다양한 이유로 신약 개발이 실패할 수 있다. 이러한 신약 개발의 실패는 엄청난 비용 손실을 초래하는 동시에 기업의 명성과 주가에도 부정적인 영향을 미친다.

기술 혁신의 실패는 바이오기업에게 치명적인 문제가 야기될 수 있다. 바이오기술 분야는 빠르게 변화하고 혁신적인 기술개발이 중요하다. 하지만 새로운 기술에 투자했지만 기대했던 결과를 얻지 못하거나, 경쟁 기업에 의해 기술이 대체될 수 있다. 이러한 기술 혁신 실패는 바이오기업의 시장 경쟁력을 약화시킨다.

신기술 사업화 실패의 추적조사는 사업타당성이 있다고 평가되었지만 기술사업화가 중지된 사례의 실패원인을 규명하는 데 목적이 있다. 이러한 추적조사는 기술사업화 성공과 실패에 관한 여러 이론적 갈래, 즉 기술사업화 성공실패론, 벤처기업 성공실패론 및 기술가치평가론 등의 선행 연구에서 지적된 결과를 중심으로 작성한 분석 틀에 기초한다.

표면적으로 나타난 신기술사업화가 실패한 주요 원인들로는 자금의 부족과 불가항력적인 요인, 관리력, 대량생산기술 부재 등으로 지적되어 왔다. 하지만 이면에 숨겨진 핵심적인 실패 원인으로는 광의의 기술 이해가 부족한 때문이기도 하다. 특히, 기술구성 및 기술제품 단계별 소요기술이 존재한다는 점과 기술개발 성공이 기술사업화 성공과 다르다는 것을 이해하지 못한 것이 주요 원인으로 지적되었다. 이러한 결과의 배경은 경영자의 전공과 경력이 평가기술과 연관성이 낮거나, 보유 경험이 부족한 때문이기도 한 것으로 볼 수 있다(김찬호 외, 2012: 203-222).

2 연구개발 지연

임상시험은 바이오기업의 제품 개발 과정에서 필수적인 단계인데, 임상시험이 예상보다 오래 걸리거나, 예측하지 못한 문제로 인해 지연될 수 있다. 이같은 임상시험의 지연은 제품 출시 일정을 미루고, 기업의 수익 창출을 지연시킨다. 또한 바이오 제품은 각국의 규제 기관으로부터 승인을 받아야 하는데, 규제 승인 과정에서 예상치 못한 문제가 발생하거나, 규제 기관의 업무처리 지연으로 인해 승인 절차가 늦어질 수 있다. 이같은 규제 승인의 지연은 개발된 제품의 출시 시기를 늦추게 되고, 기업의 시장 진입 및 참여 기회를 제한하는 요인이 된다. 바이오기업은 혁신적인 기술개발에 주력한다. 하지만, 기술개발이 예상보다 오래 걸릴 수 있다는 위험성이 있다. 이러한 기술개발의 지연은 기업의 제품 개발 일정을 늦추고, 경쟁 기업보다 뒤처질 수 있는 위험성을 높인다.

김형주 · 강호영(2013)에 의하면 산업별 연구개발 투자가 기업가치로 발현되기까지 소요시차 동안 나타나는 효익의 분석을 위해 개별기업의 시계열

자료인 수준변수를 사용하며, 수준변수의 시계열 분석은 릿지 회귀분석으로 하였다. 그 연구 결과, 자동차 · 운송장비 산업은 지연효과가 전혀 나타나지 않았으나, 의료 및 정밀 산업의 경우에는 양(+)의 효과가 나타났다. 이러한 연구 결과에 비추어볼 때 연구개발비 지연효과는 산업별로 다르게 나타났고, 기술 수명 주기가 짧은 산업일수록 지연효과가 낮아졌다.

제4절 윤리적 및 사회적 책임 위기

1 윤리적 책임 위기

현대사회는 바이오테크놀로지가 주도하는 테크놀로지 사회라고 할 수 있다. 테크놀로지 사회의 탈윤리적 경향성 때문에 윤리에 대한 관심과 담론이 충분하게 개발되지 못하고 있는 것이 현실이다. 사회의 성격이 변하면 윤리 담론의 내용도 변해야 하지만, 현재의 윤리 담론은 시대적 성격의 변화를 담아내는 데 그리 성공적이지 못했다. 새로운 윤리적 환경을 토대로 전통적인 윤리적 전제가 어떤 방향으로 변화되어야 할 것인가를 모색하는 것이 필요하다. 특히, 책임윤리가 테크놀로지 사회의 윤리 담론에서 중심적으로 다루어지는 것이 필요하다(임의영 · 전영평, 2007: 133-162). 바이오기업은 첨단 기술을 활용한 제품 개발 및 혁신을 주도하고 있지만, 이 과정에서 윤리적 및 사회적 책임 위기를 겪을 수 있다. 이러한 위기 요인은 바이오기업의 운영 및 경영상의 안전을 위협할 수 있다.

바이오기업은 연구개발 과정에서 동물 실험, 인간 임상시험, 유전자 조작 등의 윤리적 문제를 겪을 수 있다. 예를 들면, 동물 실험은 동물의 복지 문제를 야기할 수 있고, 인간 임상시험은 피험자의 동의 및 안전 문제를 가져온다. 유전자 조작은 생태계에 미치는 영향 및 생명 윤리와 관련한 심각한 논란을 가져올 수 있다. 이러한 윤리적 문제는 기업의 이미지와 신뢰도를 훼손하는 한편, 심각한 경우에는 법적 분쟁으로까지 이어질 수 있다.

유전자변형생물체(Living Modified Organism, LMO)는 유전자재조합기술과 세포융합기술 등 현대 생명공학 기술에 의해 새롭게 조합된 유전물질을 포함하는 생물체를 말한다. 유전자변형생물체를 지칭하여 대중적으로 많이 쓰이는 GMO(Genetically Modified Organism)와 구별하자면 LMO는 생식 및 번식을 할 수 있는 살아있는 생물체만을 지칭한다. 이에 반해, GMO는 LMO뿐만 아니라 생식할 수 없는 것을 모두 포함한다. 따라서 GMO는 LMO를 포함하는 더 큰 범위의 용어라고 할 수 있다(최원균 외, 2014: 297-302). LMO는 2003년 9월 발효된 '바이오안전성에 관한 생물다양성협약 카르타헤나 의정서'에서 처음 사용된 용어다. 바이오안전성의정서는 생물다양성협약(Convention on Biological Diversity, 이하 'CBD')의 부속 의정서로서, 생물다양성보호라는 궁극적 목표를 바탕으로, LMO에 관해 확실하고 계획적인 안전성을 꾀하고자 한다. CBD는 생물다양성보호를 위한 포괄적인 환경협약이라고 한다면, 바이오안전성의정서는 LMO의 국가 간 이동에 관해 구체적인 행동 방향을 명문화하고 이에 법적 구속력을 부여하고자 하는 세부적인 성격을 지니고 있다(김용권, 2016: 584-585).

바이오기업의 제품은 건강 및 안전과 직접적으로 관련되어 있기 때문에 제품 안전 및 품질 문제가 발생할 경우, 윤리적 위기가 나타날 수 있다. 예를 들면, 의약품의 부작용이나 의료기기의 결함은 소비자의 건강을 위협하고 기업의 사회적 책임을 묻는 논란을 일으킬 수 있다. 이러한 문제는 기업의 평판을 손상시키고, 법적 소송 및 규제 조치를 초래할 수 있다.

2 사회적 책임 위기

기업의 사회적 책임(Corporate Social Responsibility, CSR)은 통일된 용어로 정의되지 않고 전문가마다 서로 다른 의견을 갖고 있다. 그러나 기본적으로

'사회의 구성원으로서 기업이 사회의 요구에 따라 행동해야 하는 책임'이다. 책임에는 기업이 교육, 자선, 문화 등 공익을 적극적으로 추구해야 하는 적극적 의무와 소극적 의무가 모두 포함된다. 부적절한 지출이나 오염을 발생시키는 경우에 공익을 해치지 않는 것이라고 이해할 수 있다.

CSR에는 사회적 책임과 적극적인 사회공헌이 모두 포함된다. CSR 활동은 사회, 환경에 대한 인식을 바탕으로 일반적인 사업 활동을 하면서 진행되는 것이 일반적이다. 활동의 대상은 주주, 임직원, 소비자, 지역사회 등 이해관계자들이다(양만식, 2010: 245-275).

CSR에는 법적, 경제적, 윤리적, 기여적, 환경적 측면과 관련된 다양한 책임이 포함된다. 구체적으로 살펴보면, 기업 규범, 법규 준수, 부패 방지, 고용 및 노동, 인권, 안보 및 위생, 소비자 보호, 사회공헌, 조달 기준, 외국인 투자 분야의 윤리적, 사회적 측면에 중점을 둔다. 그러나 CSR은 사회와 연관되어 있기 때문에 시대와 지역에 따른 사회경제적 상황에 따라, 그리고 그 사회가 요구하는 가치와 윤리에 따라 CSR의 정의는 달라진다.

바이오기업의 활동은 환경, 사회, 공중보건 등 다양한 측면에서 사회적 영향을 미칠 수 있다. 유전자 변형 생물(GMO)은 생태계와 농업에 미치는 영향 때문에 논란의 대상이 될 수 있다. 기업이 이러한 사회적 책임을 다하지 못하면, 공공의 반대 및 불매운동 등으로 인해 위기를 겪는다.

바이오기업의 경영 방식이나 기업 윤리 및 투명성에 대한 의문이 제기되는 경우, 사회적 책임 위기가 발생한다. 가격 담합, 내부자 거래, 불투명한 경영 방식 등은 기업의 사회적 책임을 저버리는 행위로 간주되므로 기업의 신뢰도와 공신력을 저해하고, 투자자 및 소비자의 신뢰를 잃게 된다.

제5절 공급망, 제품 리콜 및 안전성 이슈

1 공급망 문제

산업사회의 기술발달과 세계화된 식품체계에 따라 삶을 영위하는 데 필요한 식량 공급의 양적 문제는 과거에 비해 다소 해결되었으나, 이로 인한 식품위험은 특정 지역이나 집단의 문제에서 전 세계적으로 확대·증가하였다. 농업 생산의 효율성 극대화를 위해 농축산물의 생육과정이 인위적으로 조작되는 한편, 먹거리 생산과 소비 사이의 물리적 거리가 늘어나면서 인공첨가제의 사용이 크게 증가하였고, 이는 국민의 건강과 안전문제에 대한 책임이 국가차원으로 확대되는 계기가 되었다. 이를 증명하듯이 식품과 관련한 안전사고가 종종 발생하고 있으며 식품안전에 대한 소비자의 불안도 점차 증가하고 있다. 식품과 관련하여 식중독, 식품첨가물의 오용과 남용, 품질향상이나 증산을 위한 화학물질의 식품내 잔류, 석유화학제품 소재의 부산물 잔류, 환경유해물질의 오염 등의 문제들이 지속되고 있다.

박영현의 논문(2016)에서는 최근 내분비계 장애추정물질, 유전자변형 식품, 가축물질 등 새로운 형태의 식품위험이 사람이나 동물 및 생물 종의 안전성까지 위협하고 있다고 지적한다. 예를 들면, 2008년 중국산 식품 멜라민 파동사건, 2009년 미국 살모넬라균 오염 땅콩버터사건, 2010년 국내 축산농가의 구제역 발생 등에서 볼 수 있듯이 식품위험의 형태가 다양화되고 있으며 이에 따른 위험의 범위가 전 지구적으로 확대 재생산되고 있다는 것을 알 수 있다.

인류의 건강문제와 식품안전을 다루기 위해 세계보건기구(World Health Organization, WHO), 국제식품규격위원회(Coeex Alimentarius Commission, CODEX), 국제연합식량농업기구(United Nations Food and Agriculture Organization of the United Nations, FAO) 등의 국제기구가 설립되었다. 우리나라에서는 식품위생

법, 건강기능식품에 관한 법률, 농수산물원산지 표시에 관한 법률, 축산물위생관리법을 두어 식품공급 및 관련 문제를 관리하고 있다.

이러한 식품안전을 위해서는 식품공급사슬(Food Supply Chain, FSC) 전반에 있어서 기업의 사회적 책임(Corporate Social Responsibility, CSR)이 수반되어야 하는데, 안전한 식품 생산체계를 갖추기 위해 식품 원자재 조달, 식품가공 프로세스 구축, 식품공급사슬 체계의 구축이 먼저 이루어져야 한다. 식품 가공공정 자체가 안전성을 유지하고 있더라도 협력업체로부터 조달 받은 원자재의 안전성 문제가 있거나 공급 과정에서 유해한 변질이 발생한다면 궁극적으로 식품안전을 달성할 수 없을 것이다.

또한 위해요소에 대한 완벽한 통제를 위해서는 시설 설비 및 관리 측면에서 노력이 필요하며, 만들어진 식품의 전달 과정에서도 안전하게 유지될 수 있도록 노력이 필요하다. 이러한 식품공급사슬 전반에 걸친 적절한 관리가 식품안전 수립을 위해 중요한 역할을 하고 있다. 박영현(2016)은 식품공급사슬과 더불어 CSR의 역할이 식품안전과 관련이 있으며, 식품공급사슬과 상호 연관되어 있음을 밝히고자 하였다. 식품안전을 추구하기 위해서는 식품공급사슬 전반에 있어서 기업의 사회적 책임이 수반되어야 한다.

바이오기업은 제품을 생산하기 위해 다양한 원자재 및 부품에 의존하는데, 원자재나 부품의 공급이 중단되거나 지연되면 제품 생산에 차질이 생기고, 이로 인해 기업 운영과 수익이 영향을 받는다. 공급망 문제는 자연재난이나 국제정세의 불안, 국내 정치 불안, 국제 무역 제한, 공급 업체의 파산 등으로 인해 발생할 수 있다. 이와 함께 공급 업체의 제품이나 부품의 품질이 저하되거나 문제가 있으면 바이오기업의 제품 품질에도 영향을 미친다. 이러한 문제는 제품의 결함을 유발하거나, 심각한 경우 제품의 리콜로 이어질 수 있다. 바이오기업의 공급망과 글로벌 시장 유통망은 복잡한 구조를 가지며, 이에 따라 관리의 어려움이 증가한다. 공급망의 복잡성은 공급망의 유연성을 저해하고, 변화에 대한 대응을 어렵게 만든다. 이 경우, 공급망사슬 관리 차원에서 발생한 문제점을 실시간으로 파악하고 계획 단계에서 모든 문제를 감독하여 사전에 문제를 해결하는 체계로 전환하는 것이 필요하다. 조기경보시스템의 구축을 통해 문제가 발생하는 경우 신속하게 의사결정을 하기 위해 기존의 업무 프로세스를 보완하고, 내부 협업과 채널 통합을 통하여 SCM 문제를 즉각적으로 해결하는 것이 바람직함을 보여주는 사례를 살펴볼 수 있다(이광수 외, 2021: 29-42).

이와 함께 최근들어서 국내·외적으로 EU 수출제품 환경규제(WEEE, REACH 제도 등) 강화, 제품의 위해성 관련 리콜제도 강화 등으로 인하여 적정한 환경기준을 충족하지 못할 경우 시장에서 기업의 퇴출이 현실화되고 있다(이정임, 이시은, 2017). 제품 리콜은 제품의 결함이나 안전성 문제로 인해 발생할 수 있다. 바이오제품은 건강 및 안전과 직접적으로 관련되어 있으므로, 제품의 결함은 소비자의 건강을 위협하고, 이는 곧 제품 리콜로 이어져 기업의 평판과 재무 상태에 부정적인 영향을 준다. 이러한 제품 리콜은 직접적인 비용뿐만 아니라, 고객의 신뢰 상실, 제품 교환, 법적 소송 등으로 인한 간접 비용을 발생시킨다. 이러한 비용은 기업의 수익을 감소시키는 한편, 심각한 경우 재무 위기를 초래할 수 있다. 바이오기업은 제품 리콜에 대해 신속하고 투명하게 대응해야 하며, 그렇지 않을 경우 위기가 더욱 악화된다. 그러므로 리콜에 대한 효과적인 대응이야말로 소비자 보호와 기업의 신뢰를 회복하는 데 있어서 중요하다.

2 제품 안전성 이슈

의료기기 산업은 의료기술 및 의료효율의 향상에 기여하는 제품을 생산 및 공급하는 고도의 지식·기술집약형 산업이라고 할 수 있다. 선진국을 비롯하여 우리나라 및 개발도상국들도 인구 고령화가 뚜렷이 진행되고 있기에 바이오 의료기기 산업의 중요성은 더욱 커질 것이다. 의료기기 산업은 인간의 생명과 보건에 관련된 제품을 생산하기 때문에 국민의 건강증진 및 건강권 확보 등에 직·간접적 영향을 주어 정부의 인·허가 등의 규제가 필요하다. 그러므로 정부는 의료기기의 생산 및 제조, 임상시험 등의 안전규제, 유통 및 판매 등 안전성 · 유효성 확보, 지적재산권 보장 등에 대하여 규제를 하고 있다(라공우, 2015: 23-46).

바이오기업의 주요 제품인 의약품 및 의료기기의 안전성은 기업의 성공과 지속가능성에 큰 영향을 미친다. 이러한 제품의 안전성과 관련된 이슈는 제품의 결함, 부작용, 사용 오류 등으로 인해 발생할 수 있는데, 소비자 신뢰의 하락, 법적 소송, 규제 조치 등으로 이어져 기업에 큰 위기를 초래할 수 있다. 바이오 제품의 안전성은 다양한 규제 기관의 감독을 받는 쟁점으로, 규제 기관의 제재 및 제품 철수로 이어질 수 있다. 이로 인해 기업의 제품 개발 및 출시가 지연되거나 중단될 수 있다. 그러므로 바이오기업은 제품의 안전성을 지속적으로 모니터링을 하는 동시에 효과적인 모니터링을 위한 시스템 및 프로세스를 구축하는 것이 필요하다. 이러한 모니터링은 안전성 이슈를 조기에 감지하고, 신속하게 대응할 수 있게 해준다.

제6절 환경 재난 및 지속가능성 이슈

OECD는 2030년까지의 바이오경제의 전망을 제시하였고, 미국과 유럽은 바이오경제 시대에 대비하여 국가 차원의 전략을 수립하여 기술개발 및 산업화를 통한 국가경제성장의 원동력을 창출하고 국민복지 및 일자리 창출을 선도하기 위한 노력을 강화하고 있다. 우리나라도 국내 · 외 환경 변화에 적극적으로 대처하여 생명공학이 실질적인 미래 신산업 성장 동력으로 자리 잡을 수 있는 구체적 실현을 위해 기술, 산업, 제도, 사회, 정책적 측면의 노력이 필요하다. 우리나라 바이오산업의 강점 기술 분야에서 전략적인 질적 성과를 창출하고, 글로벌이슈대응 체계를 선도할 수 있는 기술개발이 필요하다. 이의 실천을 위해서는 재생의학, 맞춤 예방의학, 고령화 사회 대응 뇌질환 및 예방연구, 식량 확보, 감염병 대응, 바이오 에너지, 환경보호 등 국가 재난 및 공공복지 관련한 글로벌 이슈 대응 체계 선도 기술의 개발 및 바이오기반 제품의 지속적인 창출을 위한 바이오자원 수집·관리 및 활용 강화가 필요하다(김영철·현병환, 2012: 264). 특히, 사회적 측면에서는 바이오기술에 대한 국민적 이해와 바이오 안전성 및 생명윤리문제 등에 대한 사회적 합의를 도출하는 정책을 마련하는 것이 필요하다. 바이오기술에 대한 사회적 합의와 정비를 위한 커뮤니케이션을 확대하기 위한 방안을 마련하는 것이 필요하고, 바이오기반 제품에 대한 안전성 연구를 강화하여 바이오에 대한 대국민 인지도를 제고하면서 생명윤리문제는 기획초기부터 강화하여 사회적 공감대를 형성하는 것이 필요하다(김영철·현병환, 2012: 265).

이러한 맥락에서 바이오기업의 생산 및 운영 과정에서 환경 오염이 발생할 경우, 기업의 평판 및 지속가능성에 부정적인 영향을 받는다. 환경 오염은 기업의 사회적 책임에 대한 의문을 제기하며, 지역사회와의 갈등, 규제 조치, 법적 소송 등을 초래할 수 있다. 또한 바이오기업은 제품 개발 및 생산 과정에서 다양한 자원 사용의 지속가능성이 보장되지 않거나, 과도한 자원 소비로 이어질 경우, 기업의 지속가능성과 환경에 대한 책임이 문제가 된다. 또한 바이오기업은 운영 과정에서 유해화학물질의 유출과 같은 환경 재난을 유발할 수 있는데, 이는 기업의 경영에 있어서 안전에 중요한 영향을 미친다. 화학물질 유출과 같은 환경 재난은 기업의 생산 및 운영에 차질을 빚고, 국가적으로 쟁점이 되는 것은 물론 지역사회와의 심각한 분쟁과 갈등을 야기할 수 있다.

ESG는 장기적인 지속가능성을 달성하기 위한 기업 경영의 핵심이다. ESG 분야의 주요 관심사 중 하나는 기후 변화, 사회 규범 등 변화하는 상황에서 어떻게 지속가능하게 이익을 극대화할 것인가인데, 이는 기업 활동이 사회, 환경, 이해관계자의 행복의 지속가능성에 미치는 영향과 관련이 있다(황인창 외, 2022). 바이오기업이 ESG 경영 방침과 같은 지속가능성에 대한 전략이 없거나 미흡하게 되면, 투자자 및 소비자의 신뢰를 잃을 수 있다. 이러한 지속가능성 전략 부재는 바이오기업의 장기적인 성과와 사회적 책임에 부정적인 영향을 준다.

CHAPTER

12 바이오기업의 위기 커뮤니케이션

제1절 위기 커뮤니케이션의 의의

위기관리에서 중요한 것은 단순히 상황을 통제하는 장악력(control)이 아니다. 위기 속에서 어려움을 겪는 사람들에 대한 배려(compassion)도 필요하다. 바이오기업은 연구개발 실패, 법적 위반, 소비자 불신 등의 위기 상황에서 내부 직원뿐만 아니라 이해관계자, 대중과의 관계를 유지하며 신뢰를 회복해야 한다. 이는 특히 연구 실패나 임상시험 중 문제가 발생할 때 기업이 어떻게 커뮤니케이션을 하느냐에 달려 있다.

지금까지는 주로 위기관리의 장악력 측면이 강조되어 왔다. 그러나 직원들의 진정한 참여와 이해, 위기관리를 담당하는 부서(팀)와 이해관계자 사이의 상호호혜와 협력이 없으면, 아무리 좋은 제도적 장치나 선진 기술, 장악력도 무용지물이 된다. 그러므로 이해관계자와의 커뮤니케이션 통로를 지속적으로 확보하고, 이해관계자를 위기관리에 참여시키기 위한 노력을 게을리해서는 안 된다. 이러한 모든 활동이 결국 커뮤니케이션이자 홍보이다(김영욱, 2004: 79).

위기 커뮤니케이션은 위기 발생 시 조직이 효율적으로 위기관리를 하기 위해 예방, 대비, 대응, 복구와 관련된 커뮤니케이션을 수행하는 과정이다. 이는 위기 발생 이전 단계에서, 위기 예방 및 피해 감소를 위한 계획 수립이나 매뉴얼 작성, 실제 위기 발생 시의 커뮤니케이션 대응을 위한 대변인 지정 및 전문화 교육 등을 포함한다. 실제 위기 발생 시에는, 관련 이해관계자의 이해를 돕기 위한 대응 노력과 위기 발생 이전 상태로의 복귀를 위한 재발 방지 등의 복구 노력이 필요하다.

그러므로 바이오기업은 위기 발생 이전에 체계적 커뮤니케이션 계획을 수립해야 한다. 이 계획에는 위기 대응을 위한 대변인 지정, 매뉴얼 작성, 전문화된 교육이 포함된다. 위기 발생 시에는 신속한 대응을 통해 이해관계자에게 명확한 정보를 제공하고 혼란을 최소화하며 신뢰를 회복하는 데 주력해야 한다. 이를 통해 연구개발 실패나 법적 문제 발생 시 기업 이미지의 추가 손상을 막고, 위기 이후 재발 방지를 위한 복구 노력도 이루어져야 한다.

현대 사회의 기업은 끊임없이 위기를 관리해야 한다. 위기에 철저하게 준비하지 않으면, 작은 위기가 대형 위기로 확대되거나 연쇄 반응을 일으킬 수 있다. 위기 커뮤니케이션을 광의로 해석하면, '조직의 존립, 이미지, 신뢰, 평판, 명성, 목표, 전략 등과 관련된 다양한 대중들과의 관계를 증진하고 우호적인 관계를 유지하며, 위기를 예방, 대비하고 위기 상황 발생 시 피해를 최소화하고 조기에 정상화시키기 위해 실행하는 제반 커뮤니케이션 활동'으로 볼 수 있다(안철현, 2006: 40). 위기 커뮤니케이션은 위기의 확산을 통제하고, 위기로 인한 손실 및 위험을 최소화하며, 관련 대중의 이해를 높이는 역할을 한다. 위기가 발생하기 이전의 사전 계획 수립도 위기 커뮤니케이션의 일부로 볼 수 있다. 조직은 최악의 시나리오에 대비하고, 발생 가능한 모든 위기에 철저히 준비해야 한다. 이를 위해서는 조직과 관련된 모든 이슈에 대한 모니터링 체계와 쟁점 분석 체계를 갖추는 것이 필요하다(김희정, 2004: 8).

위기관리를 훌륭히 수행하는 조직은 위기 발생 초기에 손실과 이미지 약화의 확산을 차단할 수 있다. 그리고 이를 계기로 위기 대처에 뛰어난 체계적이고 믿을만한 조직 이미지를 형성할 수 있다. 이 경우, 위기를 기회로 삼아 정책이나 조직의 신뢰성을 회복하고, 일반 대중의 이해를 증진시키는 계기가 된다. 따라서 조직은 모든 업무에 대해 문제의식을 가지고 세심하게 위기 요인을 점검하며, 사전에 철저한 위기관리를 통해 위기를 예방하거나 그 피해를 최소화하는 것이 필요하다(김희정, 2004: 6-7).

커뮤니케이션 측면에서 위기의 속성을 살펴보면 다음과 같다(김영욱, 2004: 79). 첫째, 위기는 피할 수 없다. 둘째, 위기는 관리할 수 있다. 셋째, 위기는 독립된 사건이 아니라 조직 시스템의 실패에서 기인한다. 넷째, 위기는 정보의 공황 상태를 초래한다. 다섯째, 위기는 예측은 불가능하지만 예상은 가능하다. 여섯째, 위기는 갑작스럽고 불확실한 형태로 엄청난 시간적 압력 속에서 나타난다. 일곱째, 위기는 불안정하며 스트레스를 주고 사람들과의 관계를 악화시킨다. 여덟째, 사람들과의 관계 유지 실패는 위기 상황을 확대시킨다.

위기를 국가위기 관점에서 분류하면, 첫째, 전통적인 군사 위기로 전쟁, 무력도발, 테러리즘, 국지분쟁, 핵무기나 대량살상무기 개발 등이 있다. 둘째, 재난 위기는 태풍, 호우, 지진, 쓰나미 등의 자연재난과 화재, 붕괴, 폭발, 침몰, 추락, 감염병 등의 사회적 재난이 있다. 셋째, 국가핵심기반 마비 위기로 금융, 교통 · 수송, 전력, 정보통신, 주요 산업단지, 에너지, 원자력, 댐, 공중보건, 공공질서, 역사적 유물유적 등의 붕괴나 마비가 있다. 넷째, 생활안전 위기로 안전취약계층의 생활위기, 식품, 의약품, 직업, 학교, 생활 치안 위기 등이 있다. 이 외에도 사회 시스템의 근본적인 구조나 가치관, 규범 등에 위협이 되는 상황에서 고도의 불확실한 여건 아래 중요한 결정을 내려야 하는 위급한 상황을 위기로 볼 수 있다.

이러한 위기의 발생 원인은 학문적 관점에 따라 다양하고 복잡하게 해석된다(김정헌, 2009: 201). 정치학에서는 위기를 정치적 통치 능력의 결여와 실패, 사회적 · 지역적 대립 · 갈등의 심화, 국민의 정치 불신 및 정치력 부재로 진단할 수 있다. 경제학에서는 인플레이션, 실업, 불경기, 재정적자, 금융위기, 경기후퇴 및 수출 부진 등을 기준으로 위기를 규정할 수 있다. 사회학에서는 사회적 불평등, 동기부여와 자극의 저하, 권위에 대한 도전, 통합조정기구의 결함, 지역 · 집단 이기주의, 지나친 물질주의에 따른 정신문화의 불균형 등을 위기로 볼 수 있다. 문화인류학에서는 위기를 문화의 부정, 단절, 파괴, 붕괴, 말살 등으로 인한 문화 정체성 혼돈과 주체성 상실을 지적한다. 행정학에서는 위기를 국가의 일상적 행정행위로 관리할 수 없는 자연재난, 사회적 재난, 군사안보 위기, 국가핵심기반의 마비, 생활안전 위기로 정의한다.

이러한 맥락에서 위기 커뮤니케이션 측면에서 위기관리를 위해 수행해야 할 과제를 네 단계로 구분한다(박재훈, 2011: 11-13). 첫째 단계는 조직을 둘러싼 모든 위기 상황을 추출하는 것이다. 일부 기업에서는 500가지에서 1,000가지가 넘는 위기 상황이 추출될 수 있다. 천재지변, 안전사고, 노조 파업, 비리, 제품 결함, 환경오염, 경영자 문제 등 다양한 위기 상황을 가능하다면 최대한 많이 추출하는 것이 바람직하다. 이 과정에서 조직의 내부 직원뿐만 아니라 외부 전문가의 조언을 듣는 것이 필요하다. 학계 교수나 소비자단체 관계자 등 외부 인사는 조직 구성원과는 다른 시각에서 위기를 포착할 수 있다.

둘째 단계는 이렇게 추출된 수많은 위기를 발생 가능성과 피해의 심각성 정도에 따라 분류하고, 중요하지 않은 것부터 제거한다. 이 작업은 다양한 부서의 구성원들이 모여 공동으로 수행하는 것이 바람직하다.

셋째 단계는 최종적으로 남은 위기들을 X축과 Y축에 배치해 분석한다. X축은 발생 가능성, Y축은 피해의 심각성으로 정해 각각의 위기를 배치한다. 발생 가능성이 높고 피해 정도가 높은 위기는 레드 존(red zone), 발생 가능성은 낮지만 피해 정도가 높은 것은 옐로우 존(yellow zone), 발생 가능성은 높으나 피해 정도가 낮은 것은 그레이 존(gray zone), 발생 가능성과 피해 정도가 모두 낮은 것은 그린 존(green zone)으로 구분하여 배치한다. 모든 영역에 주의하면서도, 레드 존에 위치한 위기에 더욱 집중해야 한다. 조직 구성원의 횡령, 기술정보 유출, 환경오염, 고객 사망사고 등의 위기가 레드 존에 위치할 수 있으며, 이러한 위기가 언론에 노출되면 파장이 커지므로 언론 보도화도 레드 존에 포함시킬 수 있다. 바이오기업은 위기관리 과정에서 다양한 잠재적 위기를 사전에 예측하고 대비해야 한다. 바이오산업에서 레드 존에 속할 수 있는 위기는 연구개발 실패, 규제 위반, 임상시험 관련 사고, 정보 유출 등이며, 이러한 위기는 언론 보도를 통해 대중에게 크게 노출될 수 있으므로 더욱 주의가 필요하다.

넷째 단계는 위기 분류 작업이 끝난 후, 각각의 위기별로 대응 전략을 모색하는 것이다. 각 존(zone) 별로 위기의 특성이나 대응 준비 등을 점검한 뒤, 조직 내부 팀원들이 모여 주로 레드 존이나 옐로우 존에 위치한 위기별로 대응 논리와 관련 이해관계자, 대응 부서, 관련 자료 등을 검토한다. 이러한 내용을 하나의 책으로 만든 '이슈메시지 북'을 전 조직 구성원들과 공유하면 조직 전체의 위기 대응 능력을 높일 수 있다. 이 과정은 결과적으로 조직 구성원의 위기 인식 수준을 높이고, 위기 발생 전 위기 대응 능력을 향상시키는 중요한 역할을 한다.

위기 커뮤니케이션을 수행하는 것은 위기관리 과정에서 매우 중요한 위치를 차지한다. 아무리 좋은 위기관리 계획이 있어도, 위기 상황에서 위기 커뮤니케이션을 적절히 수행하지 못하면, 그 계획의 진정한 의미가 발휘되지 못하기 때문이다. 따라서 위기 커뮤니케이션 업무 수행에 요구되는 홍보, 공공 정보, 설득과 수락, 협상과 중재 등의 위기 커뮤니케이션 기술을 습득하는 것이 위기 커뮤니케이션의 유효성을 확보하는 관건이다(백진숙, 2009: 73).

위기관리를 잘 수행하는 기업은 위기 발생 시 초기 대응을 통해 손실과 이미지 악화를 최소화할 수 있다. 바이오기업의 경우, 신뢰성이 매우 중요하다. 위기 커뮤니케이션을 통해 신속하고 정확한 정보를 전달하고, 연구 실패나 법적 분쟁에서도 신뢰를 유지하며, 위기를 오히려 기회로 전환할 수 있는 가능성을 키워야 한다. 이는 위기 상황에서 기업 이미지 강화와 대중과의 관계 회복으로 이어진다.

제2절 위기 커뮤니케이션과 귀인 이론

사람들은 예상치 못한 부정적이고 영향력이 큰 사건이 발생하는 경우, 왜 그 사건이 발생했는지를 설명하기 위해 사건의 원인을 찾으려고 하고, 원인이 어디에 있는가에 따라, 즉 귀인의 결과에 따라 자신의 의견이나 태도를 바꾼다(윤영민, 2007: 428). 귀인 이론(attribution theory)은 어떤 사건이 발생했을 때 사람들이 그 원인에 따라 개인적인 판단을 내린다는 가정에 기반을 둔다.

바이오기업의 위기 커뮤니케이션은 귀인 이론에 따라 위기의 원인과 책임을 설명하고 대응 방식이 달라진다. 귀인 이론에 따르면, 사람들은 예상치 못한 부정적 사건이 발생하면 그 원인을 찾으려 하고, 원인에 따라 조직에 대한 태도가 변한다. 따라서 바이오기업이 위기 상황에서 어떻게 대응하느냐가 기업의 신뢰와 평판에 큰 영향을 미친다.

귀인 판단에는 여러 가지 요인들, 즉 외부적 통제, 개인적 통제, 원인의 소재 등이 영향을 미칠 수 있다(McAuley, Duncan, and Russell, 1992; Weiner, 1986). 첫째, 외부적 통제(external control)는 사건의 원인이 외부 요인에 의한 것인지의 여부를 보여준다. 예를 들면, 강한 외부적 통제는 사건에 연루된 행위자가 아닌 다른 누군가가 그 사건을 통제할 수 있었다는 것을 의미한다. 둘째, 개인적 통제(personal control)는 사건에 연루된 행위자가 그 사건의 원인을 스스로 통제할 수 있었는지의 여부를 보여준다. 예를 들어, 강한 개인적 통제는 사람들로 하여금 그 사건의 원인을 행위자에게 귀인하게 만든다. 셋째, 원인의 소재(locus)는 사건의 원인이 사건에 연루된 행위자에게 있는지 아니면 상황에 있는지와 관련이 있다. Wilson 등은 원인의 소재와 개인적 통제가 중복되는 개념이라고 판단하여 통합을 시도하였다(Wilson, et. al., 1993). 그리고 Coombs와 Holladay(2002)는 특히 이 두 개념이 행위의 의도성을 보여준다고 보는데, 예컨대 개인적 통제가 강하고 원인이 사건에 연루된 행위자에게 있는 경우, 사람들에게 그 행위가 의도적이라는 인식을 불러 일으킬 가능성이 높다는 것이다.

대부분의 사람들은 사건이 발생하면 그 사건 발생의 원인이 어디에 있는지, 왜 그런 사건이 발생했는지를 알고 싶어 한다. 이러한 귀인 행위는 사람들이 사건에 관련된 당사자에 대해 갖는 느낌과 행위에 영향을 미치기 때문에 중요하다. 사람들이 사건의 발생 원인이 어디에 있는지를 이해하게 되면, 그 사건에 대한 사람들의 정서와 행동 반응 등을 예측할 수 있다. 대개 부정적인 사건에 대해 개인적 책임이 크다고 판단되면 강한 분노와 당사자에 대한 강한 부정적 견해를 갖게 되기 때문이다(Weiner, 1986: 316-324; 최윤희, 2001: 69; 김정헌, 2009: 204).

귀인 이론은 조직의 위기 커뮤니케이션과 접목하여 네 가지의 조직 위기 유형을 제시해 볼 수 있다(Coombs, 1995). 조직 외부에 책임이 있고 의도적인 행위인 '테러리즘(terrorism)', 조직 외부에 책임이 있고 비의도적인 행위인 '과실(faux pas)', 조직 내부에 책임이 있고 의도적인 행위인 '위반(transgression)', 조직 내부에 책임이 있고 비의도적인 행위인 '사고(accident)' 등으로 구분하는 것이다(윤영민, 2007: 429).

조직의 책임 정도에 따라 위기를 유형화하고 위기 커뮤니케이션 전략이 다르게 시행되어야 한다는 것을 강조하면, 귀인 성향과 관련된 위기 커뮤니케이션 전략을 7가지로 제시할 수 있다(Coombs, 1995; 1999; 김영욱 · 박소훈 · 차희원, 2004: 278; 차희원, 2002: 197). ① 비난자에 대응하여 힘을 사용하여 공격하는 '비난자 공격 전략(attack the accuser),' ② 위기의 존재 자체를 부정하는 '부인 전략(denial),' ③ 책임을 최소화하는 '변명 전략(excuse),' ④ 위기에 관련된 피해를 최소화하기 위한 '합리화 전략(justification),' ⑤ 주요 대중들을 칭찬하거나 조직이 과거 그들에게 좋은 일을 했다는 것을 상기시키는 '환심사기 전략(ingratiation),' ⑥ 위기의 재발을 방지하거나 위험에 대한 피해보상을 제안하는 '행동수정 전략(corrective action),' ⑦ 위기에 대해 조직이 모든 책임을 인정하고 용서를 구하는 '사과 전략(full apology)'이 그것이다.

사실 책임성이라는 기준을 두고 위기 유형과 전략을 설명하면, 책임성이 있느냐 없느냐가 위기 대응 전략에서 매우 중요한 틀로 적용된다(Coombs,

2007). 책임성 이론에 의하면 가장 책임성이 높은 위기 상황은 조직의 비행이며, 다음으로 사고(기술적인 문제, 현장에서의 범죄 등), 악의적인 모함, 자연재

[Coombs의 위기 커뮤니케이션 전략 및 전략 선정 기준]

	정의	전략 선정 기준
공격 (attack the accuser)	- 비난자, 사람이나 그룹에 맞서서 힘을 사용해 공격하는 전략 - 조직을 비난하는 사람들을 대상으로 법적 소송을 불사하겠다고 위협하는 식의 대응	- 식별 가능하고 반박할 수 있는 공격자가 있을 때 사용하며, 루머나 도전에 의한 위기에 적당함
부정 (denial)	- 위기가 존재하지 않는다고 주장하는 전략 - 위기가 존재하지 않는 이유를 설명하는 행동이 동반됨	- 위기가 존재하지 않거나 위기에 책임이 없다는 근거를 갖고 있을 때 사용됨. 루머나 도전에 의한 위기에 적당함
변명 (excuse)	- 조직의 책임을 최소화하려는 전략 - 조직이 유발한 사건에 대한 통제력이 없었다고 주장하거나 부정적 결과에 대한 의도성을 부인하는 방법	- 위기에 대한 책임이 거의 없는 경우에 사용. 사고, 악의, 자연재난에 적당함 - 피해가 심각할 경우 사용하는 것은 바람직하지 못하며, 사고인 경우 조직이 쩨쩨하게 보일 수 있음
정당화 (justification)	- 위기로 인한 피해를 최소화하는 전략 - 위기로 인해 발생한 피해가 대수롭지 않다는 인식을 형성하기 위한 전략 - 심각한 피해나 부상자가 존재하지 않는다고 말하거나 희생자들이 희생당할 만한 이유가 있다고 주장하는 방법	- 위기로 인한 피해가 작을 때만 사용됨. 사고나 악의 자연재난과 같은 위기 상황에 사용될 수 있음
환심사기 (ingratiation)	- 주요 대중들을 칭찬하거나 조직이 과거에 그들에게 좋은 일을 했음을 상기시키는 전략 - 스테이크 홀더를 칭찬하거나 조직의 과거 선행을 상기시키는 방법	- 조직이 훌륭한 공적을 가지고 있거나 강력한 명성을 가지고 있을 경우에 사용함 - 이러한 조직의 경우 이 전략은 어떤 유형의 위기에도 사용될 수 있음
시정조치 (corrective action)	- 위기의 재발을 방지하거나 위험에 대한 피해 보상을 제안하는 전략 - 위기로 인한 피해를 회복하기 위한 방법을 찾거나 재발 방지를 위한 조치를 취하는 방법	- 조직의 범죄나 사고와 같은 위기 상황에 사용됨 - 위기가 반복적으로 발생한 조직에서 일어난 사고는 다른 전략들과 함께 이 전략들을 사용해야 함
사과 (full apology)	- 조직이 위기에 대해 모든 책임을 인정하고 용서를 구하는 전략 - 금전이나 원조와 같은 보상을 제공하는 방법을 사용함	- 조직의 범죄와 같은 위기 상황에 사용함

자료: 이현우(2003); 백진숙(2008: 34)

난, 그리고 책임성이 가장 낮은 루머 순으로 구분된다. 또한 책임성의 강도에 따라 조직의 책임성이 낮은 경우에는 방어적인 공격이나 부정이 바람직하며, 책임성이 높은 경우에는 수용적인 전략인 시정조치나 사과 등을 사용할 수 있다.

앞에서 살펴본 내용들과 같이 위기의 원인에 따라 커뮤니케이션 전략을 달리해야 한다. 위기가 발생했을 때, 원인이 조직 내부에 있는지 외부에 있는지에 따라 전략이 달라진다. 예를 들어, 연구개발 실패나 임상시험 문제와 같이 내부적 책임이 클 경우, 기업은 책임을 인정하고 사과하거나 재발 방지책을 제시하는 사과 전략이나 행동수정 전략을 통해 신뢰를 회복해야 한다. 위기 커뮤니케이션에서 책임성의 정도가 중요하다. 책임성이 높은 경우에는 방어적 접근보다는 사과나 시정조치와 같은 수용적 대응이 필요하다. 예를 들어, 규제 위반이나 데이터 조작과 같은 위반 상황에서는 사과 전략을 통해 잘못을 인정하고 용서를 구하는 것이 신뢰 회복에 중요하다. 반대로, 외부 요인으로 인한 불가피한 사건일 경우에는 방어적 대응이 적합하다.

바이오기업의 위기 커뮤니케이션 전략은 귀인 이론을 통해 위기의 원인과 책임을 명확히 파악하고, 상황에 맞는 대응 방식을 선택해야 한다. 책임성이 클수록 수용적 전략을, 외부 요인일수록 방어적 전략을 채택해 기업의 신뢰와 평판을 유지하고 회복하는 것이 핵심이다.

제3절 위기 커뮤니케이션과 이미지 회복 이론

이미지 회복 전략은 위기 커뮤니케이션을 조직의 체면이나 명성을 유지하여 긍정적인 이미지를 만들기 위한 커뮤니케이션 행위로 간주하고, 위기 상황에서 실추된 이미지를 회복하기 위한 전략이다(Benoit, 1995). 이미지 회복 이론에 따르면, 위기 커뮤니케이션은 조직이 위기 상황에서 사용하는 커뮤니케이션이며, 자기 조직의 명성을 방어하기 위한 커뮤니케이션이 가장 일반적인 전략이다. 위기 상황에서 조직 또는 개인은 사과하는 방법에 따라서 다양한 전략을 사용하는데, 잘못이 없었다고 주장하는 '부인(denial)', '입지강화(bolstering)', 조직 관련성의 차별화를 주장하는 '차별화(differentiation)', 조직의 대의명분을 주장하는 '초월(transcendence)' 등의 전략이 있다(Ware and Linkugel, 1973).

바이오기업의 위기 커뮤니케이션은 위기 상황에서 실추된 기업 이미지를 회복하기 위한 전략이다. 이미지 회복 전략은 기업의 명성을 유지하고 긍정적인 이미지를 되찾기 위한 커뮤니케이션 활동을 포함한다. 위기 상황에서 기업은 다양한 커뮤니케이션 전략을 사용해 명성을 방어하거나 회복한다.

이미지 회복을 위한 커뮤니케이션 전략은 '부인', '책임 회피', '사건의 공격성 축소 또는 피해 감소', '수정 행위', '사과'의 다섯 가지로 정리할 수 있다(Benoit, 1995a; 1995b; 김지윤 · 성민정, 2009: 43). 첫째, '부인'은 다시 두 가지로 구분할 수 있다. 단순히 행위자체를 부정하는 단순 부정과 자신은 잘못이 없는데 누군가가 잘못된 행위를 저질렀다고 하는 책임 전가로 나눌 수 있다. 둘째, '책임 회피'는 잘못된 행위를 부인할 수 없을 때 사용하는 전략으로, 해당 사안에 대해 자신은 책임이 없다고 주장하는 것으로 희생양 만들기, 불가항력, 사고, 좋은 의도 등 네 가지로 세분할 수 있다. 셋째, '피해 감소'는 잘못된 행위를 저지른 자가 그 비행으로 인해 상대방에게 미칠 수 있는 공격성 또는 피해 규모를 줄임으로써 위기 상황을 어느 정도 정당화하려는 전략으로, 강화, 최소화, 차별화, 초월, 공격자 공격, 보상 등으로 살펴볼 수 있다. 넷째, '수정 행위'는 상대방이 입은 피해를 개선해 주고 재발을 방지하는 전략이다. 마지막으로, '사과'는 비행과 책임을 인정하며 용서를 구하는 전략이다.

이미지 회복의 관점에서 위기관리는 조직이 어떻게 대중들과 관계를 맺고 상호작용을 할 것인지를 고려해야 한다. 위기관리의 성공 여부는 대중들과의 관계, 대중들이 조직의 평판을 어떻게 생각하느냐에 따라 판단될 수 있기 때문이다(김영욱, 2003). 따라서 위기관리와 관련한 대중의 수용 여부와 태도에 미치는 영향을 살펴보는 것이 중요하다. 위기 상황에서 조직의 책임에 대한 대중의 인식을 완화시킬 필요가 있는데, 위기 상황을 규정하는 위기 유형, 정확한 증거, 피해, 과거 행적 등의 요소에 대해 긍정적인 경우에 대중의 우호적인 성향을 기대할 수 있다(Coombs, 1995). 또한 평상시의 우호적인 기업 평판은 대중과의 신뢰도를 형성하여 위기 커뮤니케이션에도 영향을 미치는 것으로 나타났다(백진숙, 2009: 76-77). 기업 위기 커뮤니케이션에서 중요한 것은 이해관계자의 인식이다. 이해관계자와의 관계와 기업의 평판이 위기관리의 성공 여부를 좌우한다. 이해관계자가 기업의 책임을 어떻게 인식하느냐에 따라 기업의 대응이 평가된다. 평상시에 우호적인 평판을 유지하는 것이 위기 시에도 신뢰를 유지하는 데 도움이 된다.

또한 위기 시에 위기 상황을 분석할 수 있는 개념으로 위기 책임성을 들 수 있다(Coombs, 1999). 위기 책임성은 대중들이 위기 상황에 대해 조직을 비난하는 정도를 의미한다. 위기의 귀인과 위기의 심각성 등을 통해 책임성을 간접적으로 측정할 수 있다. 위기의 심각성은 재정적, 인적, 환경적 피해 등 위기의 종류에 따라 정도가 달라질 수 있고, 위기의 심각성이 커질수록 위기에 대한 조직의 위기 책임성 수준도 아울러 높아진다. 귀인의 네 가지 유형인 '안정성, 외부적 통제, 원인의 소재, 인적 통제의 여부' 중에서 외부적 통제, 즉 외부에 책임이 있느냐가 대중의 위기 인식을 결정하는 중요한 요소로 나타났다(한정호 · 정지연, 2002).

위기 상황에서는 책임성이 중요한 역할을 한다. 책임성은 이해관계자가 기업을 얼마나 비난하는지에 따라 달라지며, 귀인 이론에 따라 위기의 원인이 외부에 있느냐 내부에 있느냐에 따라 달라진다. 심각성과 책임성에 따라 적절한 대응 전략을 선택해야 한다.

위기 상황을 판단하는 3개 변수인 심각성(seriousness), 규범성(normativeness), 책임성(responsibility) 중에서, 규범성과 책임성을 하나로 묶은 '책임성'과 '심각성' 두 가지로 위기 상황을 분석해 본다면(Benoit, 1995; 김영욱, 2001), 위기의 책임성과 심각성에 따라 효과적으로 대응이 가능한 이미지 회복 전략을 제시하는 것이 가능하다.

우선, 심각성은 낮지만 조직의 책임성이 높은 경우, 변명 전략이 가장 효과적이다. 반면에 심각성과 책임성 둘 다 높은 위기 상황에서는 개선 행위나 사과 전략이 바람직하다. 따라서 따라서 기업은 위기가 발생했을 때, 심각성과 책임성을 정확히 평가하고 이에 맞는 이미지 회복 전략을 선택하는 것이 중요하다. 결국, 대중의 위기 상황 분석을 살펴보는 것이 필요한데, 그 이유는 대중이 위기 상황을 어떻게 받아들이느냐 여부가 위기관리 메시지 선택에서 결정적인 역할을 한다고 볼 수 있기 때문이다(백진숙, 2009: 76-77).

[위기의 심각성과 조직의 책임성에 따른 이미지 회복 전략]

구분		심각성	
		낮음	높음
책임성	낮음	공격자 공격 부정	변명
	높음	정당화 환심사기	개선행위 사과

자료: 김영욱(2002: 443)

제4절 바이오기업 위기 커뮤니케이션 전략

위기 상황의 빈발과 피해의 확대는 현대 조직 환경을 대표하는 특징 중 하나로서, 위기관리의 중요성을 증대시키고 있다. 위기 커뮤니케이션은 급속하게 역할과 비중이 확대되고 있는 분야다. 위기 커뮤니케이션에서 성공하지 못하면, 위기 자체로 인한 손해보다 더 치명적일 수 있는 명성과 관계의 실패로 이어진다는 것이 경험적으로 반복 입증되고 있기 때문이다. 환경의 변화는 상품으로서의 위기 뉴스가 지니는 매력과 미디어 산업의 발전이 맞물려, 언론을 대상으로 하는 위기 커뮤니케이션 관리에 점점 더 많은 조직 역량을 투입하는 현상을 초래한다(조정열, 2004: 292-293).

바이오기업의 위기 커뮤니케이션 전략은 위기 발생 시 기업의 평판을 보호하고 위기의 피해를 최소화하기 위해 필수적이다. 바이오기업은 제품이나 연구의 특성상 다양한 이해관계자가 존재하므로, 투명하고 책임 있는 커뮤니케이션을 통해 신뢰를 유지해야 한다.

매스미디어는 조직의 위기 발생과 피해 확대를 대중에게 설명하는 중요한 변수이다. 사실 조직 내에서는 별로 위기라고 인식되지 않는 사건도 미디어를 통해 심각한 위기 상황으로 증폭되기도 하며 피해도 크게 확대되곤 한다(이순동, 2006: 165).

전술적 운용의 맥락에서 보면, 정부가 발표하는 메시지의 대부분은 위기를 직접적으로 다루어야 하는 대중이 필요로 하는 정보와 관련이 있다. 예를 들면, 재난 경보, 대피소 위치(shelter locations), 대피로(evacuation routes) 등이 이러한 정보의 유형에 해당한다. 그러나 전략적 맥락에서 보면, 위기 커뮤니케이션은 단순한 정보 이상의 더 많은 메시지와 상징을 포함한다. 위기 커뮤니케이션은 대중의 기대와 이들의 기대가 얼마나 잘 충족되고 있는지를 보여주는 것이다.

뉴스 기자들이 종종 농담처럼 말하는 세 가지 국면을 살펴보자(Canton, 2007: 321-322). 첫째, 무슨 일이 벌어졌는가? 이 국면에서, 기자는 기본 사실을 추구한다. 무슨 사건인가? 어디에서 발생했는가? 누가 영향을 받았는가? 그것에 대해 당신은 무슨 조치를 취하고 있는가? 얼마나 많은 사람이 부상을 당했는가? 이 같은 질문은 위기 커뮤니케이션 계획의 일부이면서 일상적으로 다루어지는 기본적이고도 예측 가능한 것이다.

둘째, 어떻게 발생했는가? 이것은 첫째 날의 기본 정보를 전문가 인터뷰와 지도, 그리고 도표를 가지고 대체한 '둘째 날 이야기'이다. 이러한 유형의 질문도 예측 가능하고 일상적 정보 요청으로 다루어질 수 있다. 담당 기관은 필요한 배경 정보를 제공하기 위해 주요 문제별로 전문가를 준비해 둘 수 있다.

셋째, 누구에게 책임이 있는가? 이 마지막 국면은 이미 발생한 실패에 대한 책임을 부과하려는 시도이다. 그 사건은 막을 수 있었는가? 대응은 부적절했는가? 이러한 질문은 초기에 담당기관에 질문할 수 있는 것이지만 순식간에 선출직 고위 공무원에게까지 확대될 것이다. 다른 두 국면과 마찬가지로,

세 번째 국면 또한 예측 가능한 것인 동시에 위기 커뮤니케이션 계획의 일부분으로서 계획될 수 있다.

위기관리는 위기로 인한 부정적인 평판(reputation)과 이미지 손실을 예방하거나 최소화함으로써 위기의 피해로부터 조직을 보호하는 것이 우선적인 과제다. 그렇기 때문에 위기의 발생 이전부터 장기적인 대중과의 관계를 중심으로 한 PR 차원의 위기 커뮤니케이션이 이루어져야 한다. 또한 위기 커뮤니케이션은 대중의 의견과 태도를 더욱 존중하는 쌍방향 커뮤니케이션을 지향하는 것이 더욱 중요하다(백진숙, 2009: 73).

위기는 개인이나 조직의 미래에 결정적 영향을 미치는 중요한 변화 과정임이 틀림없다(Lesly, 1986). 동시에 대중, 상품, 서비스, 명성 등 조직에 부정적 결과를 초래하는 주요 사건이라고 정의할 수 있다(Fearn-Banks, 1996; 차희원, 2002: 192). 여기서 중요한 논의의 주제는 위기 상황에서 위기를 최소화하고 이미지를 회복하기 위해 대중에게 어떻게 커뮤니케이션을 하는가이다. 이미지 회복 이론에서는 위기 상황에서 나타나는 커뮤니케이션에 대해 두 가지 기본 가정을 제시한다. ① 커뮤니케이션은 목적 지향적인 행위(goal directed activity)라는 가정과 ② 긍정적 명성의 유지는 커뮤니케이션의 중심 목적 중 하나라는 가정이다(김영욱 외, 2004: 276).

위기 상황에서의 커뮤니케이션은 이해관계자의 지각에 상당한 영향을 주며, 위기 자체가 지니는 특성은 커뮤니케이션 전략을 선택하는 데 많은 영향을 미친다(Benoit, 1995a). 여기서의 전략은 조직이 위기에 대응하기 위해 사용하는 실제적인 행동을 말한다(이현우, 2001). 가장 흔히 볼 수 있는 것은 '자기 방어를 위한 사과문(apologia)'으로, 대중의 공격으로부터 조직의 평판을 방어하기 위한 커뮤니케이션이다(Ware and Linkugel, 1973). 위기는 대개 개인이나 조직의 평판을 위협하는 특성을 갖고 있기 때문에, 스스로를 방어하기 위해 사과 전략을 사용한다.

또 하나는 '이유 달기(accounts)'로 사람들이 타인으로부터 공격을 받을 때 자신의 행동을 설명하기 위해 사용하는 메시지를 말하며, 조직의 평판을 보호하는 역할을 한다(이현우, 2001).

이러한 위기 커뮤니케이션은 사과 이론(Ware and Linkugel, 1973)으로부터, 포괄적이고 광범위한 위기 커뮤니케이션으로 평가받고 있는 이미지 회복 이론(Benoit, 1995), 위기 커뮤니케이션 전략(Coombs, 2007)을 포함하는 것은 물론이고, 그 범위도 개인, 조직, 기업 등으로 확대하며, 사과 구성 요인 및 전략을 보완하고 있다.

조직은 위기가 발생할 때 구성원과 이해관계자에게 미치는 피해와 영향을 최소화하기 위해 많은 커뮤니케이션 메시지를 만들어낸다. 대중에게 무엇을 언제 어떻게 말하느냐가 위기 대처의 시작이며, 대중이 위기 상황을 이해하고 인식하는 근거가 된다. 대중을 대상으로 한 인터뷰나 기자회견, 이해관계자와의 직접적 커뮤니케이션, 매스미디어를 통한 홍보(publicity), 조직의 홈페이지나 SNS 등을 이용해 입장을 밝히는 위기관리 방법은 대중으로부터 신뢰를 회복하겠다는 공통적인 목표를 갖는다(백진숙, 2009: 73). 최근 들어서 위기 커뮤니케이션은 점점 더 중요한 기능이 되어가고 있다. 정확한 정보를 적절한 시간에 일반 국민, 공무원, 언론매체에 전달하는 것은 위기관리의 효과적인 대응 및 복구 활동을 위해 중요하다. 위기 예방과 대비에 관한 정보를 공유하는 것은 미래 위기의 위험을 감소시키는 활동을 촉진한다. 참모 구성원, 파트너, 참가자들과 위기관리의 정책, 목표, 우선순위에 대해 커뮤니케이션을 하는 것은 보다 효율적인 위기관리를 지원하고 촉진한다. 언론매체와의 파트너십을 구축하는 것은, 대중과 커뮤니케이션을 할 때 성공적인 위기관리 전략 집행의 핵심이 된다(Haddow, et. al., 2008: 227).

그럼에도 불구하고 일반인이 위기관리에서 가장 크게 오해하는 두 가지가 있다(김영욱, 2004: 78-79). 첫째, 위기관리는 위기가 발생했을 때 하는 것이라는 아주 단순한 생각이다. 이러한 사후 반응 위주의 위기관리는 사건 처리 수준의 행위를 의미하기 때문에, 능동적으로 위기를 예방하려는 의지가 결여된 것이다. 오히려 위기가 발생하지 않도록 예방하는 것이 가장 중요하다. 현대사회에서는 위기를 항상 피해가는 것이 불가능하기 때문에, 사전에 대응 방안을 세워서 준비를 해야 한다. 위기관리는 예방과 준비가 잘 조화를 이루어야 한다.

둘째, 위기는 실수나 기술적인 결함에서 발생하는 것이라고 단순하게 생각한다. 많은 경우, 위기는 커뮤니케이션 통로의 부재나 위기 징후를 포착하고도 그것을 시스템이 해결할 수 있는 능력을 갖추지 못했기 때문에 일어나는 것이 대부분이다. 미국항공우주국(National Aeronautics and Space Administration, NASA)의 우주선인 챌린저호의 폭발사건을 생각해보자. 대통령이 지명한 사건조사 특별위원회의 조사보고서에 의하면 폭발 사고의 기술적인 결함은 연료 분사 장치에 있는 오링(O-ring) 디자인이었다고 밝히고 있다. 하지만 그 보고서는 위기관리의 실패 원인으로 디자인의 결함을 우려하고 있던 기술진의 목소리가 최고 의사결정 층에게까지 전해지지 않았다는 것에 더 큰 무게를 두고 있다. 결국 위기는 단순한 원인에 의해서 발생하지 않는다는 것을 보여준다. 이러한 두 가지 오해의 기저에는 커뮤니케이션의 중요성이라는 화두가 자리잡고 있다.

조직은 위기 상황에 직면하면, 이를 벗어나기 위해 다양한 커뮤니케이션 전략을 사용한다(차희원, 2002: 190). 첫째, 처음 문제에 직면하는 대부분의 조직은 위기 자체를 부인하거나 무시하는 등의 전략을 사용한다. 둘째, 이러한 방법이 수용되지 않을 때, 조직은 자신을 변명하거나 정당화하는 전략으로 전환하기도 한다. 셋째, 그럼에도 불구하고 사태가 더 악화되거나 확산되는 경우, 조직은 용서를 구하거나 사과하는 커뮤니케이션으로 방향을 선회하기도 한다. 이처럼 조직이 위기 상황에서 커뮤니케이션 전략을 바꿔가는 이유는 무엇일까? 조직의 위기 커뮤니케이션 전략은 위기 유형에 따라서 다르게 나타나야 한다(Coombs, 1995, 1999). 위기 상황에 처한 조직은 자신의 책임이 없는 루머나 자연재난의 경우에는 공격하기나 거부하기 등의 '방어전략'을 활용하며, 자신의 책임이 큰 사고나 과실 등의 위기에서는 행동 수정하기나 사과하기 등의 '수용전략'을 활용한다. 실제로 대부분의 조직은 위기의 특성이나 상황을 고려하면서 다양한 커뮤니케이션을 시도하고 있고, 상황이 변화하면 이에 맞는 커뮤니케이션을 전략적으로 선택한다.

현대 사회에서 조직을 둘러싼 환경을 대표하는 특징 가운데 하나로 꼽히는 위기 상황의 빈발과 피해의 확대는 위기관리의 중요성을 증대시켰다. 또한 현대 조직의 위기관리에서 미디어를 대상으로 하는 커뮤니케이션은 위기 자체의 관리만큼이나 중요한 부분으로 인식된다. 이는 위기가 빈번하게 발생하는 원인은 다양하지만, 조직 내외의 복잡한 상호작용, 커뮤니케이션 기술의 발전, 경쟁의 심화 등이 총체적으로 작용하는 구조적 현상이기 때문이다(Caponigro, 2000; 조정열, 2004: 270-271).

바이오기업이 위기 상황에 처했을 때, 효과적인 위기 커뮤니케이션 전략을 수립하는 것이 기업의 평판을 보호하고 위기를 최소화하는 데 매우 중요하고 필요하다. 바이오기업의 경우, 제품이나 연구의 특성상 규제 기관, 의료진, 환자 등 다양한 이해관계자가 존재하기 때문에, 이들 이해관계자들과 신뢰를 구축하고 유지하는 것이 매우 중요하다. 그러므로 위기 상황에서도 투명하고 책임 있는 커뮤니케이션을 통해 신뢰를 유지하고 위기를 관리하는 것이 필수적이다. 바이오기업이 수행해야 하는 위기 커뮤니케이션 전략의 구성요소를 살펴보면 다음과 같다.

첫째, 사전 준비로서 위기 시나리오 분석, 위기 대응팀의 구성, 커뮤니케이션 계획의 수립이 있다. 먼저, 위기 시나리오 분석은 해당 바이오기업에서 발생할 수 있는 다양한 위기 상황들을 예측하고, 각각의 시나리오에 대해 대응 계획을 미리 수립해야 한다. 이를 위해서는 비슷한 성격의 사업을 하는 다른 바이오기업들이 경험했던 위기 상황들을 포함하여 시나리오를 작성하고 위기 대응 계획을 수립해야 한다. 다음으로, 위기 대응팀 구성에서는 바이오기업의 내부에 위기 상황을 관리하고 커뮤니케이션 등 위기 대응을 전담할 팀을 구성하여, 필요한 역할과 책임을 부여해야 한다. 이 위기 대응팀에는 PR 담당자뿐만 아니라 법무 담당자, 주요 임원진, 기술 전문가 등을 포함하는 것이 바람직하다. 커뮤니케이션 계획 수립에서는 위기가 발생한 경우에 사용할 수 있는 메시지, 언론 채널, 타이밍 등을 미리 정해 놓는 것이 필요하다. 또한, SNS 등 대중과의 커뮤니케이션 방법을 결정하고, 언론 대응 방안을 마련하는 것이 필요하다.

둘째, 투명하고 신속한 커뮤니케이션은 신속한 초기 대응, 투명성 유지, 정확한 정보 제공 등의 구성요소가 있다. 신속한 초기 대응을 위해서는 위기가 발생하면 최대한 신속하게 초기 반응을 보여야 한다. 초기 대응을 하는 것은 기업이 대중에게 상황을 이미 인식하고 있다는 신호를 주며, 추가 정보를 제공하겠다는 약속을 해야 한다. 투명성 유지 차원에서는 잘못된 정보를 제공하거나 정보를 숨기는 행동은 오히려 위기를 악화시킬 수 있다는 점을 명심해야 한다. 가능한 한 사실을 명확하고 투명하게 전달한다. 특히, 제품의 안전성이나 실험 연구의 결과, 임상시험 데이터 등과 관련된 정보는 신뢰성을 유지하는 것이 절대적으로 중요하다. 정확한 정보 제공과 관련해서는 잘못된 정보나 루머를 방지하기 위해 정확하고 구체적인 정보를 전달하는 것이 중요하다. 잘못된 정보가 퍼지기 시작하면 즉시 정정하는 노력을 기울여야 한다.

셋째, 적극적인 대중과의 커뮤니케이션은 주요 이해관계자와의 커뮤니케이션, 미디어 및 소셜미디어 활용을 구성요소로 지니는 것이 필요하다. 먼저, 주요 이해관계자와의 커뮤니케이션에서는 바이오기업의 개인, 기업 등의 고객은 물론 주요 투자자 및 규제 기관인 정부와 국회, 그리고 언론 등 주요 이해관계자와의 커뮤니케이션을 강화해야 한다. 이들에게 정기적으로 정보를 업데이트하고, 질문에 대해 신속하고 정중하게 대응하는 것이 필요하다. 미디어 및 소셜미디어 활용과 관련해서는 언론과 소셜미디어를 활용하여 기업의 메시지를 전달하는 한편, 루머나 오해를 바로잡는 데 주력해야 한다. 위기 상황에서는 소셜미디어를 통한 실시간 즉각적인 대응이 중요한 경우가 많다.

넷째, 평판 보호 및 회복을 위해서는 신뢰 회복 전략과 지속적인 모니터링을 해야 한다. 신뢰 회복 전략은 위기가 발생한 이후에 신뢰 회복을 위한 추가적인 커뮤니케이션 노력을 기울이는 것이 필요하다. 이는 기업에 불리한 상황을 바로잡기 위한 조치나 유사한 위기 사례가 재발하는 것을 방지하기 위한 계획, 그리고 외부 전문가의 검토 등을 포함한다. 지속적인 모니터링 활동은 위기 상황이 모두 끝난 후에도 지속적으로 상황을 모니터링하고, 필요한 경우에는 추가적인 커뮤니케이션을 통해 평판을 유지하기 위한 노력을 기울여야 한다.

다섯째, 위기로부터의 교훈 반영은 사후 분석, 위기 대응 매뉴얼 개선을 구성요소로 한다. 먼저, 위기 종료 후에는 철저한 사후 분석을 통해 원인이 무엇인지, 대응 과정에서 무엇이 잘못되었고, 앞으로 무엇을 개선할 것인지를 평가해야 한다. 이를 통해 미래에 유사한 위기가 발생했을 때 대응을 더 잘할 수 있도록 준비해야 한다. 또한 위기 대응 매뉴얼의 개선은 기업이 겪은 위기로부터 교훈을 얻고 이를 바탕으로 위기 대응 매뉴얼을 개선하여, 향후의 위기에 대비할 수 있게 해야 한다.

04
PART

바이오기업의 취약성 위기

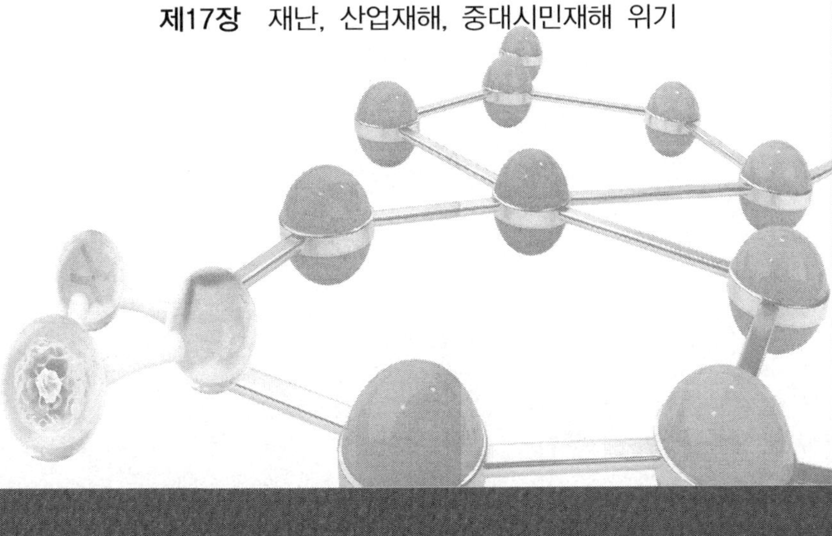

CHAPTER

13 바이오 안전사고와 공중보건 위기

제1절 바이오 안전사고의 의의

바이오 안전사고는 생물학적 물질을 다루는 과정에서 발생하는 사고다. 바이러스, 박테리아, 진균, 독소 등과 같은 생물학적 제재를 잘못 취급하거나 관리의 실패로 인해 바이오 안전사고가 발생할 수 있다. 바이오 안전사고는 연구자, 실험실 직원, 환자, 그리고 일반 대중의 건강에도 심각한 위협을 가한다. 병원체가 유출되면 질병이 전파되고, 감염병이 빠르게 확산되어 공중보건에 큰 영향을 미친다. 예를 들어, 병원체 유출은 지역적 또는 세계적인 전염병으로 이어질 수 있다(한국바이오안전성정보센터, 2018).

생물학적 물질이 잘못 취급되거나 유출되면 생태계에 큰 영향을 미친다. 환경에서 바이오물질이 통제되지 않은 채로 퍼지면 생태계 균형을 무너뜨리고, 특정 생물종이 멸종될 수 있다. 바이오 안전사고는 연구소나 바이오산업의 신뢰성을 크게 손상시킨다. 바이오기술 및 제약 산업에서 신뢰성은 대단히 중요한 요소다. 안전사고는 그들의 명성과 재정적 손실로 이어지고, 국가별로 바이오 안전에 관한 엄격한 규제가 있기 때문에, 안전사고는 법적 문제로 이어진다. 이는 거액의 벌금, 소송, 규제 당국의 조사가 동반될 수 있다.

생물학적 물질의 오용이 의도적으로 이루어지면 생물테러로 이어질 수 있다. 생물학적 제재가 잘못 관리되면 테러리스트나 악의적인 집단에게 악용되어 대규모 생명 손실과 혼란을 초래할 수 있다. 따라서 바이오 안전사고는 생물학적 연구 및 산업에서 매우 신중하게 다루어야 하기 때문에 엄격한 안전 지침과 관리 절차가 필요하다.

1 바이오 안전사고의 종류

바이오 안전사고는 생물학적 물질을 다루는 과정에서 발생할 수 있는 사고로, 주로 연구실이나 의료기관에서 일어난다.

1) 감염사고

감염사고(infection incident)는 연구자가 병원균에 직접 노출되어 감염되는 사고인데, 실험 중에 날카로운 도구에 찔리거나, 병원균이 포함된 에어로졸을 흡입하는 경우 등이 해당된다. 이는 실험실 또는 연구 환경에서 병원성 미생물, 바이러스, 박테리아, 진균 등을 다루는 과정에서 발생하는 사고다. 주로 연구자나 실험자가 미생물에 노출되어 감염되는 경우가 많다. 샘플을 다루는 과정에서 손을 통해 감염되거나, 공기 중 에어로졸이 호흡기를 통해 들어오면서 발생할 수도 있다. 감염사고는 실험실에서 자주 발생하는 사고 중 하나로, 개인 보호 장비(PPE)의 부적절한 사용이나 안전 절차를 무시하는 경우에 발생한다. 또한 평균 연령 40세의 외상 환자 563명(남성 414명)을 대상으로 감염 발생률 및 위험 요인을 조사한 결과, 총 209명의 환자에게서 367건의 감염이 발생하여 1,000일당 32.1건의 감염률을 보였다. 감염 부위를 구체적으로 살펴보면, 하기도 감염이 28%로 가장 많았으며, 이어서 요로 감염이 24%, 수술 상처 감염이 18%, 피부 및 연조직 감염이 13%, 복강 내 감염과 1차 혈류 감염이 각각 5%로 나타났고, 기타 부위 감염은 8%를 차지했다. 감염에 따른 합병증으로는 패혈성 쇼크가 감염 환자의 10%에서 발생했으며, 급성 호흡곤란 증후군(ARDS)은 9%, 다발성 장기 부전은 4%의 빈도로 나타났다. 감염으로 인해 총 외상환자 중 4명의 환자가 사망한 점으로 미루어 감염의 치명적 결과를 보여주고 있다. 다변량 분석으로 감염 위험 요인을 평가해 본 결과, 기계적 환기(OR=2.6; $p<0.001$), 다수의 수술 절차(OR=2.8; $p=0.02$), 다수의 수혈(OR=2.3; $p=0.04$), 그리고 척수 손상(OR=5.0; $p=0.002$)이 감염과 높은 관련성을 보이는 것으로 나타났다. 특히 척수 손상이 감염 위험을 크게 증가시키는 중요한 요인으로 확인된 반면, 입원 후 24시간 이내에 첫 수술 절차를 시행한 경우 감염 위험이 유의미하게 감소하여(OR=0.4; $p=0.001$) 조기 수술 개입이 감염 예방에 보호적 역할을 할 수 있음을 보여준다. 이러한 연구 결과는 특정 의료 처치와 환자의 상태가 외상 환자의 감염 위험과 밀접하게 연관되어 있음을 시사하며, 조기 수술 개입이 감염 위험을 줄일 수 있는 중요한 보호 요인이 된다(Papia, 1999: 923).

2) 유출사고

유출사고(spill incident)는 병원균이나 유해 생물학적 물질이 실험실 외부로 유출되는 사고로, 환경 오염을 일으키거나 공공 안전에 큰 위협이 된다(Wooley and Byers, 2017). 생물학적 물질이 실험실 밖으로 유출되는 경우에는 병원성 물질이 통제되지 않은 채 환경으로 퍼지면서 사람이나 환경에 피해를 줄 수 있기 때문이다. 특히 유출된 물질이 오염되어 감염성 질병을 일으킬 수 있는데, 이는 생태계에도 심각한 영향을 줄 수 있다. 바이러스나 유해한 박테리아가 외부 환경으로 유출되면 전염병으로도 발전할 수 있다(World Health Organization, 2004).

3) 오염사고

오염사고(contamination incident)는 실험실 내에서 다른 실험 샘플이나 장비가 병원균에 오염되는 사고로, 실험 결과를 왜곡시키거나 추가적인 감염 위험을 가져온다. 실험 환경 내에서 사용되는 장비나 샘플들이 예상치 못한 상황에서 다른 물질에 의해 오염될 수 있다. 실험실에서 다양한 생물학적 물질들을 다루는데, 이 과정에서 샘플들이 서로 혼합되거나 외부에서 들어온 물질이 실험 대상에 오염되어 연구 결과를 왜곡시켜 실험 데이터의 신뢰도를 크게 떨어뜨릴 수 있다(이근원 · 이정석, 2012: 21-27).

4) 기계적 사고

기계적 사고(mechanical accident)는 연구실 장비나 기계를 사용하는 도중에 발생하는 사고로, 실험 장비나 기계의 고장이나 잘못된 사용에 의해 발생한다. 이러한 사고는 신체적 부상을 초래할 수 있다. 실험 장비의 정기적인 유지보수를 하지 않거나 잘못된 사용으로 인해 장비가 손상되고, 이로 인해 실험자가 부상을 당하거나 실험 결과에도 큰 영향을 준다. 원심분리기나 오토클레이브 같은 고위험 장비가 제대로 작동하지 않을 때는 폭발 위험성이 존재한다(송혜숙 외, 2018: 157-162).

5) 화학적 사고

화학적 사고(chemical accident)는 생물학적 실험에서 사용하는 화학물질이 연구자에게 유해한 영향을 미치는 사고다. 생물학적 실험에서 사용하는 화학물질을 잘못 취급하는 경우, 즉 독성 화학물질의 흡입, 피부 접촉 등이 여기에 해당된다. 평소 실험실에서는 유해 화학물질을 많이 다루는데, 이들 물질이 유출되거나 실험자에게 노출되면 중독, 화상, 호흡기 문제 등을 일으킬 수 있다. 또한, 화학물질이 생물학적 시료와 반응하여 예상치 못한 결과를 초래할 가능성도 있다. 화학적 사고는 주로 화학물질 보관 및 취급 부주의로 인해 발생한다(이근원, 2012: 45-46).

6) 방사선 사고

방사선 사고(radiation accident)는 방사성 동위원소나 방사선 장비 등 방사성 물질을 다루는 과정에서 발생한다. 연구자가 방사선에 노출되는 경우에는 장기적으로 건강에 심각한 영향을 미칠 수 있다. 방사성 물질은 실험이나 의료 목적으로 사용될 때 인체에 치명적인 피해를 줄 수 있으며, 장기간 노출될 경우 암이나 기타 건강 문제도 유발할 수 있다. 방사선 사고는 실험실에서의 방사성 물질 관리가 미흡할 때 발생하며, 방사선 안전 장비의 부적절한 사용도 위험 요인이 된다.

7) 기타 사고

이외에도 실험 동물에게 물리거나, 고압 증기를 사용하는 장비의 폭발, 생물테러, 전기적 사고 등 다양한 유형의 안전사고들이 발생한다. 생물학적 연구와 관련된 환경에서는 의도적인 생물학적 테러 행위가 발생할 수 있는데, 이는 대규모 공중보건 위협을 가져올 수 있다. 또한, 실험실 내에서 전기적 문제나 화재가 발생할 경우, 실험 장비뿐만 아니라 실험자에게도 치명적인 결과를 초래할 수 있다

2 바이오 안전사고의 사례

1) 소화조 폭발 사고(2016년)

2016년에 유기성 폐자원 바이오가스화시설에서 소화조 폭발 사고가 발생했다. 정확한 날짜는 알려지지 않았지만, 사고의 주된 원인은 소화조 내부의 압력이 비정상적으로 상승했기 때문이다. 이는 주로 소화조 내 가스가 과도하게 축적되거나 온도 변화로 인해 발생할 수 있는 것으로서 압력이 소화조의 구조적 한계를 초과하면서 폭발이 발생했던 것이다. 이로 인해 소화조의 외벽이 파열되고 인근 구조물과 장비가 파손되었으며, 폭발로 인해 인근에서 작업 중이던 근로자들이 중상을 입거나 사망하였으며, 구체적으로 7명이 사

망하고 9명이 부상을 당했다. 이 사고의 주된 원인은 소화조의 안전 밸브가 정상적으로 작동하지 않거나 설치되지 않아 압력 조절이 실패한 것, 소화조 내부에 가스가 과도하게 축적된 것, 그리고 소화조 내부 온도가 급격히 상승하여 가스의 부피가 확장된 것으로 알려졌다(대구신문, 2016. 10. 24; 연합뉴스, 2016. 10. 25).

이러한 사고를 예방하기 위해서는 소화조 및 가스 배출 시스템의 정기적인 점검과 유지보수를 통해 잠재적인 문제를 사전에 발견하고 해결하는 것이 필요하다. 또한, 모든 소화조에 적절한 안전 밸브를 설치하고 정기적으로 그 작동 상태를 점검하며, 소화조 내부의 압력과 온도를 실시간으로 모니터링하여 비정상적인 변화를 감지하면 즉시 조치를 취할 수 있는 시스템을 도입하는 것이 요구된다.

사고 후에는 긴급 구조팀이 출동하여 부상자들을 구조하고 치료하며, 사고 원인에 대한 철저한 조사를 통해 유사 사고의 재발 방지를 위한 대책을 마련해야 한다. 또한, 모든 근로자들에게 안전 교육을 실시하고, 사고 발생 시 대처 방법을 교육하는 것이 중요하다. 이 사고는 바이오가스화시설의 안전 관리가 얼마나 중요한지를 보여주는 사례로, 시설 관리와 작업자의 안전을 위한 지속적인 노력이 필요하다.

2) 가스 누출 및 폭발 사고(2020년)

2020년 8월 4일, 경기도의 한 바이오가스화시설에서 가스 누출과 폭발 사고가 발생했다. 가스 저장 탱크에서 누출된 가스가 전기 스파크와 접촉하여 폭발이 일어났으며, 그로 인해 화재가 발생하여 시설 내 구조물과 장비가 파손되었다. 이 사고로 3명의 근로자가 사망하고, 5명이 중상을 입었는데, 주된 원인은 가스 저장 탱크의 노후화와 관리 부실, 점화원의 관리 실패, 안전 관리 시스템의 미흡으로 밝혀졌다. 사고 발생 과정을 살펴보면 다음과 같다. 바이오가스화시설의 가스 저장 탱크에서 가스가 누출되었고, 누출된 가스는 인근의 점화원(전기 스파크 등)과 접촉하면서 폭발이 발생했던 것이다. 이 폭발로 인해 화재가 발생하였고, 시설 내 여러 구조물과 장비가 불에 타거나 파손되었다. 이 사고의 주된 원인은 가스 저장 탱크의 노후화와 관리 부실로 인한 가스 누출, 점화원 관리 실패, 안전 관리 시스템의 미흡으로 밝혀졌다.

이 같은 사고를 예방하기 위해서는 가스 저장 탱크 및 가스 배출 시스템의 정기적인 점검과 유지보수가 필요하다. 또한, 점화원이 있는 지역에서의 가스 관리와 점화원의 격리가 필요하며, 비상 시에 점화원을 신속하게 차단할 수 있는 시스템을 구축해야 한다. 가스 누출과 압력 변화를 실시간으로 모니터링하고, 비정상적인 변화를 감지하면 즉시 경고를 발령하고 조치를 취할 수 있는 시스템을 도입하는 것이 필요하다.

사고 직후에는 긴급 구조팀이 출동하여 부상자들을 구조하고 치료했다. 또한, 사고 원인에 대한 철저한 조사를 통해 유사 사고의 재발 방지를 위한 대책을 마련하고, 모든 근로자들에게 안전 교육을 실시하여 사고 발생 시 대처 방법을 교육했다(대한민국 정책 브리핑, 2024. 3. 4). 이 사고는 바이오가스화 시설의 가스 관리와 점화원 관리의 중요성을 강조하는 사례로서, 시설 관리와 작업자 안전을 위한 지속적인 노력이 필요하다는 점을 시사한다.

3) 미국 캔자스주 Holcomb 바이오가스 플랜트 폭발(2010년)

2010년, 미국 캔자스주 Holcomb에 위치한 바이오가스 플랜트에서 가스 누출 및 폭발 사고가 발생했다. 바이오가스 플랜트 내 가스 저장 탱크 또는 배관에서 가스가 누출되었고, 누출된 가스가 공기 중에 퍼지면서 폭발 위험이 높아졌으며, 전기 스파크, 기계적 충돌, 고온의 장비 등과 같은 점화원과 접촉하면서 폭발이 발생했다. 폭발은 순식간에 발생하여 강력한 충격파와 화염을 일으켰다. 폭발 후 화재가 발생하여 플랜트 내 여러 구조물과 장비가 불에 타거나 심각하게 파손되었다. 화재는 빠르게 확산되었으나, 긴급 출동한 소방대에 의해 진화되었다. 이 사고로 2명이 사망하고, 여러 명이 부상을 입었다. 부상자들은 주로 폭발과 화재로 인한 화상과 충격파로 인한 부상을 입었다. 플랜트의 주요 구조물과 장비들이 심각하게 파손되거나 소실되었고, 특히 가스 저장 탱크와 주변의 여러 설비들이 완전히 파괴되었다. 사고의 주된 원인은 가스 저장 탱크 또는 배관의 손상이나 관리 부실로 인해 가스가 누출된 것, 점화원이 있는 지역에서 가스 누출이 발생하여 폭발로 이어진 것, 그리고 시설의 안전 관리 시스템이 미흡하여 가스 누출과 점화원 관리를 제대로 하지 못한 것 등이다.

이러한 사고를 예방하기 위해서는 가스 저장 탱크 및 배관 시스템의 정기적인 점검과 유지보수를 통해 잠재적인 문제를 사전에 발견하고 해결하는 것이 필요하다. 점화원이 있는 지역에서의 가스 관리와 점화원의 격리가 필요하며, 비상 시에 점화원을 신속하게 차단할 수 있는 시스템을 구축해야 한다. 가스 누출과 압력 변화를 실시간으로 모니터링하고, 비정상적인 변화를 감지하면 즉시 경고를 발령하고 조치를 취할 수 있는 시스템을 도입해야 한다.

사고 직후에 긴급 구조팀이 출동하여 부상자들을 구조하고 치료했다. 사고 원인에 대한 철저한 조사를 통해 유사 사고의 재발 방지를 위한 대책을 마련했다. 또한, 모든 근로자들에게 안전 교육을 실시하고, 사고 발생 시 대처 방법을 교육했다. 이 사고는 바이오가스 플랜트의 가스 관리와 점화원 관리의 중요성을 강조하는 계기가 되었으며, 시설 관리와 작업자 안전을 위한 지속적인 노력이 필요함을 보여주었다(김길정 · 김래현, 2019: 18-35).

4) 독일 베를린 바이오가스 시설 화재(2015년)

2015년, 독일 베를린에 위치한 바이오가스 시설에서 가스 누출로 인해 화재가 발생했다. 시설 내 바이오가스 저장 탱크 또는 배관에서 가스가 누출되었으며, 이는 설비의 손상이나 관리 부실로 인한 것으로 추정되었다. 누출된 가스가 전기 스파크, 기계적 충돌 등과 같은 점화원과 접촉하면서 화재가 발생했다. 화재는 순간적으로 큰 화염을 일으키며 빠르게 확산되었고, 시설 내 여러 구조물과 장비가 불에 타거나 심각하게 파손되었다. 화재는 주변 지역으로 번질 위험이 있었으나, 긴급 출동한 소방대에 의해 진화되었다. 당시에 인명 피해는 없었으나, 시설의 주요 구조물과 장비들이 심각하게 파손되거나 소실되었다. 특히, 가스 저장 탱크와 여러 설비가 완전히 파괴되었다. 화재로 인해 발생한 유해 물질이 주변 환경에 오염을 일으켰으며, 대기 중으로 방출된 유해 가스와 화학 물질이 환경에 악영향을 미쳤다. 시설 복구와 환경 정화 작업에 막대한 비용이 소요되었으며, 생산 중단으로 인한 경제적 손실도 컸다. 이 사고의 원인인 가스 누출은 설비의 손상이나 관리 부실로 인해 발생했다. 점화원 관리 실패로 누출된 가스가 점화원과 접촉하여 화재로 이어졌다. 또한, 시설의 안전 관리 시스템이 미흡하여 가스 누출과 점화원 관리를 제대로 하지 못했다.

예방 조치 및 개선 방안으로는 바이오가스 저장 탱크 및 배관 시스템의 정기적인 점검과 유지보수를 통해 잠재적인 문제를 사전에 발견하고 해결하는 것이 필요하다. 점화원이 있는 지역에서의 가스 관리와 점화원의 격리가 필요하며, 비상 시에 점화원을 신속하게 차단할 수 있는 시스템을 구축해야 한다. 가스 누출과 압력 변화를 실시간으로 모니터링하고, 비정상적인 변화를 감지하면 즉시 경고를 발령하고 조치를 취할 수 있는 시스템을 도입해야 한다.

사고 직후, 긴급 구조팀과 소방대가 출동하여 화재를 진압하고 구조 작업을 진행했다. 사고 원인에 대한 철저한 조사를 통해 유사 사고의 재발 방지를 위한 대책을 마련했다. 환경 오염을 최소화하기 위해 유해 물질을 제거하고, 오염된 지역을 정화했다. 모든 근로자들에게 안전 교육을 실시하고, 사고 발생 시 대처 방법을 교육했다. 이 사고는 바이오가스 시설의 가스 관리와 점화원 관리의 중요성을 강조하는 계기가 되었으며, 시설 관리와 작업자 안전을 위한 지속적인 노력이 필요함을 보여주었다(오광석 외, 2010: 39-42).

제2절 공중보건 위기의 의의

1 공중보건 위기의 특성

공중보건 위기는 감염병의 발생, 전염병의 확산, 환경오염, 식품 안전 문제 등으로 인해 대중의 건강에 심각한 위협이 되는 상황을 의미한다. 공중보건 위기가 지니는 특성을 살펴보면, 첫째, 감염병의 전파 가능성(transmissibility)이다. 병원체가 사람 간에 쉽게 전염되는 경우, 대중에게 빠르게 퍼질 수 있고, 이러한 전염성 질환은 종종 지역사회를 넘어 국가적 또는 국제적으로 확산될 수 있다. 특히 바이러스나 박테리아가 공기, 물, 음식 또는 신체 접촉을 통해 전염되면 그 속도는 기하급수적으로 증가한다. 이런 전파 특성은 감염병 관리에서 매우 중요한 요소로 작용한다

둘째, 사회적 불안(social anxiety)은 공중보건 위기의 또 다른 중요한 특징이다. 감염병이나 환경오염 사건이 발생하면, 정부 또는 의료기관에 대한 신뢰가 떨어지고 공공 시스템에 대한 의심이 생길 수 있다. 이로 인해 사회적 혼란과 불안이 증대되며, 언론과 소셜미디어의 영향을 받아 불안감이 증폭될 수 있다. 이러한 불안은 시민들의 행동에도 영향을 미치며, 의료 시스템의 과부하, 방역 정책에 대한 저항, 기업이나 정부에 대한 불신으로 이어질 수 있다.

셋째, 공중보건 위기는 경제적 영향(economic impact)을 준다. COVID-19 기간을 되돌아보면, COVID-19 공중보건 위기로 인해 전세계의 항공 운항에 치명적인 영향을 주었고, 국내의 경우에도 식당 출입 제한, 외부인과의 접촉 금지 등으로 인해 수많은 경제적 피해를 받았다. 이러한 공중보건 위기는 경제 활동에도 부정적인 영향을 미쳐 기업의 운영에도 영향을 준다.

넷째, 공중보건 위기는 생각보다 복잡한 위기관리(complex crisis management)를 요구한다. 감염병이 전염되기 시작하면, 대중의 건강뿐만 아니라 기업체의 운영, 국가 간 협력, 지방정부의 통제 및 감독, 정부의 위기 대응 정책 등이 복합적으로 작용한다. 효과적인 위기관리를 위해서는 신속하고 투명한 정보 제공, 이해관계자들과의 긴밀한 협력, 대중과의 상호작용이 필수적이다. 이 과정에서 대중의 신뢰를 유지하는 것이 핵심이다.

2 바이오기업과 공중보건 위기

바이오기업은 공중보건 위기와 밀접한 관계를 가질 수 밖에 없다. 공중보건 위기가 발생하는 경우에 바이오기업은 연구 및 개발, 신속한 대응 체계, 그리고 규제 및 인증 절차를 통해 직접적으로 대응할 수 있는 중심 역할을 수행해야 하기 때문이다.

첫째, 연구개발(R&D)을 통해 바이오기업은 백신, 치료제, 진단기기 등의 개발을 한다. 이는 공중보건 위기를 관리할 때 매우 중요한 역할이다. COVID-19 팬데믹 동안 많은 바이오기업들이 백신 개발에 앞장섰는데, 이들 기업은 전염병의 확산을 막고 공중의 건강을 보호하는 데 중요한 기여를 했다. 바이오기업들이 연구개발 역량을 통해 감염병 대응 제품을 신속히 개발함으로써, 질병의 확산을 제어하는 데 중요한 역할을 해야 한다.

둘째, 공중보건 위기가 발생하는 경우, 바이오기업은 신속한 대응 체계를 구축해야 한다. 감염병이 빠르게 확산되는 경우, 백신과 치료제의 신속한 개발과 생산이 필수적으로 요구된다. 이를 위해 바이오기업은 기업 내부의 의사결정 프로세스를 빠르게 조정하고, 정부 및 국제 기관들과 협업 체계를 갖춰야 한다. 이러한 대응력은 위기 상황에서 많은 사람들의 생명을 구하고 공중보건 문제를 해결하는 데 기여할 수 있다.

셋째, 공중보건 위기 상황에서 바이오기업은 정부와 긴밀한 협력 체계를 구축하고 규제를 준수하면서 협력 체계를 구축하고 중요한 역할을 해야 한다. 바이오기업은 백신이나 치료제를 개발하는 과정에서, 신속한 임상시험 및 승인 과정이 절실하다. 그러므로 바이오기업과 각국의 규제 기관들은 서로 협력하여 안전성과 효능을 검증하고, 빠르게 인증을 받아야 한다. 이러한 협력을 통해 공중보건 위기를 관리하는 데 필수적인 제품들이 신속하게 시장에 출시될 수 있도록 해야 한다

3 바이오기업의 공중보건 위기관리

바이오기업이 연구개발, 생산 과정에서 다루고 있는 생물학적 물질은 공중보건 위기를 촉발할 수 있는 잠재적인 위험을 지닌다. 이러한 위험은 빠르게 확산될 수 있고, 심각한 사회적, 경제적, 의료적 영향을 초래할 수 있다. 그러므로 바이오기업은 민간기업이지만 공중보건 위기관리 활동에 함께 참여해야 한다.

1) 질병의 빠른 확산

바이오 안전사고로 인해 유출된 병원체는 사람 간에 쉽게 전염될 수 있는데, 이들은 공기, 물, 식품, 접촉을 통해 빠르게 확산될 수 있다. 특히 SARS, MERS, COVID-19 같은 감염병이 보여준 것처럼 짧은 시간에 대규모 전염병으로 발전할 수 있다. 이는 공중보건에 심각한 위협을 가하는 것으로서 바이오기업은 감염병 확산을 예방하기 위한 철저한 관리가 필수적이다.

2) 치명적인 질병 발생 가능성

유출된 병원체가 높은 치사율을 갖는 경우에 다수의 사망자를 초래할 수 있다. 특히 항생제나 항바이러스제에 내성을 가진 병원체가 유출되면, 기존 의료체계에서는 위기 대응이 어려운 심각한 위급 상황으로 전개된다. 이는 공중보건 위기를 빠르게 악화시킬 수 있으며, 바이오기업은 이를 예방하기 위해 철저한 대책을 마련하는 것이 필요하다.

3) 의료 시스템의 과부하

대규모 감염병이 발생하는 경우에 의료 시스템은 급격히 과부하 상태에 빠질 수 있다. 병상과 의료 장비 부족, 의료 인력의 과로 등으로 인해 중증 환자들이 적절한 치료를 받지 못하는 상황이 발생한다. 이는 공중보건 위기를 더 악화시킬 수 있는데, 바이오기업이 적절한 치료제 개발 등의 대응을 하지 못하게 되면 이러한 상황이 더욱 악화될 위험성이 존재한다.

4) 경제적 손실과 사회적 불안

COVID-19에서 경험한 바와 같이 대규모 공중보건 위기는 전 세계적으로 각 국가별 경제적 손실을 초래한다. 그리고 많은 기업들의 경영에도 심각한 부정적 영향을 미친다. 감염병 확산을 막기 위해 이동 제한과 봉쇄 조치가 시행되면, 무역, 여행, 소비 활동이 급격히 감소하며 세계 경제에 타격을 준다. 또한 경기 침체로 인한 실업률 증가, 기업 파산, 사회적 불안 등이 발생할 수도 있다. 바이오기업은 이러한 공중보건 위기가 대규모 팬데믹으로 전환되지 않도록 노력해야 한다.

5) 장기적 후유증과 공포 확산

병원체 유출 사고 초기에는 병원체의 성격, 전염 경로, 치료법이 명확하지 않기 때문에 공중보건 위기에 대응하는 데 시간이 소요된다. 그동안 질병은 빠르게 확산될 수 있으며, 초기 대응이 늦어질수록 공중보건 위기는 더 심각한 결과를 가져올 수 있다. 그러므로 바이오기업은 빠른 탐지와 대응 시스템을 갖추는 것이 필요하다. 대규모 감염병은 생존자들에게 장기적인 후유증을 남기며, 사회 전반에 걸쳐 심리적 트라우마를 남길 수 있다. 이는 이후의 바이오 안전사고에 대한 불신과 공포를 증대시키므로, 바이오기업은 공중보건 위기 발생을 방지하고 대중의 신뢰를 유지하는 데 기여해야 한다.

CHAPTER

14 재정, 경영, 법적 위기

제1절 재정 위기

재정 위기는 바이오기업의 자금 조달이나 현금 흐름이 부족해 기업의 정상적인 운영이 어려워지는 상황을 말한다. 바이오산업은 다른 산업 분야와는 달리 연구개발(R&D)에 막대한 자본이 투입되는 분야이기 때문에 재정 위기는 기업의 생존과 직결된 문제라고 볼 수 있다. 이러한 재정 위기를 야기하는 문제점으로는 연구개발이 실패하는 경우, 투자 유치를 제대로 하지 못하는 경우, 운영비용이 증가하는 경우 등이 있다. 이 때 신약 개발이나 혁신 기술 연구가 실패하면 투자 손실이 발생하며, 수익을 내기 어려워진다. 이로 인해 기업의 자본 유동성이 떨어지고, 추가적인 투자를 유치하는 데도 어려움이 발생한다. 또한 바이오기업은 기술에 기반을 둔 산업이기 때문에 신제품을 상용화하기 전까지는 외부 투자가 필수적이다. 그러나 투자자가 기업의 성장성이나 시장성을 불확실하게 느끼면 자금 조달에 어려움을 겪게 되어 연구 및 사업이 중단될 수 있다. 그리고 바이오기업을 포함한 대부분의 기업은 인건비, 시설 관리비, 임상시험 등에서 예산을 초과하는 비용이 발생하면 기업의 재정 상태가 악화되고, 자금 부족으로 인해 생존 위기에 직면한다.

1 연구개발(R&D) 실패

바이오기업의 재정 위기를 가져오는 주요 원인 중의 하나인 연구개발(R&D)의 실패는 특히 신약 개발 과정에서 치명적인 재정적 타격을 줄 수 있다. 바이오기업들은 신약, 혁신적인 치료법 및 첨단 바이오기술 연구에 막대한 자금을 투입하는 경향이 있다. 이 과정은 그 성격상 수년 동안의 시간을 소요하는 것으로서 성공 여부가 불확실하다. 연구개발 과정에서 실패할 경우, 그동안 투자된 자본의 회수는 거의 불가능하고 이는 기업의 재정 구조에 심각한 부담을 가중시킨다.

연구개발(R&D) 실패의 구체적인 요인들을 살펴보면 다음과 같다. 먼저, 신약 개발의 핵심 단계인 임상시험에서 실패하는 경우가 있다. 특히 3상 시험에서 실패한다면 이미 상당한 자금이 지출되고 시간도 지난 상태이기 때문에 기업의 재정 위기는 가속화된다. 둘째, 기술적 불확실성으로 인해 연구개발이 실패할 수 있다. 바이오기술 연구는 일반적으로 기술적 성공 확률이 매우 낮고, 초기 단계의 실험적 성과가 임상시험까지 이어지지 않을 가능성이 크기 때문에 불확실성이 높다. 셋째, 임상시험을 성공적으로 마친 경우에도, 각국의 규제 기관에서 승인을 받지 못하면 제품 상용화가 불가능해지며 이는 재정적으로 큰 손실을 초래한다(김찬호 외, 2012: 203-223).

우리나라의 경우, 2024년에 국내 제약사가 개발하던 신약 개발 임상이 중단되는 사례가 속출하였다. 신약 개발 성공은 1% 미만의 확률에 도전하는 어려운 일이어서 제약업계에서 신약 실패는 비일비재한데, 개별업체로 보면 이미 많은 자금이 투입된 임상 단계의 신약 개발 실패는 자금 여력이 충분치 않은 회사에게는 큰 악재로 작용할 수 밖에 없다. 업계에 따르면 2024년 들어서 콘테라파마, 파멥신, 하나제약 등 일부 국내 제약사들이 신약 임상을 잇따라 중단했다. 부광약품의 자회사 콘테라파마는 파킨슨병 이상운동증 치료제 'JM-010'의 미국 임상을 중단하기로 했다. 이는 유럽에서 진행하고 있던 JM-010 후기 2상 임상시험이 실패한 데 따른 것이다. 회사 측은 유럽 2상을 바탕으로 미국도 3상에 진입할 계획이었으나 임상 실패에 따라 추가적인 자금 투입 없이 모든 임상을 중단하기로 했다. 파멥신은 항체치료제 '올린베시맙' 임상을 중단했다. 파멥신은 호주에서 전이성 삼중음성 유방암 치료제 올린베시맙과 MSD 키트루다 병용 임상을 진행하고 있었다. 회사 측은 환자 모집 어려움으로 연구 장기화가 우려돼 임상 조기 종료를 결정했다고 밝혔다 (메디소비자뉴스, 2024년 6월 4일자; http://www.medisobiza news.com).

바이오제약의 경우, 신약을 개발하는 주기가 길어서 투자된 자금이 회수되기까지 오랜 시간이 걸리며, 임상 단계에서 실패하면 이미 투자된 자본은 거의 전액 손실로 이어진다. 그리고 바이오 신약 연구는 다른 산업에 비해 훨씬 높은 연구개발 비용이 필요하며, 실패할 경우에는 기업 전체의 재정에 큰 타격을 준다. 또한 연구가 실패한 후에는 투자자들로부터 추가적인 자금을 유치하는 것이 어려워지며, 이는 기업의 생존 가능성을 더욱 낮춘다. 도전적이고 창의적인 연구개발(R&D)의 실패는 바이오기업의 재정 위기를 초래하는 중요한 원인으로서, 바이오산업 특성상 초기 투자금이 크고 성공 확률이 낮은 연구에 도전하는 경우가 많기 때문에, 이러한 실패는 기업의 생존에 큰 영향을 준다(이정수 외, 2013: 346-366).

2 투자 유치 실패

바이오기업이 투자 유치에 실패하는 것은 재정 위기를 초래하는 중요한 요인이다. 바이오기업은 특히 신약 개발, 혁신적인 기술 연구 등과 같은 장기적이고 고위험 프로젝트를 추진하기 때문에 초기부터 막대한 자금이 필요하다. 하지만 대부분의 바이오기업은 제품이 상용화되기 전까지는 수익을 창출하지 못하는 경우가 많기 때문에 외부 투자 자금에 의존하는 경향이 크다. 투자 유치에 실패하면 연구개발을 지속하는 것이 어려워지고, 기업의 생존 자체가 위태로워진다.

투자 유치에 실패하는 이유는 다양하지만, 첫째, 경제 상황이 불안정하거나 시장이 침체기에 접어들면 투자자들이 고위험 산업에 대한 투자를 꺼리게 되어 바이오기업은 필요한 자금을 확보하지 못할 수 있다. 둘째, 바이오기업의 연구개발(R&D) 성공 가능성에 대해 의문을 갖거나, 경영진에 대한 신뢰가 부족할 경우에 투자자들은 자금을 투입하지 않는다. 셋째, 과거에 연구개발이나 임상시험에 실패를 했던 바이오기업들은 투자자들로부터 더 큰 불신을 받을 가능성이 크다. 과거의 실패가 새로운 투자 유치의 기회를 가로막는 요인이 되는 것이다. 넷째, 많은 바이오기업들이 동시에 자금을 유치하려 할 경우, 투자자들의 선택을 받지 못하고 자금 유치에 실패할 수 있다(한국경제, 2022. 2. 24; https://www.hankyung.com/article/202202234173i).

2024년 6월 15일 바이오스펙테이터(BioSpectator)가 창간 8주년을 맞아 국내 바이오기업 CEO 73명을 대상으로 진행한 설문조사에 따른 결과를 살펴보자. 분석 결과에 따르면, 후속 투자없이 회사운영이 가능한 기간이 1년 미만이라고 설문에 답한 바이오기업 CEO가 전체의 27.5%에 달했다. 이 중에서 '6개월 이내'라고 응답한 CEO가 무려 10.1%에 달해 바이오기업의 자금난이 심각한 것으로 나타났다. 특히 바이오스펙테이터가 설문을 진행한 기업은 업계 내에서 과학적으로나 혹은 사업 개발, 투자/재무 측면에서 상대적으로 우량한 기업들이 대부분이어서 실제로 업계가 느끼는 자금난의 정도는 훨씬 더 심각한 것으로 파악된다. CEO의 44.9%는 후속 투자없이 '1년 이상 2년 미만' 운영이 가능하다고 응답했는데, 결과적으로 추가 투자없이 2년 미만 운영이 가능한 경우는 72.4%인 것이다. 외부 자금투자가 필수적이며 성과를 내기까지 오랜기간이 소요되는 바이오제약 산업의 특성상, 자금조달이 어려워진 기업들은 눈앞의 생존에 급급해 미래를 준비할 수 없다는 측면에서 투자-연구개발 성과의 순환고리도 훼손될 수 있다(바이오스펙테이터, 2024년 6월 18일자).

사실 투자유치의 실패가 기업의 재정 위기로 이어질 수 있는 사례는 매우 많다. 이러한 투자유치 실패는 회사의 운영을 유지하는 데 필수적인 자금 흐름을 차단하여, 구조조정, 인력 감축, 심지어 기업 파산으로까지 이어질 수 있는 심각한 문제이다.

3 운영비용 증가

일반적으로 기업에서 운영비용이 증가하는 것은 재정 위기를 초래하는 주요 원인들 중 하나가 된다. 일상적인 운영비용이 증가하면 자금 유동성에 문제가 발생하는 것은 당연하다. 바이오기업은 연구개발뿐만 아니라 생산, 임상시험, 규제 승인 준비 과정에서 막대한 자금을 투입해야 하는데, 이러한 일상적 지출의 증가는 기업의 재정 상태를 불안정하게 만들고, 특히 비용이 예산을 초과하는 경우 심각한 재정적 압박을 받는다.

한국바이오협회는 2024년 10월 14일 회원사를 대상으로 실시한 '바이오산업 2024년도 평가와 2025년도 전망' 설문 조사 결과를 발표했다. 바이오기업의 71.2%가 투자 심리 위축을 주요 이슈로 꼽았고, 이는 운영비용 증가와 재정 위기와도 밀접한 관련이 있는 것으로 나타났다(서울경제, 2024. 10. 14; https://m.sedaily.com/NewsView Amp/2DFKFCPX36). 조사 결과에는 올해 바이오산업 생산과 수출, 투자 현황과 내년 바이오산업 전망, 애로사항, 정부 지원 요청 등이 포함됐다. 이번 조사에 응답한 총 59개사의 과반(55.9%) 이상이 바이오산업 현장의 가장 큰 애로사항으로 연구개발과 정부 지원금 등 자금 부족을 꼽았다. 복잡한 인허가 절차(15.3%), 기술이전 등 사업화 경험 부족(13.6%), 전문인력 부족(8.5%)이 뒤를 이었다. 그리고 바이오기업들은 2024년 업계 최대 이슈로 '바이오 투자심리 위축(71.2%)'을 꼽았다. 시장 침체 · 투자 감소 · 업계 신뢰도 하락 등의 영향이 지난 해에 이어 지속됐다는 평가다. 이 밖에도 제약 바이오기업 상장 위축(32.2%), 생물보안법 등 미중 지정학적 갈등(28.8%)이 그 다음으로 높았다. 이러한 맥락에서 바이오산업 활성화를 위한 정부의 역할이 무엇인지에 대한 질문에는 자금지원(40.7%)이 가장 높았다. 다음으로 바이오산업 규제완화(23.7%), 중소・스타트업 육성(18.6%), 전문인력 양성(6.8%), 국제협력 생태계 구축(5.1%) 등의 순이었다.

운영비용의 증가를 가져오는 요인들을 살펴보면 다음과 같다(May, 2024: 1-29). 첫째, 임상시험이다. 임상시험은 바이오기업의 필수적인 단계로 그 비용이 무척 커질 수 있다. 임상시험에 참가하는 사람이 많아질수록 환자 관리와 데이터 분석이 추가적으로 필요하고, 이에 따라 비용이 기하급수적으로 증가한다. 또 임상시험이 길어지면 시험 관리, 모니터링, 데이터 처리에 더 많은 자원을 투입해야 해서 예산을 초과한다.

둘째, 규제 승인을 받기 위해 준비하는 비용이다. 바이오 의약품을 상용화하기 위해서는 각국의 규제 기관으로부터 승인을 받아야 하는데, 이 승인을 받는 과정이 오래 걸리고 많은 행정 비용과 법무 비용이 발생한다. 규제 요구사항이 복잡해지거나 새로운 실험이나 자료 제출을 추가로 해야 하는 경우, 운영비용이 크게 증가할 수 있다.

셋째, 바이오산업은 다른 산업 분야에 비해서 전문인력에 의존하는 부분이 크다. 특히 연구개발(R&D)과 임상시험을 수행하는 고급 전문인력의 인건비가 매우 높은 편이다. 그리고 이들의 이직을 방지하기 위한 임금 인상이나 부대 비용, 추가 전문인력 채용 등은 운영비용을 상승시키는 주된 요인이 된다.

넷째, 생산 설비 및 유지관리 비용을 들 수 있다. 바이오기업의 생산 설비는 매우 특수한 설계를 필요로 하는 경우가 많아 생산 설비를 설치하고 유지관리하며 업그레이드하는 비용이 상당히 많이 든다. 신약 개발을 하는 경우, 생산 능력을 확대하거나 생산 설비를 최신화하고 업그레이드하는 데 필요한 비용이 계속 늘어날 수 있는데, 이로 인해 기업의 운영비용이 증가하면서, 자금이 빠르게 소진된다.

우리나라의 경우, 2024년 국내 제약사들이 지난 1분기 매출 증가에도 불구하고 연구개발비는 크게 축소했다. 이는 매출 원가가 점점 더 올라가는 반면에, 판관비가 상승하면서 장기적 투자가 필요한 연구개발비부터 축소한 것으로 볼 수 있다(메디칼타임즈, 2024년 5월 22일자).

판관비는 판매관리비의 줄임말로서 영어로는 SG&A(Selling, General and Administrative Expenses)라고 한다. 즉 판관비는 기업의 제품이나 서비스를 판매하기 위해 발생하는 모든 비용과 기업의 유지관리에 드는 비용을 합한 것이다. 판관비의 주요 항목으로는 급여/퇴직급여, 복리후생비, 광고선전비, 통신비, 운반비, 임차료, 감가상각비, 수도광열비, 세금과공과, 보험료 등이 있다.

제2절 경영 위기

1 리더십 부재

기존의 시간과 공간개념을 넘어선 글로벌시대에 기업 간 경쟁이 더욱 치열해짐에 따라 기업 평균수명은 점점 짧아지고 있다. 기업의 최고경영자는 급변하는 경영환경에서 기업의 생존과 성장을 이끌기 위해 새로운 리더십을 갈망하고 있으며 그 대안으로 변혁적 리더십이 다른 리더십과 비교하여 높은 조직성과를 이끌어내는 리더십인지 관심을 받고 있다. 이러한 관심을 반영하듯 다양한 조직형태에서 변혁적 리더십에 대한 많은 연구가 발표되어 왔으나 그 중 대다수가 자아효능감과 직무만족, 조직시민행동 등을 변혁적 리더십의 종속변수로 설정하여 조직성과에 유의한 영향을 미치는 연구논문이었다. 바이오기업은 신약 개발이나 혁신적인 기술 연구, 그리고 복잡한 규제 환경 속에서 경영을 하기 때문에 전문적인 판단과 신속한 의사결정이 필수 요소인데, 이때 리더십의 부재는 바이오기업의 경영 위기를 촉발하는 중요한 요인 중 하나다. 리더십의 부재나 리더십의 변화가 발생하는 경우, 이들 필수 요소들이 제대로 작동하지 않으면 경영 위기가 발생한다(정대용·박권홍, 2010: 245-270).

리더십 부재의 주요 원인들로는 핵심 리더의 공백 현상이 발생하거나 경영진 간의 심각한 불화, 명확한 비전의 부재 등이 있다. 첫째, 바이오기업의 리더가 없는 경우는 핵심 경영진, 특히 CEO나 CTO(Chief Technical Officer)와 같은 리더가 퇴사할 경우, 기업 내에서 중요한 의사결정을 내려야 하는 시점에서 공백이 생긴다. 이로 인해 신속한 대응이 필요하거나 규제와 관련된 중대한 의사결정을 미루게 되어, 기업의 전반적인 전략이 혼란에 빠진다.

둘째, 경영진 내에서의 갈등은 어느 정도 용인될 수 있지만 기업의 경영 방향을 설정하지 못할 정도의 심각한 갈등은 기업 내부적으로 혼란을 야기한다. 경영진인 임원들 사이에 심각한 의견 차이나 전략이 충돌하면, 리더십의 부재로 인한 결속력 저하와 더불어, 내부 팀 간의 협력이 약화되고, 사업 추진의 지연을 가져올 가능성이 크다.

셋째, 리더십이 교체되는 과정에서 나타나는 혼란 현상이 원인이 될 수 있다. 바이오기업의 리더가 퇴사한 후에 새로운 리더가 임명되어 기존 경영 전략을 급격히 수정하거나 방향성을 흔들면 기업의 경영 위기를 더욱 크게 만든다. 특히 신약 개발이나 중요한 프로젝트가 진행 중인 시점에서 리더를 교체하는 경우, 새로운 리더가 기존의 방향을 재조정하거나 새로운 리더의 경영 스타일이 기존 직원들과 충돌하면서 문제가 생길 수 있다.

넷째, 리더십이 사라지면 기업의 비전 또한 분명하지 못하게 된다. 새로운 비전을 명확하게 제시하지 못하면, 바이오기업은 기술적으로 복잡하고 규제가 엄격한 시장 환경에 처해있기 때문에 시장에서 정부와 소비자, 투자자의 신뢰를 잃을 가능성이 크다. 기업의 방향성이 불분명하면 내부 직원들 역시 갈등과 혼란에 빠지고, 이는 조직의 안정성을 위협하는 요인으로 작용할 수 있다.

1990년대 중반 이후 한국 경제는 외환 위기 하에서 법정관리, 화의, 기업개선작업 등 기업구조조정을 수행하는 기업 수가 급격히 증가했으며, 2000년대 초반부터 국내에서는 경영 위기 상황을 극복한 다양한 형태의 회생기업 사례가 발견되기 시작하였다. 한정화 · 최경철(2007: 91-113)은 국내 20개 회생기업을 대상으로 최고경영자의 리더십과 전략 수행에 관한 탐색적 사례연구를 했는데, 여기서는 경영 위기 원인과 회생 주도 최고경영자 교체 유무에 따른 회생리더십 유형과 회생에 적용한 주요 전략 및 과정 분석을 통하여 국내 회생기업 최고경영자의 리더십과 전략에 관한 적합성과 회생성과에 영향을 미치는 주요 요인을 제시하였다. 연구 결과, 회생기업들은 경영 위기의 내부요인이 크면 클수록 경영전문가로의 교체를 선호하고, 외부요인이 크면 클수록 기존 경영자가 회생을 주도하는 경향이 큰 것을 확인하였다. 교체 경영자는 외부 경영 위기 요인에 대하여 경영관리 경험을 활용하여 축소지향 회생전략을 추구하고, 내부 경영 위기 요인에 대하여 회생행동과 내부관계의 조화를 중시하면서 내부관리 체계 수립에 초점을 맞추는 것으로 나타났다. 기존 경영자는 외부 경영 위기 요인에 대하여 회생비전 하에 성장사업 및 제품에 대한 선택과 집중 전략을 선호하고, 내부요인에 대해서는 변화를 통한 내부혁신 노력을 수행하는 것으로 분석되었다.

2 부적절한 시장 진입 전략

바이오기업의 성공 여부는 신제품을 언제, 어떻게 시장에 내놓는지에 달려 있다고 해도 과언이 아니다. 그러므로 잘못된 시장 진입은 기업의 재정적 안정성을 해치고 경영 위기를 가져올 수 있다. 특히 바이오산업의 경우에는 규제 환경이 복잡하고 시장의 경쟁이 치열하기 때문에, 시장 진입을 위해서는 시장 분석을 철저하게 하고 규제에 대응하기 위한 치밀한 전략을 마련하는 것이 필요하다.

부적절한 시장 진입은 바이오기업이 경영 위기를 겪는 중요한 원인 중 하나로, 이러한 요인들을 적절하게 고려하지 않는 경우에는 시장에서 큰 실패를 겪을 수 있다. 부적절한 시장 진입의 경우를 살펴보면 다음과 같다. 우선, 신제품을 출시하기 전에 충분하게 시장을 분석해야 한다. 경쟁 제품이 있거나 고객 수요를 정확하게 파악하지 못하면 제품의 시장 적합성이 떨어지며, 제품이 시장에서 외면받을 가능성이 높아진다. 이미 유사한 제품이 시장을 선점하고 있는 경우에는, 기존 제품과 확연하게 차별화된 장점이 없는 제품으로는 성공하기 어렵다. 둘째, 바이오 제품은 고가의 혁신적인 제품이 많지만, 시장에서의 가격 경쟁력을 확보하지 못하면 실패할 가능성이 크다. 경쟁 기업의 제품이 이미 가격 우위를 점하고 있거나, 시장이 가격에 민감한 경우에는 적절한 가격 전략을 마련하는 것이 필요하다. 부적절한 가격 설정은 고객과 의료계로부터 외면받을 수 있고 이는 곧 매출 부진으로 이어질 수 있다. 셋째, 바이오 제품은 각국의 까다로운 규제 기관의 승인을 받아야만 상용화된다. 복잡하고 오랜 기간이 걸리는 규제 승인 절차를 충분히 고려하지 않거나, 처음에 예상했던 것보다 승인 과정이 길어지는 경우에는 제품 출시가 지연되어 시장에서 경쟁력을 잃을 수 있다. 이런 경우에는 이미 시장에 진입한 경쟁 제품들이 우위를 차지하여 신제품이 성공할 가능성이 낮아진다. 넷째, 바이오 제품의 경우, 다른 제품보다도 더 마케팅의 중요성이 크다. 마케팅을 통해 제품의 장점을 효과적으로 홍보하지 못하면 시장에서 성공하기 어렵다. 의료계와 고객이 제품의 차별화된 특성을 올바르게 인식하는 경우에만 혁신적인 제품에 대한 수요를 창출할 수 있다. 기존 제품들에 비해 시장에서 경쟁력을 확보하고 제품의 혁신성과 효능을 정확하게 전달하기 위한 커뮤니케이션 노력을 기울이는 것이 필요하다. 이외에도 소비자 필요와 욕구의 파악과 충족의 실패, 잘못된 마케팅 전략의 설정, 불충분한 마케팅 커뮤니케이션과 유통 지원, 부서간 협조의 부재 등으로 인해 시장진입에 실패하는 경우가 있다(마케팅플러스, 2023. 1. 5.; https://marketingplus.kr/15).

3 조직관리 실패

바이오기업은 연구개발(R&D), 임상시험, 생산, 마케팅 등 여러 부서가 복잡하게 얽혀 있는 조직 구조를 가지고 있기 때문에 조직의 목표를 달성하기 위해서는 부서 간의 원활한 협업이 무엇보다도 중요하다. 바이오기업 조직 부서들 사이의 커뮤니케이션이 부족하거나 관리가 제대로 이루어지지 않으면, 내부 갈등과 혼란이 발생한다. 핵심 경영자원으로 분류될 수 있는 기업의 조직문화는 조직관리에 영향을 주고 성과 달성에도 영향을 준다(김도연 외, 2020: 269-284). 이러한 조직관리의 실패는 바이오기업의 경영 위기를 초래하는 중요한 원인 중 하나이다.

바이오기업이 조직관리를 제대로 하지 못하는 주요 원인으로는 첫째, 바이오기업은 다양한 부서가 협력하여 하나의 목표를 향해 나아가야 하지만, 부서 간에 원활한 커뮤니케이션이 이루어지지 않으면 혼선이 발생한다. 연구개발(R&D) 부서나 임상시험 부서가 생산 부서와 적절한 정보를 공유하지 않거나, 마케팅 부서가 제품 개발 과정에서의 진행 상황이나 제품의 특성을 충분히 이해하거나 공유하지 못하면, 부서 간의 불협화음이 발생하여 전체 프로젝트가 지연된다.

둘째, 바이오기업에서의 부서 간 협업이 비효율적인 경우에는 각각의 부서가 서로 긴밀하게 협업을 해야 하는 상호의존성이 강한 업무 추진 단계에서 차질이 발생한다. 바이오 제품을 개발하는 것은 복잡한 절차를 포함하고 있는데, 모든 부서가 원활하게 협력하지 않으면 제품의 상용화가 지연되거나 실패할 수 있다.

셋째, 바이오기업의 조직관리에서 중요한 요소는 일관된 리더십이다. 경영진이 각 부서별로 분명한 목표를 제시하지 않거나, 일관된 방향성을 가지고 추진하지 않으면 부서 간 목표 충돌이나 중복된 업무가 발생한다. 이는 조직 전반의 생산성과 효율성을 저하시키고, 내부 갈등을 촉발할 수도 있다.

넷째, 바이오기업을 비롯한 모든 조직에서는 부서 간 갈등이나 불화가 발생할 수 있다. 하지만 이들 부서간의 경쟁이나 불화, 갈등이 심각해지면 팀 간의 협력은 더욱 어려워지고, 이로 인해 기업 전체의 사기가 저하된다. 이러한 갈등은 기업의 생산성에 부정적인 영향을 미치고, 기업의 성장과 발전을 방해하는 요인이 된다. 특히 조직 내부의 갈등이 장기화되면, 부서 간 협력이 더욱 어려워지고 이는 기업의 성과를 심각하게 저하시키는 한편, 내부 갈등이 외부로 노출되면 기업의 이미지에도 악영향을 미쳐 투자 유치에도 어려움이 발생한다. 한국 기업 경영자의 갈등관리 유형과 경영성과의 관계를 살펴본 연구에서는 38개 기업에 속한 165명의 경영자를 대상으로 실증분석을 하였다. 첫째, 의미있는 갈등관리 유형으로는 적극적 중용주의자, 협동적 경쟁주의자, 즉흥적 협동주의자, 소극적 타협주의자가 도출되었다. 둘째, 이들 유형을 성과순으로 배치하면 적극적 중용주의자가 가장 크고, 그 다음으로 협동적 경쟁주의자, 즉흥적 협동주의자, 소극적 타협주의자 순이었다. 특히, 적극적 중용주의자 유형과 소극적 타협주의자 유형간에는 경영성과의 유의미한 차이가 나타났다. 셋째, 유의미한 차이는 아니지만, 협동스타일이 강한 협동적 경쟁주의자 및 즉흥적 협동주의자 유형보다 협동스타일이 상대적으로 조금 약하지만 다른 스타일들과 적절한 수준으로 결합되어 있는 적극적 중용주의자 유형의 성과가 더 높았다(김범성, 2005: 65-84).

제3절 법적 위기

1 규제 위반

바이오기업이 법적 위기에 빠지는 주요 원인 중 하나는 규제 위반으로, 기업의 생존에 심각한 위협이 된다. 바이오기업은 신약 개발, 의료기기 생산, 임상시험 수행 등 모든 단계에서 규제 기관의 요구를 철저히 준수해야만 한다. 이러한 규제는 제품의 안전성과 유효성, 품질 보장의 핵심 요소이며, 이를 위반하면 기업은 막대한 경제적 손실뿐만 아니라, 기업의 평판에도 큰 타격을 입기 때문이다.

규제를 위반하는 주요 원인들은 다음과 같다. 첫째, 제품 생산 및 품질 관리의 미준수다. 바이오 의약품과 의료기기는 고도의 품질 관리가 요구되는데, GMP(Good Manufacturing Practice)와 같은 생산 공정의 기준을 충족하지 못하는 경우에 규제 기관은 제품의 안전성이나 효능에 문제가 있다고 판단한다. 따라서 제품의 시장 판매를 중단하거나, 리콜 명령을 내릴 수 있다. 이러한 위반은 막대한 리콜 비용과 함께, 생산 중단으로 인한 매출 손실이 발생할 수 있다.

둘째, 임상시험 관리의 실패다. 바이오기업의 신약 개발의 중요한 단계인 임상시험은 규제 기관의 승인을 받아 진행되는 것으로서, 시험 과정에서 발생하는 모든 데이터를 규정에 따라 관리해야 한다. 임상시험 데이터가 불충분하거나 왜곡되는 경우, 규제 당국은 신약 승인 과정을 중단하거나, 승인 자체를 거부할 수도 있다. 이로 인해 제품 출시가 늦어지고, 이미 투입된 연구개발 비용도 회수할 수 없다.

셋째, 규제 기관과의 소통 부족 현상이다. 규제 기관과 원활한 소통을 이루는 것은 규제 준수에 있어 매우 중요하다. 규제 기관의 요구사항이나 새로운 규정을 충분히 이해하지 못하거나, 이를 무시한 채 제품을 출시하면, 해당 기업은 곧바로 규제 위반에 직면한다. 이는 제품 철수나 벌금 부과, 허가 취소 등 심각한 결과로 이어질 수 있다.

넷째, 국가별 규제 기준과 내용의 차이점이 있음을 간과하는 경우다. 각국의 규제 기준과 제도는 서로 다르다. 그렇기 때문에 바이오기업이 여러 국가에 제품을 출시하는 경우, 해당 국가별로 다른 규제 기준을 철저하게 준수해야 한다. 특정 국가의 규제를 간과하거나 불충분하게 대응하는 경우, 그 나라에서 제품의 판매가 금지되거나 벌금이 부과될 수 있다.

규제를 위반하면, 과징금 부과와 같은 금전적 제재를 받고 리콜로 인한 직접적인 비용 부담뿐만 아니라, 제품 생산 중단으로 인한 매출 손실까지도 감수해야 한다. 이러한 손실은 수익성을 위협하며, 특히 재정 여력이 부족한 중소 바이오기업의 경우 치명적이다.

임상시험에서 규제 요구사항을 충족하지 못하거나 품질 관리에 실패할 경우, 신약 승인 절차가 지연되거나 중단되어 제품 상용화가 늦어지고, 기업이 투자금을 회수하지 못한다. 이와 함께 바이오 제품에 대한 리콜은 기업의 평판을 심각하게 훼손하는 동시에 소비자와 투자자의 신뢰를 잃는다. 규제 위반으로 인해 발생한 문제는 종종 법적 소송으로 이어지는데, 이로 인해 추가적인 법적 비용과 시간 낭비가 나타나는 동시에 기업은 소송에 따른 벌금이나 합의금으로 인해 추가적인 재정적 손실을 입는다. 규제 위반은 바이오기업의 경영과 생존에 매우 중대한 영향을 미칠 수 있는 법적 위기다(김일중 외, 2010: 147-189).

2 지적재산권 침해

바이오산업은 신약 개발이나 바이오기술개발에 있어서 오랜 시간과 막대한 비용이 투입되는 산업 부문이다. 그렇기 때문에 바이오기업을 보호하기 위한 특허권 확보가 필수적이다. 지적재산권은 바이오기업의 핵심 자산 중 하나로서 신기술이나 혁신적인 치료법이 경쟁사에 의해 무단으로 사용될 수도 있고, 지적재산권 분쟁에 휘말릴 경우 법적 소송이 발생한다. 이러한 소송은 기업의 재정 상태와 경영에 치명적인 영향을 미칠 수 있다. 지적재산권 침해는 바이오기업에 있어 법적 위기를 초래하는 중요한 요소 중 하나이다. 지적재산권 침해 현상이 발생하는 주요 원인에는 특허 출원 및 관리에 실패하는 경우가 있다. 신약이나 혁신적인 기술을 개발한 이후에는 특허 출원을 통해 해당 기술을 보호해야 한다. 하지만 특허 출원 범위가 명확하지 않거나 특허 관리를 제대로 하지 않으면, 경쟁 기업이 해당 기술을 침해할 수 있는 여지가 생긴다(김상중, 2014: 249-290; 박강우, 2010: 103-142).

둘째, 바이오산업은 첨단 기술이 빠르게 발전하는 만큼 경쟁사 간에 특허 침해 소송이 빈번하게 발생하는 분야이기도 하다. 경쟁 기업이 특허를 침해하거나, 자사가 경쟁 기업의 특허를 침해한 것으로 간주되는 경우 법적 분쟁으로 이어지는데, 이러한 특허 분쟁은 해결까지 오랜 시간이 걸리며 소송 비용과 손해배상금 등 재정적 부담이 가중될 수 있다. 지적재산권 침해로 인한 소송이 발생하면, 연구개발(R&D) 일정이 지연되고 이는 제품 상용화까지의 시간을 지연시킨다. 법적 소송은 새로운 연구개발 프로젝트에도 영향을 미치며, 이는 기업의 장기적인 성장에 부정적인 영향을 준다.

셋째, 국제적인 지적재산권 관리를 소홀하게 하는 경우다. 바이오기업이 여러 국가에서 활동하는 경우, 국가마다 지적재산권과 관련된 법과 제도가 다르기 때문에 국제적으로 특허를 보호하는 것이 어렵다. 특정 국가에서 특허 등록을 하지 않거나 국가별 법적 차이를 충분히 고려하지 못하면, 해당 국가에서 경쟁 기업이 해당 기술을 무단으로 사용할 가능성도 있다. 이는 국제 소송으로 이어지며 기업에게는 심각한 법적 부담을 초래한다.

넷째, 기술 유출 및 내부 관리의 실패다. 바이오기업 내에서 기술이 유출되거나 내부 인사가 기술을 외부에 넘길 경우, 지적재산권 침해 소송이 발생한다. 내부에서 발생하는 정보 유출 방지에 실패하면 경쟁사에 의해 기술이 침해될 가능성이 커지며, 이는 장기적인 소송으로 이어진다. 바이오기업의 특허 기술이 경쟁 기업에 의해 침해되면, 해당 기술을 상업화하는 데 큰 차질이 생기며 특히 바이오기술은 경쟁 우위 요소이기 때문에 기술 유출이나 지적재산권 침해는 시장에서의 경쟁력 상실로 이어진다. 특히, 중소기업 기술 유출의 원인은 중소기업의 법률적 대처능력 부족과 기술인력의 유출로 대변할 수 있다. 또한 기술 유출 피해 중소기업 중 절반 정도가 다시 동일한 피해를 경험하고 있고, 외부 유출시에도 해당 기술에 대한 개발 사실과 시기를 입증하지 못하는 등 기술 유출 후에도 특별한 조치를 취하지 못하고 있는 실정이며, 보안인프라 투자 곤란, 보안업무 관련 지식부족, 영업비밀 보호 전담직원의 미보유, 법적 · 제도적 장치 미흡 등이 현재까지의 애로사항으로 파악되고 있다(정재승, 2015: 133-152).

3 임상시험 관련 소송 및 벌금

임상시험은 신약이나 의료기기 개발 과정에서 반드시 거쳐야 하는 단계로서 제품의 안전성과 유효성을 검증하는 역할을 한다. 임상시험 과정에서 발생하는 부작용이나 윤리적 논란, 환자 안전 문제 등은 소송으로도 이어질 수 있으며, 이는 기업에 막대한 재정적 부담과 평판 손실을 가져올 수 있다.

임상시험 관련 소송 및 벌금은 바이오기업이 직면하는 심각한 법적 위기 중 하나다.

임상시험 과정에서 사전에 예상치 못한 부작용이 발생할 경우, 환자 안전이 위협받는다. 특히 부작용이 심하거나 다수의 환자에게 영향을 미치는 경우에는 소송으로 이어질 수 있다. 이는 결국 소송을 통해 손해배상금과 같은 재정적 손실을 초래할 뿐만 아니라, 임상시험의 신뢰성에도 타격을 준다.

이러한 임상시험은 환자의 안전과 윤리를 최우선시해야 한다. 임상시험 과정에서 연구 윤리를 무시하거나 환자 안전을 소홀히 하는 경우에 환자 및 의료계로부터 소송을 당할 수 있다. 특히 환자 동의없이 중요한 임상시험이 진행되거나, 임상시험 참가자에게 충분한 정보를 제공하지 않을 경우에는 윤리적 문제로 인한 법적 분쟁이 발생한다(류화신, 2009: 165-176).

임상시험을 실시한 이후 결과로 얻은 데이터를 조작하거나 충분한 데이터를 제공하지 않는 경우에는 규제 당국으로부터 심각한 처벌을 받는다. 데이터의 투명성이 결여된 경우, 규제 기관은 제품의 안전성 및 유효성에 대한 신뢰에 의심을 갖게 되고, 임상시험 승인을 철회하거나 제품 출시를 연기시킬 수도 있다.

임상시험은 규제 기관의 승인을 받아서 진행을 해야 하며, 각 단계 별로 규제를 준수하는 것이 필수적이다. 규제 기관의 요구를 충분히 반영하지 않거나, 규제 절차를 무시한 채 임상시험을 진행하는 경우에는 법적 분쟁으로 이어질 수 있고 제품 승인이 지연되거나 취소될 수 있다.

그러므로, 임상시험 중에 부작용이 발생하는 경우에는 이를 신속하게 보고하고 관리하는 절차를 마련해야 한다. 부작용을 제대로 관리하지 않으면, 환자들이 소송을 제기할 가능성이 높아지는데, 이는 법적 비용과 손해배상금을 내야 할 수 있다. 임상시험 관련 소송 및 벌금은 바이오기업이 직면할 수 있는 심각한 법적 위기 중 하나로, 환자 안전, 윤리 준수, 데이터 투명성 확보 등이 필수적이다. 이러한 위기들은 기업의 평판을 훼손할 뿐만 아니라, 재정적 손실과 제품 출시 지연으로 이어질 수 있기 때문에 임상시험 과정에서의 철저한 관리와 규제 준수가 필요하다(이일섭, 1991: 32-34).

CHAPTER

15 평판, 오너, 소비자 불매운동 위기

제1절 평판 위기

평판 위기(reputation crisis)는 기업이 대중, 고객, 투자자, 규제 당국으로부터 신뢰를 상실할 때 발생하는 위기다. 바이오기업에서는 평판이 중요한데, 이는 제품의 안전성, 신뢰성, 경영진의 투명성에 따라 좌우된다. 평판이 실추되면 투자자의 이탈, 소비자의 신뢰 상실, 파트너십 관계의 종료 등과 같은 결과가 나온다. 이러한 평판 위기는 기업의 시장에서의 지위와 경쟁력을 손상시키며, 재정적 위기, 법적 위기로까지 확대될 수 있다. 바이오기업은 임상시험에서의 부작용이나 제품의 리콜, 규제 위반 등으로 인해 평판을 잃을 위험성이 있다(김소연 · 성민정, 2010: 81-105). 특히, 바이오기업에서 발생하는 평판 위기는 기업의 소비자 신뢰도와 시장에서의 경쟁력에 치명적인 영향을 미친다. 특히 제품 결함 또는 안전성 문제, 윤리적 논란, 기업의 투명성 부족,

소셜미디어 및 대중 여론이 평판 위기를 유발할 수 있다.

1 제품 결함 또는 안전성 문제

제품 결함 또는 안전성 문제는 바이오기업의 평판 위기에서 가장 치명적인 요소 중 하나이다. 바이오기업의 신약이나 의료기기는 일반적인 소비재와 달리 인간의 건강과 생명에 직접적인 영향을 미치기 때문에, 제품의 안전성과 품질에 대한 신뢰가 필수적이다. 안전성 문제는 기업의 평판에 돌이킬 수 없는 피해를 줄 수 있다.

바이오기업이 출시한 제품에서 결함이 발견되거나 안전성 문제가 발생하는 경우, 이 문제는 단순히 고객 불만을 넘어서는 심각한 사안으로 확대된다. 환자의 건강이 위협받거나 실제 피해 사례가 발생하면, 이는 사회적으로 큰 파장을 일으키며 즉각적인 평판 손실을 초래할 수 있다. 특히, 이러한 사건은 의료계와 소비자들 사이에서 빠르게 확산되며, 심각한 법적 문제로 이어지기도 한다.

안전성 문제가 발생하면 대규모 리콜을 통해 피해를 최소화하려 하지만, 이미 시장에서 신뢰를 잃은 상황에서 리콜은 대중의 불신을 더욱 강화시키는 결과를 낳을 수 있다. 또한 법적 소송이 이어지며, 이는 규제 당국의 조사로까지 확대될 수 있다.

바이오기업의 제품은 안전성에 대한 높은 기대를 유발한다. 안전성 문제는 대중과 의료계에서 기업에 대한 불신을 즉각적으로 유발하며, 이는 기업의 시장 지위와 향후 제품 개발에도 악영향을 미칠 수 있다. 결함이 발생한 제품은 리콜 조치가 이루어지지만, 이미 피해를 입은 소비자나 환자에 대한 배상 요구가 뒤따른다. 이는 법적 소송으로 이어지며, 수십억 달러에 이르는 손해배상금이 기업의 재정 상태를 위협한다. 규제 당국은 결함 제품에 대한 철저한 조사를 진행하며, 필요할 경우 기업에 대한 제재를 가한다. 이는 벌금 부과, 제품 판매 금지 등 추가적인 재정적 손실과 함께 기업의 이미지에 심각한 타격을 줄 수 있다(이코노미스트, 2021. 5. 19; https://economist.co.kr/article/view/ecn202105190007).

기업은 이러한 위기를 방지하기 위해 철저한 품질 관리와 안전성 검토 과정을 강화해야 하며, 문제가 발생했을 경우 신속한 대응과 투명한 정보 공개를 통해 대중의 신뢰를 회복하려는 노력이 필요하다.

2 윤리적 논란

윤리적 논란은 바이오기업의 평판을 심각하게 훼손할 수 있는 주요 원인 중 하나이다. 바이오산업은 인간의 생명과 건강을 다루는 분야이기 때문에, 연구와 개발 과정에서 높은 윤리적 기준이 요구된다. 동물 실험, 임상시험, 약물 접근성 등 다양한 연구 및 개발 과정에서 윤리적 기준을 위반하는 사례가 발생할 경우, 그 영향은 즉각적으로 기업의 평판에 부정적인 영향을 미친다.

바이오산업의 특성상, 일반 대중은 윤리적인 문제에 대해 더욱 민감한 반응을 보인다. 동물 실험에서의 윤리적 문제는 동물 권리 보호 단체와 같은 이해관계자들의 강한 반발을 불러일으킬 수 있고, 임상시험에서 환자의 권리가 침해되거나, 실험 참여자에게 과도한 위험이 가해지는 경우도 심각한 윤리적 논란이 된다.

윤리적 논란은 단순한 내부 문제를 넘어, 외부의 강력한 반발과 대중의 감정적 반응을 불러일으키는 특징이 있다. 특히 동물 실험, 임상시험에서의 부적절한 연구 방법, 또는 임상시험 참가자에 대한 부당한 대우는 인도주의적 기준에 반하는 행위로 간주되며, 그로 인한 평판 손상은 기업의 장기적인 성과에 심각한 타격을 준다. 더불어, 윤리적 기준을 위반한 기업은 규제 당국의 조사와 함께 법적 제재를 받을 가능성이 크다. 이는 재정적 손실뿐만 아니라 기업의 브랜드 가치와 이미지에도 막대한 피해를 준다.

윤리적 논란이 나올 수 있는 주요 영역으로는 동물 실험, 임상시험, 약물 접근성 등이 있다. 동물 실험 과정에서 고통을 최소화하고, 가능한 대체 방법을 사용하는 것은 윤리적으로 매우 중요한 문제다. 일부 기업은 비용 절감이나 시간 단축을 이유로 윤리적 기준을 무시하고 실험을 진행하는데, 이는 동물 보호 단체의 강한 반발을 초래하고, 기업의 이미지를 손상시킬 수 있다.

임상시험에서는 환자나 참가자의 안전과 권리를 보호하는 것이 최우선이다. 그러나 임상시험 과정에서 불충분한 정보 제공, 과도한 위험 부담, 비윤리적인 실험 조건 등이 발생할 경우, 이는 심각한 윤리적 논란을 일으킨다. 환자들의 건강과 안전을 위협하는 행위는 대중의 분노를 불러일으키며, 기업의 신뢰도에 큰 타격을 준다.

일부 바이오기업은 신약을 개발한 후 과도한 가격 책정이나 특정 계층에만 접근 가능한 방식으로 시장에 출시하기도 한다. 이는 사회적 불평등을 초래하며, 기업의 윤리적 책임에 대한 비판을 불러일으키고, 결과적으로 기업의 평판에 부정적인 영향을 준다.

윤리적 기준을 위반한 기업은 소비자들의 신뢰를 잃게 되고, 이는 매출 감소로 이어져 장기적으로는 시장에서의 입지를 잃을 수 있다. 윤리적 논란은 투자자들의 신뢰에도 치명적이다. 윤리적 문제가 공개되면 주가가 급락할 수 있는데, 장기적인 투자 매력 역시 떨어진다. 윤리적 논란이 발생하면 기업은 법적 소송과 규제 당국의 조사를 받을 수 있다. 이는 재정적 손실을 초래하며, 기업의 이미지와 운영에도 부정적인 영향을 미치게 된다(데이비드 블록, 2023; https://pharmaoffer.com/ko/blog/the-top-5-ethical-controversies-in-the-pharmaceutical-industry/)

3 기업의 투명성 부족

바이오기업의 투명성 부족은 평판 위기의 주요 원인 중 하나로, 기업의 신뢰도와 시장에서의 경쟁력에 부정적 영향을 준다. 바이오산업은 고도의 기술과 연구개발을 기반으로 하며, 제품의 안전성과 효과에 대한 명확한 정보를 제공해야 한다. 바이오기업이 연구개발, 재무 상태, 임상시험 결과 등에 대한 정보를 투명하게 공개하지 않으면, 대중과 투자자들은 불신을 갖게 되고, 이러한 불신은 기업의 평판을 크게 훼손하고, 장기적으로는 기업의 생존에도 위협이 되기 때문이다.

바이오산업에서의 투명성 부족은 단순한 정보 비공개 수준을 넘어, 기업의 윤리성에 대한 의문을 제기한다. 연구 결과를 왜곡하거나 중요한 데이터를 은폐하는 행위는 기업의 신뢰성을 크게 훼손할 뿐아니라, 법적 문제를 초래할 수 있다. 투자자들은 기업의 실적과 재정 상태를 신뢰할 때 장기적 투자를 계속 유지하는데, 투명성 부족은 이같은 신뢰를 무너뜨린다. 이는 결국 투자자 이탈, 주가 하락, 그리고 규제 당국의 조사로 이어진다.

투명성 부족에는 연구개발 과정의 불투명성, 재무 상태의 불투명성, 임상시험 결과의 불투명성 등이 있다. 첫째, 바이오기업은 신약 개발이나 의료기기 제작과 같은 고위험, 고비용의 연구개발 과정을 거치면서, 연구 결과를 투명하게 공개하지 않으면, 대중과 의료계, 투자자 모두의 신뢰를 잃을 수 있다. 특히 임상시험 결과의 일부를 숨기거나, 결과를 왜곡하는 경우 윤리적으로 심각한 논란이 된다. 이는 기업의 이미지를 손상시키고, 장기적으로는 규제 당국의 엄격한 조사를 초래한다. 둘째, 바이오기업은 자금 조달과 운영을 위해 투자자들에게 재무 상태를 투명하게 공개해야 한다. 그러나 재무 보고서나 실적 발표에서 정보의 일부를 숨기거나 부정확한 데이터를 제공하면, 투자자는 기업에 대한 신뢰를 잃고, 이는 투자자 이탈로 이어지며, 이는 곧 주가 하락과 기업의 자금난으로 연결된다. 임상시험은 바이오기업이 개발한 신약이나 의료기기의 안전성과 유효성을 검증하는 중요한 과정이다. 따라서 이 결과는 투명하게 공개되어야 하며, 긍정적 결과뿐만 아니라 부정적 결과도 명확히 제시해야 한다. 그러나 부정적인 결과를 숨기거나 축소 보고하는 경우, 기업의 윤리성에 의문을 제기하게 되고, 이는 대중과 투자자 모두에게 부정적인 영향을 미친다. 이러한 불투명성은 규제 당국의 강도 높은 조사와 함께 법적 처벌로 이어질 가능성이 크다.

이와 달리 투명성을 확보함으로써 고급 인재들을 확보하고, 조직 내・외부의 신뢰를 조성하는 한편, 성과 향상과 업무 효율 개선, 기업의 책임감 강화 등이 가능하다(Maloney, 2019; https://slack.com/intl/ko-kr/blog/collaboration/transparency-in-business-company-evolution)

4 소셜미디어 및 대중 여론

소셜미디어 및 대중 여론은 현대 사회에서 바이오기업이 직면하는 평판 위기에서 가장 중요한 요소이다. 소셜미디어는 정보가 빠르게 확산되는 특성을 가지고 있으며, 특히 부정적인 사건이나 윤리적 문제가 발생할 경우, 그 영향은 즉각적이고 광범위하게 퍼질 수도 있다. 소셜미디어는 정보 전달 속도가 빠르고 접근성이 뛰어나기 때문에, 작은 실수나 오해도 순식간에 큰 이슈로 확산될 수 있다(김봉섭 외, 2013; 이병엽 외, 2013). 특히 바이오기업의 제품은 사람의 건강과 직접적인 관련이 있기 때문에, 경미한 문제라도 대중의 불안감을 증폭시키는 경향이 있다. 소셜미디어에서는 정보가 사실 여부와 상관없이 감정적인 반응을 동반한 채로 빠르게 퍼질 수 있으며, 이것이 대중 여론에 크게 영향을 미친다.

최근 점차 복잡해져가는 사회구조 속에서 사회적 재난은 빈번하게 발생하고 있고 그 피해 규모 또한 점차 대형화하고 있다. 그러므로 사회적 재난에 신속하게 대응하여 추가 피해를 방지할 수 있는 체계화된 방법이 필요하다. 그 중에서도 소셜미디어, 특히 트위터는 신속성 및 확장성이 높아 재난에 대한 대응책으로 새롭게 주목받고 있다. 다양한 대중들의 관심이 드러나는 트위터의 여론을 수렴하는 것은 재난 발생에 신속하게 대응하고, 추가적인 피해를 방지하는 데 유용한 수단으로 활용될 수 있기 때문이다(박준형 외, 2017). 이와 동시에 소셜미디어는 정보가 빠르게 확산될 수 있는 플랫폼으로서 기업이 잘못된 정보를 바로잡기 위해 공식적인 입장을 발표하더라도, 이미 퍼진 부정적 정보는 대중에게 깊이 각인되어 평판 회복이 어려워진다는 특징이 있다. 그리고 소셜미디어의 특성상 정보는 종종 과장되거나 왜곡될 수 있다. 특히 건강과 관련된 문제는 대중의 감정적 반응을 불러일으키기 쉬워 바이오기업에 대한 부정적인 여론이 급격히 확산된다.

소셜미디어는 실시간으로 정보를 확산시키기 때문에 기업이 대응 속도를 늦추면 위기는 더 커질 수 있다. 빠르고 정확한 대응이 이루어지지 않으면, 기업에 대한 부정적인 여론이 점차 커지며 평판 위기가 지속된다. 소셜미디어의 신속성에 대응하지 못할 경우, 기업은 상황을 통제하기 어려워진다. 기업과 관련된 부정적 루머가 인터넷상에서 유포되었을 때 그에 관련된 댓글들의 해당 기업 루머 지지 혹은 반박 여부, 그리고 그 댓글들의 질이 수용자들이 루머를 사실로 받아 들이는지, 루머를 접한 후 기업에 대한 신뢰도와 제품 구매의도 등에 어떤 영향을 미치는 지가 중요한 이슈가 된다. 루머를 대체로 지지하는 댓글을 접한 수용자들은, 해당 루머를 대체로 반박하는 댓글을 접한 수용자들에 비해, 루머를 더 믿게 된다. 또한 해당 기업에 대한 신뢰도와 해당 제품 및 브랜드에 대한 구매의도도 떨어지는 경향을 보였다(조수영 · 정민희, 2011: 312-339).

소셜미디어 및 대중 여론의 부정적 영향으로는 소비자 신뢰 상실, 투자자 이탈, 매출 감소, 규제 당국의 조사 등이 있다. 우선, 소셜미디어에서 발생한 부정적 정보가 대중에게 확산되면, 소비자들은 제품이나 기업에 대한 신뢰를 잃게 된다. 특히 건강과 관련된 제품의 경우, 소비자들은 안전성을 최우선으로 고려하기 때문에 부정적인 정보는 구매나 이용을 포기하게 만들 수 있다. 둘째, 대중 여론이 악화되면 투자자들 역시 기업에 대한 신뢰를 잃고 자금을 회수할 가능성이 커진다. 투자자들은 기업의 이미지와 평판이 시장에서 중요한 역할을 한다고 믿기 때문에, 부정적인 소셜미디어 이슈가 발생하면 재정적 손실을 우려하여 이탈한다. 셋째, 소비자 신뢰 상실과 투자자 이탈은 결국 기업의 매출 감소로 이어진다. 부정적인 소셜미디어 이슈는 제품의 판매 저하를 초래하며, 장기적으로 기업의 성장을 막는다. 넷째, 소셜미디어에서 논란이 커지면 규제 당국이 개입하게 되는데, 대중 여론이 악화되면 규제 기관은 기업의 문제를 조사하고, 이는 기업에 추가적인 법적 문제를 가져올 수 있다.

제2절 오너 위기

오너 위기는 기업 소유자나 경영자가 잘못된 행동을 하거나 부적절한 결정을 내려 기업의 생존과 지속가능한 경영에 심각한 위협을 초래하는 상황을 말한다. 바이오기업은 연구개발(R&D) 및 기술 혁신을 중심으로 운영되므로 오너의 리더십과 도덕성이 중요한데, 그 중에서도 도덕적 해이, 경영 실패, 가족 경영 리스크는 바이오기업에 큰 타격을 줄 수 있다.

1 도덕적 해이

도덕적 해이는 기업의 오너나 최고 경영자가 개인의 이익을 위해 윤리적 기준을 무시하거나 불법적인 행동을 하는 경우를 말한다. 이는 기업의 평판을 훼손하고, 소비자와 투자자들의 신뢰를 잃게 하여 심각한 경영 위기를 초래한다.

오너가 회사의 중요한 내부 정보를 외부에 유출하거나 이를 통해 부당한 이익을 얻기 위해 내부자 거래를 할 경우, 법적 처벌과 함께 기업 신뢰도에 큰 타격을 준다. 바이오기업은 민감한 임상시험 결과나 신약 승인 여부 같은 정보를 다루기 때문에 큰 문제가 될 수 있다. 그리고 오너가 정부 규제를 회피하거나 계약을 따내기 위해 불법적으로 뇌물을 주고받는 행위도 도덕적 해이의 하나다. 바이오기업은 규제기관과 밀접한 관계를 유지하는데, 이는 기업의 신뢰성을 떨어뜨릴 수 있다.

위기대응 전략에 따른 오너 위기의 대응 태도와 속도를 보면 실시간 쌍방향의 정보전달 및 공유방식의 소셜미디어는 온라인상의 공론화 장이 된다. 외식 프랜차이즈 기업의 경우 위기관리나 이슈관리 등 기업 관련 이미지가 매출과 직접 연결되며, 가맹점의 생존을 동시에 수반하고 있다. 소셜미디어에서 형성된 여론의 확산으로 기업의 위기 예방 및 효과적인 커뮤니케이션 여론 형성에 적합한 위기 대응 전략을 수립하는 것이 필요하다(김태호 · 김학선, 2018: 129-146).

1) 강력한 내부통제 시스템 구축

내부통제 시스템은 부패나 비윤리적 행위를 예방하는 데 필요하다. 기업은 투명한 관리 체계를 구축하고, 각종 활동을 감시할 수 있는 제도를 마련해야 한다. 기업 내에서 정기적인 내부 감사를 통해 각종 부정행위를 조기에 발견하고 방지 노력을 기울여야 한다. 내부 감사팀은 독립적인 권한을 가지고, 모든 경영 활동을 면밀히 점검해야 한다. 동시에 모든 재정적 거래를 철저하게 기록하고, 내부 및 외부 감사팀이 쉽게 점검할 수 있는 투명한 회계 시스템을 운영해야 한다.

위험 관리(risk management), 즉 내부통제의 실패로 인해 기업의 불상사가 빈발하고 있는데, 이와 같은 기업의 불상사의 원인은 경영진에 대한 감시감독 시스템이 제대로 기능하지 않았다는 점과 내부통제 시스템이 제도적으로 구축되어 있지 않고, 또한 효과적으로 기능하지 않았다는 점에서 찾을 수 있다. 내부통제 시스템은 종업원 및 임원의 불법 · 부정행위로 인한 금융기관의 불상사 빈발로 더욱 법적인 관심을 끌게 되었고, 이로 인해 금융기관에 우선적으로 내부통제 시스템의 구축이 요구되었으며, 이후 일반주식회사로까지 내부통제 시스템의 구축이 확대되기에 이르렀다. 주식회사가 내부통제 시스템을 구축해야 하는 목적은 경영 건전성의 확보와 효율성의 제고에 있다고 할 수 있다. 즉 경영상의 불법 · 부정행위를 방지하고, 위험을 효율적으로 관리하여 이익을 극대화할 수 있다면, 주식회사는 글로벌 시장에서 경쟁적 우위를 가질 수 있다(정대, 2010).

2) 윤리 경영 원칙 및 교육 프로그램 도입

기업의 윤리 경영 원칙을 명확하게 수립하고, 이를 준수하기 위한 교육 프로그램을 시행해야 한다. 윤리적 리더십을 확립하고 기업 전체의 도덕성 수준을 높이는 것은 여러 부정 행위를 예방하는 수단이 된다. 기업 차원에서 뇌물 수수 및 부패 행위를 금지하는 명확한 윤리 강령을 수립하고, 이를 모든 임직원에게 교육해야 한다. 이러한 윤리 강령에는 정부와의 관계에서 투명성을 유지하고 부정 행위를 하지 않겠다는 의지가 담겨져야 한다. 또한 임직원들은 정기적으로 윤리 경영 교육을 받아야 하는 동시에, 정부 규제와 계약 관련 법적 절차를 이해하고, 부패 행위를 피할 수 있는 교육을 지속적으로 받아야 한다. 예를 들면, 2013년 8월에 이루어진 가맹사업법 개정 이후 공정거래위원회의 프랜차이징에 대한 강력한 규제가 이루어지고 있다. 규제환경 하에서 가맹본부나 그 사업자단체가 윤리경영을 조속히 실천하는 것이 가맹본부-가맹점 관계에 있어 바람직한 정책 방향이다. 가맹사업에서 윤리경영을 실천하는 것이 경영성과에 긍정적 효과를 미치고 있다(임영균 · 김경운, 2016: 68-102; 이도희 · 김서윤, 2016: 219-244).

3) 이해관계자와의 투명한 커뮤니케이션

바이오기업은 규제 기관과의 긴밀한 협력이 필요한 만큼 투명한 커뮤니케이션과 협력을 하는 것이 중요하다. 이를 통해 부정 행위의 여지를 줄이고, 이해관계자들이 기업의 윤리적 운영을 신뢰할 수 있도록 한다. 규제 기관과의 협상이나 계약 과정에서 모든 절차를 투명하게 진행하고 모든 의사결정 기록을 남겨야 한다. 이를 통해 오너나 경영진이 개인적인 이익을 위해 불법적인 행위를 저지를 가능성을 줄이기 위한 투명성(transparency)의 개념을 확립해 놓는 것이 필요하다(박홍식, 2001: 103-118). 따라서 기업은 이해관계자인 투자자, 고객, 파트너 등과의 커뮤니케이션을 투명하게 유지해야 한다. 주요 경영 활동이나 규제 당국과의 관계를 주기적으로 보고하고, 모든 과정을 명확하게 공개하는 것이 부정 행위 발생을 억제한다.

4) 제보 시스템 및 보호 장치 마련

부정 행위를 방지하기 위해서는 내부 직원이나 외부 이해관계자들이 익명으로 부정 행위를 신고할 수 있는 시스템을 구축해야 한다. 기업 내에서 부정 행위나 윤리적 위반 행위를 제보할 수 있는 익명 제보 시스템을 운영하여, 직원들이 뇌물 수수나 부정 행위를 발견했을 때 두려움 없이 신고할 수 있도록 한다. 또한 제보자가 부당한 보복을 당하지 않도록 철저한 보호 장치를 마련해야 하는데, 이는 내부 부정 행위를 신고할 때의 심리적 장벽을 낮추고, 기업 내 투명성을 높이는 데 기여할 것이다. 우리나라는 2000년대 초반 외환 · 재정위기를 겪으면서 개별 금융관계법에 금융기관을 대상으로 하는 내부통제기준 및 준법감시인에 관한 사항을 도입했다. 그리고 내부회계감사제도가 주식회사 외부감사에 관한 법률에 규정되었다. 그 후 2011년 상사기본법인 상법에 준법통제기준 및 준법지원인제도가 입법됨으로써 내부통제를 통하여 준법 경영 및 투명하고 효율적인 기업문화를 형성하고자하는 법제 차원의 노력이 가속화 되었다. 한편 상법상 준법지원인제도의 안정적인 정착과 후속 보완조치가 논의되는 것과는 별도로(계속되는 금융기관의 비리와 종전 준법감시인제도의 법리적 결함 및 실효성에 대한 회의 때문에) 종전부터 준법감시인제도 하에 있었다는 이유로 상법의 적용이 배제된 금융기관들에 대한 내부통제 강화의 필요성이 강하게 제기되었다. 2015년에 제정된 금융회사의 지배구조에 관한 법률에 금융기관의 내부통제 강화라는 정부의 의지가 반영된 종전에 비해 강화된 금융회사의 내부통제모델이 담긴다. 이런 내부통제 법제화의 흐름 속에 상법상 준법지원인제도와 금융회사의 지배구조에 관한 법률상 준법감시인제도가 내부통제라는 큰 틀에서 함께 논의되어야 함에도 현재는 형식적으로 분리되어 관리되고 있다(박세화, 2016: 39-76).

5) 외부 감독 및 자문 도입

외부 감독 기관이나 전문가들의 자문을 통해 기업의 경영 과정에서 부정 행위를 예방하고, 법적 책임을 명확하게 할 수 있다. 내부 감사뿐만 아니라 외부 감사 제도를 도입하여, 경영진의 행위나 의사결정에 대한 외부에서의 감시를 강화해야 한다. 외부 감사는 독립적으로 운영되며, 기업이 규제 준수와 윤리적 경영을 실천하고 있는지 객관적으로 평가할 수 있다. 기업이 정부와의 관계나 계약에서 발생할 수 있는 법적 위험을 최소화하기 위해 정기적으로 법적 자문을 구해야 한다. 이를 통해 기업은 규정을 준수하면서도 법적 분쟁을 피할 수 있으며, 부정 행위를 사전에 차단할 수 있다.

6) 경영진 및 오너에 대한 성과 평가 및 견제 시스템

오너나 최고 경영진이 개인적인 이익을 위해 윤리적 기준을 무시하지 않도록, 경영진에 대한 공정한 성과 평가 및 견제 시스템을 마련하는 것이 필요하다. 이사회는 오너와 경영진의 의사결정을 감독하고 견제하는 역할을 하는데, 이사회를 통해 의사결정과 법적 위험을 검토하여, 윤리적 기준을 어기지 않도록 한다.

경영진의 성과를 단순한 수익이나 매출 증대에만 국한하지 않고, 윤리적 경영 실천 여부를 포함한 종합적인 기준으로 평가해야 한다. 이를 통해 오너와 경영진이 장기적인 기업 가치 창출을 위해 윤리적 경영에 힘쓰도록 유도할 수도 있다.

2 비윤리적 행동

바이오기업에서 오너가 성희롱이나 차별 대우와 같은 비윤리적 행위를 저지르게 되면 기업의 이미지와 신뢰에 치명적인 손상을 입는다. 비윤리적 행위를 방지하기 위해서는 대책을 수립하고 철저한 감시 및 교육 시스템을 갖춰야 한다.

1) 명확한 윤리 강령 및 규정 수립

성희롱과 차별 대우를 방지하기 위한 명확한 윤리 강령과 규정을 수립하고, 이를 모든 임직원이 준수해야 한다. 바이오기업은 연구, 개발, 임상시험 등에서 다문화적이고 다양한 배경의 직원과 파트너들과 협력하는 경우가 많기 때문에 이러한 강령은 더욱 중요하다.

이를 위해서 성희롱이나 차별 행위에 대해 명확하게 정의하고, 이를 금지하는 규정을 명문화하는 한편, 어떤 행동이 성희롱이나 차별로 간주되는지

구체적으로 기술하여 모든 직원들이 이를 이해할 수 있게 한다. 윤리 강령과 규정을 직원뿐만 아니라 고객과 파트너에게도 공개함으로써 기업이 윤리 경영을 실천하고 있다는 것을 알리는 것이 필요하다. 또한 기업의 경우, 예방교육의 질적 수준을 관리할 수 있는 법·제도적 근거가 부재하거나 형식적으로 작동하는 한계가 있다. 예방교육의 가장 중요한 요소인 강사의 위촉과 자격, 타 교육과의 병행이나 상품판촉과의 결합으로 인한 교육의 수준 저하를 관리 감독할 근거가 부재하기 때문이다. 기업에 초점을 맞추어 성희롱 예방교육의 개선방안으로 예방교육 강사의 자격 기준을 법률로 정하고, 양질의 교육을 위해 '지정예방교육기관' 및 '승인강사양성과정' 관련 규정을 정비하는 것이 필요하다. 또한 기업을 대상으로 하는 성희롱 예방교육 콘텐츠를 지속적이고 체계적으로 제공할 수 있도록 정부의 제공 책무 규정을 신설해야 할 것이다 (구미영, 2023: 30).

2) 전사적인 교육 프로그램 도입

오너와 경영진을 포함한 모든 임직원을 대상으로 성희롱과 차별 대우를 예방하는 교육 프로그램을 정기적으로 시행해야 하는데, 오너나 고위 경영진이 이러한 교육을 통해 올바른 인식을 갖고 모범적인 행동을 보여야 한다.

정기적인 성희롱 예방 교육을 통해 모든 임직원들이 성희롱의 정의, 발생 시 대처 방법, 법적 책임 등을 알 수 있게 한다. 교육은 현실적인 사례를 중심으로 진행하고 무엇보다도 오너와 경영진도 적극적으로 참여하는 것이 필요하다. 성별, 인종, 종교, 장애, 나이 등 다양한 차별의 형태에 대한 교육을 진행하여 모든 직원이 차별 없는 환경을 유지하여 다문화 환경에서의 협력을 촉진하고, 포용적인 기업 문화를 강화하는 데 중점을 두는 것이 필요하다.

3) 익명 제보 시스템 및 내부 조사 시스템 구축

직원들이 성희롱이나 차별을 당했을 때 두려움 없이 이를 신고할 수 있도록 익명의 제보 시스템을 마련하는 한편, 이러한 문제를 철저히 조사하고 적절하게 해결할 수 있는 내부 시스템 구축도 필요하다.

성희롱이나 차별 대우를 목격하거나 피해를 입은 직원들이 익명으로 제보할 수 있는 시스템은 직원들이 두려움 없이 문제를 보고할 수 있도록 하며, 제보에 대한 신속한 조치를 가능하게 해준다. 제보가 들어왔을 때 이를 철저히 조사할 수 있는 프로세스를 구축하고 조사 과정에서 공정성과 기밀성을 유지하는 것이 절대적으로 중요하다. 특히, 오너나 고위 경영진이 관련된 사건일 경우 외부 전문가를 통해 독립적으로 조사를 진행할 필요가 있다.

성희롱이나 차별 행위를 제보한 직원들이 보복을 당하지 않도록 철저한 보호 장치를 마련해야 하는데, 이러한 제보자 보호 정책은 성희롱이나 차별 행위가 회사 내에서 숨겨지지 않도록 하는 데 중요한 역할을 한다.

이와 동시에 성희롱이나 차별 대우를 제보한 사람에 대한 보복성 조치를 금지하는 명확한 정책을 수립함으로써 제보자가 불이익을 당하지 않도록 제도적으로 보호해야 한다.

4) 외부 자문 및 독립적인 성과관리 시스템 도입

외부 전문가나 독립적인 자문 기관의 도움을 받아 성희롱 및 차별 예방 정책을 지속적으로 점검하고 강화해야 한다. 또한, 성과관리 시스템을 통해 공정하고 투명한 인사관리를 시행함으로써 차별 대우를 방지할 수도 있다.

성희롱 및 차별 방지 프로그램과 기업 내 윤리 문화를 정기적으로 점검할 수 있는 외부 감사 및 자문 기구 도입이 필요하다. 외부의 시선으로 기업의 윤리적 운영 상태를 평가하고, 이를 개선하는 것이 의미있는 성과를 내는 데 도움이 될 것이다.

성과 평가와 승진, 보상 등에서 차별 없이 공정한 기준을 적용하는 성과관리 시스템을 구축함으로써 모든 직원이 동등하게 기회를 받을 수 있는 환경을 조성하는 것이 필요하다.

5) 경영진 및 오너에 대한 강력한 견제 시스템

오너나 경영진이 성희롱이나 차별 행위를 할 경우 이를 강력하게 견제하고 징계할 수 있는 내부 시스템을 마련해야 한다. 이러한 견제 시스템은 기업의 윤리적 문화를 유지하는 데 필수적이다.

성희롱 및 차별 행위와 관련된 사건이 발생할 경우 독립적인 이사회나 윤리 위원회가 이를 조사하고, 오너를 포함한 고위 경영진에게 적절한 징계를 내릴 수 있게 하는 것이 필요하다. 이는 경영진이 법적, 윤리적 책임을 회피하지 못하게 하는 견제 장치가 될 것이다.

바이오기업은 성희롱 및 차별 대우를 예방하고, 기업 내 윤리적 문화를 강화함으로써 직원들의 신뢰를 얻고, 고객과 파트너에게 신뢰받는 기업으로 자리잡을 수 있다.

3 경영 실패

경영 실패는 오너가 잘못된 경영 전략을 구사하거나 중요한 의사결정에서 오류를 범해 기업의 성장을 저해하거나 심각한 재정적 문제를 야기하는 상황을 말한다. 특히 바이오기업처럼 고위험, 고수익 구조에서 운영되는 기업에 치명적인 영향을 준다.

바이오기업은 연구개발(R&D)에 대규모 자금을 투자하는 경향이 있는데, 오너가 시장의 수요를 잘못 판단하거나 경쟁사의 기술력에 대한 과소평가 등으로 잘못된 연구개발 투자 결정을 내릴 경우, 수익성 없는 프로젝트에 막대한 자원이 낭비된다. 이로 인해 바이오기업은 재정 위기에 봉착하고 경쟁력 상실로 이어질 수 있다.

오너가 바이오기업의 시장 진출 전략을 잘못 세워 신약이나 바이오제품을 부적절한 시장에 내놓을 경우, 그로 인한 판매 부진은 기업에 심각한 재정적 타격을 준다. 바이오산업은 시장 진입 장벽이 높고 경쟁이 치열하기 때문에 시장 선택이 특히 중요한 요소이다. 바이오기업은 운영비용이 많이 드는 구조적 특성을 갖고 있기 때문에 오너가 비용 절감과 효율화를 적절히 관리하지 못할 경우, 자본 소진으로 인해 기업이 경영 위기에도 빠질 수 있다는 점을 감안해야 한다.

4 가족 경영 리스크

가족 경영 리스크는 기업이 오너의 가족 중심으로 운영될 때 발생할 수 있는 경영적 문제를 말한다. 특히 가족 구성원이 비효율적으로 경영에 관여하거나 능력 있는 외부 인재를 적절히 등용하지 못할 경우, 기업 경영이 비효율적이고 폐쇄적으로 이루어질 수 있다.

바이오기업이 오너 일가의 경영 승계 과정에서 경영 능력이 부족한 가족 구성원에게 리더십을 맡길 경우, 기업의 미래 경쟁력에 악영향을 줄 수도 있다. 세습경영은 경영 전문성이나 시장 변화에 유연하게 대처하지 못하는 경우가 많아 장기적인 혁신과 성장을 방해한다.

가족 중심 경영이 지나치게 이루어질 경우, 기업 내 경영 의사결정이 투명하지 않게 이루어질 수 있다. 이는 투자자들과의 신뢰 관계를 해칠 수 있는데, 기업의 지속가능성에 위협을 가한다. 그리고 가족 구성원 간의 경영권 다툼이나 의견 충돌이 발생할 경우, 기업은 내부적인 불안정성에 시달린다. 이러한 갈등은 경영효율성을 저하시키고, 기업 운영에 심각한 문제를 야기할 수도 있다.

기업을 가업으로 승계해야 할지 아니면 전문경영인에게 맡겨야 할지 여부는 관심의 대상이 된다. 총 662개 기업을 대상으로 해서 분석한 연구 결과는 다음과 같다. 가족기업과 비-가족기업간의 경영효율성에서 가족기업의 경영효율성이 평균적으로 높았고, 통계적으로 5%수준에서 유의한 결과를 보였다. 이러한 결과는 국내 비금융기업들의 경영효율성이 가족이 운영하는 기업일수록 높다는 것을 의미한다. 그리고 가족기업 중 오너CEO로 경영되는 기업과 오너에 의해 채용된 전문경영인이 경영하는 기업 간의 경영효율성의 차이를 분석한 결과, 통계적 유의성은 희박하였으나, 전문경영인이 경영하는 기업군에서 경영효율성이 평균적으로 높은 것으로 밝혀졌다. 이러한 결과는 국내 비금융기업의 경영효율성에서 가족이 기업을 경영하는 형태보다는 전문경영인에게 맡겨 경영을 하는 경우 보다 더 기업가치를 높일 수 있다는 것을 의미한다(백자욱, 2018: 1313-1329).

바이오기업은 기술 혁신과 규제 준수, 윤리적 경영이 중요한 산업이기 때문에, 오너의 리더십 실패는 기업의 존립 자체를 위협한다. 기업은 오너 위기를 사전에 예방하고, 전문경영인 체제를 도입하는 등 외부 견제와 균형을 유지하는 것이 필요하다.

제3절 소비자 불매운동 위기

바이오기업의 생존과 지속가능한 경영을 위협하는 주요 위기 중 하나로는 소비자 불매운동 위기를 들 수 있다. 이는 제품이나 서비스와 관련된 소비자의 불만이 조직적인 저항으로 이어지는 상황을 의미하는데, 이는 기업에 심각한 재정적 손실을 초래할 수 있으며, 기업의 이미지와 브랜드 가치에도 큰 영향을 미친다. 특히, 바이오기업은 제품의 안전성과 관련된 문제나 윤리적인 논란으로 인해 불매운동의 대상이 될 가능성이 크다.

1 제품 결함 및 안전성 문제

불매운동 위기는 소비자들이 제품의 안전성이나 품질에 문제를 제기할 때 발생할 수 있다. 바이오기업은 약품이나 의료기기 등의 부작용이나 결함이 문제가 될 수 있다. 특히 바이오기업이 제공하는 제품은 주로 약품, 의료기기, 유전자 치료제 등 인간의 건강에 직결되기 때문에 제품의 안전성과 품질에 문제가 생기면 소비자들의 강한 반발을 불러일으킬 수 있다.

임상시험 단계에서 발견되지 않은 약물의 부작용이 출시 후 발생할 경우, 소비자들 사이에 불안이 확산되고 불매운동으로 이어질 수 있다. 이는 환자의 건강에 치명적인 영향을 미칠 수 있는 상황에서 특히 위험하다. 그리고 품질 문제가 있거나 결함이 있는 제품이 시장에 출시되어 리콜이 발생하는 경우, 소비자들의 신뢰가 무너지고 대중의 반발을 초래하는 동시에 의료기기나 치료제에서 이와 같은 문제가 발생하면 소비자 불매운동으로 발전할 가능성이 높다. 제조 공정에서 위생 관리가 제대로 이루어지지 않거나 기준을 충족하지 못할 경우에도 제품의 품질과 안전성이 저하되어 소비자 불만과 불매운동이 발생할 수 있다.

기업은 다양한 위기 상황에 처하게 되는데, 위기 상황에 처한 기업이 사용할 수 있는 대응방식은 매우 다양하고 많다. 제품 결함은 대상 속성에 대한 소비자의 평가뿐만 아니라 브랜드 태도 및 구매의도에 부정적 영향을 미치게 되는데, '보상'은 '책임전가' 및 '변명'에 비해 이러한 부정적 영향을 감소시키는 데 효과가 있었다. 반면에 '변명'은 제품 결함 대상 속성에 직접 연결되어 있는 연상에 대한 소비자의 부정적 평가를 감소시키는 데 가장 효과가 좋았지만 그 외 속성에 대한 소비자의 평가에 부정적 영향을 미친다(지준형, 2015: 273-307).

2 윤리적 문제

동물 실험, 환경 오염, 윤리적 기준 미준수 등으로 인해 소비자들이 불매운동을 시작할 수 있다. 사실 바이오산업에서 윤리적인 논란은 매우 민감하고 중요한 문제다. 바이오 제품은 인간과 동물의 생명과 건강에 직결되기 때문에 윤리적 기준에 대한 요구가 높다.

바이오기업이 제품 개발 과정에서 동물 실험에 지나치게 의존하거나 동물 복지에 무관심할 경우, 동물 권리 운동가들과 일반 소비자들로부터 비판받고, 제품 불매운동이 발생할 가능성이 크다. 또한 유전자 변형 생물(GMO) 기술을 사용하는 바이오기업이 생명 윤리적 문제를 충분히 고려하지 않을 때 소비자들은 이에 반발해 불매운동을 벌인다. GMO와 관련된 사회적 논란은 제품의 안전성에 대한 의구심을 갖게 하는 측면도 있다. 임상시험 과정에서 환자에 대한 적절한 보호 조치가 이루어지지 않거나, 환자의 동의 없이 진행되는 경우 소비자의 원성을 산다(이종원, 2014: 243-272; 김승범 · 신호상, 2015: 49-75).

3 기업의 사회적 책임 미이행

사회적 책임을 소홀히 하는 기업에 대해 소비자는 불신하고, 이것이 소비자 불매운동으로 이어질 수 있다. 특정한 바이오기업이 불공정한 업무 관행을 저지를 경우 소비자들이 이에 반발하는데, 바이오기업이 사회적 책임을 다하지 못하는 경우에도 소비자 불매운동이 일어난다. 바이오기업이 생산 과정에서 환경 오염을 초래하거나, 폐기물 관리에 소홀한 경우, 환경 운동 단체와 소비자가 힘을 합쳐 불매운동을 할 수 있다. 기업이 노동자에 대한 부당 대우나 저임금 착취 등의 문제로 비판받을 때 소비자들은 기업의 사회적 책임을 의심하고, 이는 불매운동으로 이어질 수 있다. 특히, 바이오산업에서 이러한 문제가 드러나면 제품을 사용하는 소비자들에게 도덕적 반발을 일으킬 가능성이 크다. 바이오기업이 연구개발(R&D) 과정이나 경영 상황에서 불투명하게 운영되고 있다는 의혹이 제기되면, 소비자들은 기업의 진정성에 의문을 품게 된다. 이는 소비자 불매운동의 주요 원인 중 하나가 될 수 있다(김창수, 2009: 507-545; 김해룡 외, 2005: 67-87; 이상민 · 최인철, 2002; 이한준, 박종철, 2009: 231-250).

CHAPTER

16 정보 유출 및 사이버 공격 위기

제1절 정보 유출 위기

정보 유출 위기는 바이오기업이 보유한 중요한 연구 실험 데이터, 지적재산권, 임상시험 결과, 환자 개인정보 등이 외부로 유출되는 상황이라고 할 수 있다. 중요한 정보가 유출됨으로써 바이오기업은 경쟁력이 약화되고, 법적인 문제 또는 평판 위기가 발생할 수도 있다. 실제로 바이오기업의 연구 실험 데이터와 기술은 경쟁 우위를 확보할 수 있는 핵심 자산인데 정보가 외부로 유출되면, 경쟁사나 해커가 기술을 도용하거나 시장에서 경쟁 우위를 빼앗을 수 있다. 결과적으로 정보 유출은 바이오기업의 장기적인 생존성을 심각하게 위협한다.

그러므로 바이오기업의 정보 유출 위기는 기업의 경쟁력과 신뢰도를 심각하게 저하시키는 중요한 문제다. 지적재산의 유출, 임상시험 데이터 유출,

환자 정보 유출은 바이오기업에 있어 중요한 자산과 데이터를 위협하는 요소라고 할 수 있다.

1 지적재산 유출

지적재산 유출은 바이오기업이 개발한 신약, 생명공학 기술, 혁신적 연구 결과 등과 관련된 특허, 기술 노하우 등이 외부로 유출되는 상황이다. 바이오기업에게 있어서는 기술 혁신이 핵심 자산이라고 할 수 있다. 그렇기 때문에 지적재산이 유출되면 기업의 경쟁 우위가 약화되고, 막대한 경제적 손실이 발생할 수 있다.

바이오기업이 신약이나 기술을 개발하는 과정에서 특허 등록을 하기 전이나 또는 경쟁사보다 우위에 있는 특허 정보가 유출되면 경쟁사는 이를 도용해 빠르게 제품을 상용화할 수 있다. 이로 인해 바이오기업의 시장 진입 전략이 무너지고 기술개발에 투자한 자금도 회수할 수 없는 상황에 처하게 된다.

연구 및 기술 노하우 유출의 경우에는 실험 데이터, 제조 방법, 바이오기술의 특수한 노하우가 외부로 유출되는 경우에는 기업의 연구개발 속도가 뒤처지게 될 것이고 경쟁사에게 시장 점유율을 빼앗길 수 있는 위험성이 있다(강길모 외, 2007: 43-53; 이준복, 2014: 89-120; 김선태, 2008: 37-51).

2 임상시험 데이터 유출

임상시험 데이터 유출은 바이오기업이 신약이나 의료기기를 개발하는 과정에서 임상시험을 통해 확보한 데이터가 외부로 유출되는 상황이다. 임상시험은 제품의 안전성과 유효성을 검증하는 과정인데, 이 데이터가 경쟁사나 제3자에게 유출되는 경우 연구비용의 손실뿐만 아니라, 시장에서의 경쟁력도

상실하는 결과를 가져온다.

임상 데이터의 조기 유출과 관련하여 바이오기업이 갖고 있는 신약 개발을 위한 임상시험 데이터가 외부로 유출되면, 경쟁사들이 이를 활용해 개발 속도를 높이거나 심지어 먼저 승인 절차를 진행할 수 있다. 임상 결과를 공개하기 전에 이 정보가 유출되면 연구의 기밀성이 손상되는 것은 물론이며, 기업의 상업적 가치도 훼손된다. 데이터 왜곡 및 신뢰성 손상과 관련하여 임상시험 데이터가 조작되어 유출되거나 부정확한 정보가 확산되면 규제 기관이나 소비자들이 그 제품에 대한 신뢰를 잃을 수 있다. 이는 결과적으로 기업의 신뢰도와 평판에도 치명적인 영향을 미친다(강준봉 · 우요섭, 2021: 137-143; 조보슬, 2023; 계인국 · 이성엽, 2021: 145-169).

3 환자 정보 유출

환자 정보 유출은 바이오기업이 임상시험이나 기타 연구 과정에서 수집한 환자의 개인정보나 건강 데이터가 외부로 유출되는 것을 말한다. 이러한 환자 정보의 유출은 개인정보 보호법에 위반되는 것인 동시에, 법적 문제와 평판 위기를 불러 일으킬 수도 있다.

환자 개인정보 유출과 관련하여 환자의 이름, 생년월일, 주소, 건강 기록, 의료 기록 등의 정보가 유출되는 경우, 법적 소송과 함께 벌금이 부과된다. 또한, 환자들의 신뢰를 잃어 임상시험 참여율이 감소하고, 바이오기업의 평판에도 악영향을 미친다. 많은 국가에서 환자 개인정보 보호를 위한 엄격한 법적 규제가 존재하는데, 이러한 규정을 위반한 기업은 막대한 벌금과 법적 제재를 받을 수 있으며, 신뢰도 저하로 이어진다(전영주, 2012: 251-258; 박지용, 2012: 163-190; 지혜정 외, 2008: 235-241).

제2절 사이버 공격 위기

사이버 공격 위기는 해커나 악의적인 행위자가 바이오기업의 IT 시스템을 공격해서 중요한 데이터에 접근하거나 정보 시스템을 마비시키는 경우를 말한다. 바이오기업은 대규모 연구 데이터들을 확보하고 저장하며 복잡한 정보시스템을 운영하기 때문에 사이버 공격에 취약할 수 있다. 바이오기업은 사이버 공격을 통해 연구 데이터나 지적재산이 손실되거나 시스템이 마비되면, 연구개발이 지연되고 운영이 중단되는 등 심각한 피해를 입는다. 특히 사이버 공격은 기업의 자산을 탈취하거나 파괴하는 즉각적인 위협으로도 작용한다.

바이오기업은 대규모 연구 데이터와 민감한 정보를 다루기 때문에 사이버 공격의 주요 표적이 될 수 있다. 랜섬웨어 공격, 피싱 및 내부자 공격, DDoS 공격은 바이오기업의 운영을 방해하고, 중요한 데이터를 손상시키거나 탈취하는 심각한 위협이다.

1 랜섬웨어 공격

랜섬웨어 공격의 경우는 해커가 기업의 데이터를 암호화한 후 이를 복구하기 위해서 금전을 제공해야 한다고 요구하는 공격이다. 바이오기업에서는 연구 데이터나 임상시험 기록이 랜섬웨어에 의해 암호화되면 연구와 개발 일정이 지연되는 한편, 데이터 복구가 불가능할 경우 막대한 손실을 입을 수 있고, 피해 복구가 어려워 기업의 운영에 막대한 타격을 줄 수 있다.

랜섬웨어 공격은 바이오기업의 연구 데이터를 암호화하여 시스템이나 데이터에 대한 접근을 차단한다. 따라서 중요한 임상시험 기록이나 연구 결과, 지적재산권 관련 데이터가 암호화되면 복구가 어렵고, 개발 일정도 지연되는 심각한 문제가 발생한다.

공격자는 데이터를 복구하기 위해 금전을 요구하며, 이를 지불하지 않을 경우 데이터를 파괴하거나 공개하겠다고 협박을 한다. 금전을 지불한 후에도 데이터가 완전히 복구되지 않을 가능성도 있는데, 랜섬웨어 공격이 성공하면 바이오기업의 연구, 생산, 운영 시스템이 일시적으로 또는 장기적으로 중단될 수 있다. 이는 연구개발이 지연될 뿐만 아니라 기업의 평판에도 큰 타격을 주며, 신뢰를 잃은 파트너들과 투자자들의 이탈을 가져올 수도 있다(문재연·장영현, 2016: 79-85; 양종모, 2019: 31-55;전인석 외, 2018: 155-165).

2 피싱 및 내부자 공격

피싱 및 내부자 공격은 직원들을 대상으로 한 피싱 공격을 통해 악성 코드를 설치하거나, 내부자의 고의적 행위로 인해 데이터가 외부로 유출되는 상황을 말한다. 특히, 민감한 정보에 접근할 수 있는 내부 인원을 대상으로 한 공격이 많아, 내부 보안 체계를 갖추는 것이 무엇보다도 중요하다.

피싱 공격과 내부자 공격을 살펴보면, 피싱 공격은 이메일, 메시지 등을 통해 악성 소프트웨어를 설치하거나 기밀 정보를 탈취하는 공격이다. 그리고 내부자 공격은 바이오기업의 내부 직원이 고의 또는 실수로 중요한 기밀 정보를 외부로 유출하는 행위를 말한다. 바이오기업의 경우에는 연구 데이터나 임상시험 기록이 피싱이나 내부자 공격으로 인해 유출되면 연구개발에 심각한 영향을 받는다.

먼저, 피싱 공격은 해커가 바이오기업 직원들에게 신뢰할 만한 이메일을 보내 악성 링크나 첨부 파일의 클릭을 유도한다. 그리고 나서 해커는 내부 시스템에 접근하거나, 직원의 계정 정보를 탈취하여 중요한 데이터에 접근한다(이재일 외, 2020: 91; 유재형 외, 2008: 49-56; 김주현 외, 2009: 113-124).

다음으로 내부자 공격의 경우에는 바이오기업의 내부자가 의도적 또는 비의도적으로 기업의 기밀 정보를 유출하는 경우를 말한다. 연구 데이터나 임상시험 기록, 특허 정보 등이 내부자의 부주의 또는 고의적인 행동으로 외부에 유출되면 바이오기업의 경쟁력은 치명적인 영향을 받는다.

피싱 공격이나 내부자 공격을 통해 중요한 데이터를 외부로 유출하거나 악성 프로그램을 설치하면, 신약 개발 등 중요한 연구개발 과정이 지연되거나 데이터 손실이 발생할 수 있다(오두환 외, 2011: 1356-1366; 김동률 · 한군희, 2013: 675-682).

3 DDoS(분산 서비스 거부) 공격

DDoS(Distributed Denial of Service) 공격은 기업의 IT 시스템을 과부하 상태로 만들어 연구개발 시스템이나 클라우드 서비스 등을 중단시키는 공격이다. 이를 통해 바이오기업의 정상적인 운영을 방해하고, 제품 개발에도 차질을 준다. 바이오기업이 DDoS 공격을 당하면 연구개발에 필요한 데이터 접근이나 시스템 가동이 중단되기 때문에 운영에 큰 지장을 받을 수 있다. DDoS 공격은 다수의 컴퓨터에서 바이오기업의 서버에 트래픽을 일시에 몰아넣어 시스템 과부하로 서버를 마비시킨다. 이로 인해 연구 데이터, 임상시험 데이터, 내부 관리 시스템에 대한 접근이 차단되며, 기업의 연구개발 일정에 심각한 차질이 발생한다. DDoS 공격으로 인해 서비스 중단 및 경제적 손실이 발생한다. 바이오기업이 클라우드 기반 연구 플랫폼을 사용하거나 외부 시스템에 의존하는 경우, DDoS 공격으로 인한 서비스 중단은 엄청난 경제적 손실을 초래할 수 있다. 이와 함께 연구 및 생산이 중단되면 기업의 경쟁력도 타격을 입는다. DDoS 공격 이후 시스템을 복구하고 방어 시스템을 강화하는 데 막대한 비용이 발생한다(박원형 외, 2009: 151-159; 전용희 외, 2009: 46-57; 박용규, 2013: 28-38; 이진수 외, 2009: 43-51).

CHAPTER

17 재난, 산업재해, 중대시민재해 위기

제1절 재난 위기

자연재난과 사회재난은 바이오기업의 생존성과 지속가능한 경영에 심각한 위협이 된다. 이들 재난은 기업의 운영을 중단시키거나 공급망을 붕괴시키는 등 기업의 재정적 안정성과 명성에 큰 영향을 미치는데, 바이오기업은 연구개발(R&D), 생산, 유통 과정에서 고도의 안정성과 신뢰성을 요구하기 때문에 재난 발생으로 인한 피해에 더욱 취약하다.

1 자연재난

자연재난은 지진, 홍수, 태풍, 화산 폭발, 폭설 등 자연 현상으로 인해 발생한다. 이러한 자연재난은 예측하기 어려운 경우가 많으며, 그 영향은 광범위하다. 바이오기업은 물리적 시설뿐만 아니라 연구 데이터, 생산 설비, 공급망 등에 대해서도 커다란 손실을 입을 수 있다(이재은 외, 2006).

1) 자연재난이 바이오기업에 미치는 영향

자연재난은 인간의 통제 범위를 넘어서는 자연 현상으로 인해 발생하는 재해이다. 자연재난의 발생은 기업의 경영 환경을 직접적으로 위협하는데, 그로 인한 피해는 단기간의 재정적 손실을 넘어서 기업의 장기적인 생존과 지속가능한 경영에도 심각한 영향을 미친다. 특히 바이오기업의 경우, 생명공학 기술과 의약품 생산 과정에서 고가의 장비와 복잡한 연구 데이터가 필요하므로, 자연재난으로 인한 파괴나 중단은 기업의 경쟁력에 치명적인 손실을 초래한다(이재은, 2002: 165-186; 이동규 · 민연경, 2016: 119-142; 권건주, 2005: 79-92; 김용균 외, 2015: 179-188; 양기근, 2024; 이재은, 2018).

바이오기업의 연구소, 생산 공장, 물류 센터 등과 같은 주요 시설이 자연재난으로 인해 물리적으로 파손되면 연구개발 및 생산 활동이 중단된다. 이는 기업의 연구 성과 및 제품 생산에 심각한 지장을 초래한다. 특히 바이오기업은 고가의 장비를 사용하므로, 장비 손상 시 큰 경제적 손실이 발생한다.

자연재난으로 인해 연구소가 파괴되거나 데이터 보관 서버가 손상되면 중요한 연구 데이터와 지적재산이 사라진다. 바이오기업에서 장기간 진행된 연구 데이터는 다시 구하기 힘든데, 이러한 데이터가 한순간에 사라질 수 있다는 점에서 매우 심각한 위험이다. 자연재난은 생산 시설과 물류 네트워크에 혼란을 초래하여 제품 공급에 차질을 준다. 예를 들어, 주요 원료나 화학물질이 공급되지 않으면 생산이 중단되며, 고객에게 제품을 제때 제공하지 못하는 경우에 시장 신뢰도가 낮아진다. 자연재난으로 인해 직원들이 피해를 입거나 작업 환경이 위험해지는 경우, 기업 운영은 중단될 수밖에 없다. 특히 바이오기업의 연구와 생산은 고도로 숙련된 인력에 의존하므로 직원 안전이 보장되지 않으면 장기간에 걸쳐 운영에 차질이 생긴다.

생산 공장이나 연구 시설이 홍수나 태풍으로 인해 침수되면 기계와 연구자료가 손상된다. 특히 화학물질이나 생물학적 시료가 유출될 경우, 환경적 피해와 법적 책임이 뒤따른다. 자연재난은 바이오기업을 비롯한 모든 산업에 있어 예측이 어렵고 치명적인 영향을 미칠 수 있는 위협 요소다. 바이오기업은 연구개발(R&D), 생산, 유통 등 여러 단계에서 고도의 정밀성과 안전성이 요구되기 때문에, 자연재난이 발생하면 그 피해는 물리적 시설을 넘어 연구 데이터, 생산 설비, 공급망 등에도 광범위하게 미친다.

2) 자연재난으로부터 업무 연속성 확보의 중요성

자연재난은 바이오기업의 안정적 운영을 위협하는 중요한 요인이다. 자연재난은 물리적 시설과 인프라를 파괴할 수 있다. 바이오기업의 연구소나 생산 공장이 피해를 입을 경우 연구와 생산이 중단되는데, 이는 바이오기업의 의약품 생산과 연구개발을 지연시켜 시장에서의 경쟁력 약화를 초래한다. 자연재난으로 인해 데이터 저장 시스템이 파괴되거나 정전이 발생할 경우 중요한 연구 데이터나 지적자산을 잃게 된다. 수 년 간에 걸쳐 진행된 연구 프로젝트가 중단되면 기업의 혁신 역량에 치명적인 영향을 미친다. 자연재난은 공급망 중단을 초래할 수도 있다. 바이오기업은 원료 및 장비 공급망에 크게 의존하는데, 주요 물품의 공급이 중단되면 생산 활동에 심각한 차질이 발생하고 제품의 유통이 지연될 수 밖에 없다. 더불어 자연재난은 직원들의 안전을 위협하고, 일시적 혹은 장기적인 운영 중단을 초래할 수 있다. 인력 손실과 더불어 기업 내부에서의 운영이 불가능해지면 전체적인 생산성 저하와 경영 위기에 직면한다.

바이오기업의 업무 연속성을 위협하는 자연재난을 살펴보면 다음과 같다. 첫째, 지진은 지각의 움직임으로 인해 발생하는 자연재난이며, 연구 시설이나 생산 설비에 심각한 구조적 손상을 준다. 둘째, 연구소, 생산 공장, 물류 시설이 지진으로 인해 파괴되거나 손상을 입을 경우 생산과 연구가 중단된다. 셋째, 정전이나 장비 파손으로 인해 연구 데이터가 손실되거나 복구가 불가능해질 수 있다. 고가의 실험 장비가 지진으로 손상될 경우 대체 비용이 크고, 장비 재배치에 시간이 걸릴 수 있다. 넷째, 홍수는 폭우나 강의 범람 등으로 발생하며, 시설 침수와 더불어 다양한 문제를 야기한다. 다섯째, 연구

시설이나 생산 설비가 침수되면 기계와 장비가 손상될 뿐만 아니라, 화학물질이나 생물학적 물질이 유출되어 환경오염을 일으킬 수 있다. 여섯째, 홍수로 인해 전력 및 통신 인프라가 손상되면 연구 활동과 생산 라인이 멈추며, 기업 운영이 장기간 중단된다. 일곱째, 태풍은 강한 바람과 폭우를 동반하며, 대규모 자연재난 피해를 유발한다. 여덟째, 태풍으로 인한 강풍과 폭우는 연구소와 공장의 외부 구조를 손상시키고, 정전으로 인해 연구 및 생산 과정이 중단된다. 아홉째, 태풍이 지나가는 지역의 교통 및 물류 시스템이 마비되면 바이오기업이 의존하는 원재료와 장비의 공급망이 중단된다. 열 번째, 화산 폭발은 지진과 함께 발생하는 경우가 많으며, 대규모의 재산 피해와 함께 대기 중의 유해 물질 확산을 초래하고, 동시에 화산 폭발로 인해 발생하는 화산재는 공기 중에 퍼져 건물과 장비에 쌓이고, 전자 장비의 손상을 가속화한다. 열한 번째, 화산재는 대기 오염을 일으켜 공기 청정 시스템이 있는 시설에도 영향을 미치며, 이로 인해 생물학적 실험 결과에 영향을 준다. 열두 번째, 폭설과 한파는 교통과 물류에 큰 타격을 주며, 공급망을 혼란에 빠뜨린다. 열세 번째, 폭설로 인해 도로와 공항이 폐쇄되면 원료나 제품의 이동이 지연되거나 중단된다. 이는 특히 의약품이나 백신과 같은 빠른 유통이 필요한 제품에 큰 타격을 준다. 열네 번째, 한파로 인해 에너지 수급에 차질이 생기면 난방이 필수적인 연구소나 생산 공장이 멈추거나 연구 환경이 훼손된다(최현재 · 김종업, 2012: 48-71; 나관식, 2006: 75-92; 최명길, 2016: 119-128; 정용균 · 정종수, 2023: 97-106).

2 사회재난

1) 사회재난이 바이오기업에 미치는 영향

COVID-19와 같은 팬데믹은 바이오기업에 이중적인 영향을 미친다. 의약품과 백신 수요는 증가할 수 있지만, 생산, 연구, 유통이 중단되어 기업 운영이 어려워질 수도 있다. 팬데믹은 인력 부족, 공급망 단절, 임상시험 중단 등을 초래한다. 또한 글로벌 경제 위기나 지역적 금융 위기는 바이오기업의 자금 조달과 투자에 심각한 영향을 준다. 연구개발(R&D)에 많은 자금을 투자하는 바이오기업은 자금 흐름이 막히면 연구 프로젝트가 중단되거나 지연될 수 있기 때문이다. 정치적 불안정이나 전쟁은 바이오기업의 현지 운영과 공급망을 마비시키는데, 전쟁이 발발한 지역에서의 연구소나 생산 시설은 피해를 입기 쉬우며, 현지 법적 규제도 변화할 수 있어 기업 운영에 큰 혼란을 초래한다. 바이오기업은 테러와 사이버 공격의 대상이 될 수 있다. 특히 사이버 공격은 연구 데이터, 임상시험 데이터, 기업 기밀 정보의 유출 및 손실을 초래한다. 바이오기업이 보유한 데이터는 고부가가치 자산이므로 사이버 공격에 매우 취약하다. 경제 불황은 바이오기업의 자금 조달 능력을 약화시키며, 투자자들의 위험 회피 성향이 강해짐에 따라 연구개발에 필요한 자금을 확보하는 것이 어려워질 수 있다(양기근, 2024; 이재은, 2018).

2) 사회재난에 대한 대응 방안

사회재난은 인간 사회에서 발생하는 다양한 위기로 인해 발생하는 것을 말한다. 이는 사회적, 정치적, 경제적 환경에서 발생할 수 있는데, 사회재난에는 화재, 붕괴, 폭발, 추락, 침몰 등과 같은 인적재난과 전염병, 전쟁, 테러, 사회적 갈등, 경제 위기, 인플레이션 등이 포함된다. 이러한 사회적 요인은 바이오기업의 운영을 혼란에 빠뜨릴 수 있으며, 특히 글로벌화된 바이오기업은 이러한 위기에 더욱 취약하다.

사회재난에 대비한 위기관리 시스템을 구축하여, 재난 발생 시 신속하게 대응할 수 있도록 준비해야 한다. 이를 위해 기업 내에 비상 대응 계획을 수립하고 정기적으로 훈련할 수 있는 시스템을 갖춰야 한다.

연구소와 생산 시설을 다양한 지역에 분산시켜 특정 지역의 재난이 기업 전체에 영향을 미치지 않도록 하는 것이 필요하다. 또한 공급망을 다각화하여 한 지역에서 문제가 발생해도 대체 공급원을 확보할 수 있도록 준비해야 한다. 사회재난으로 인한 사이버 공격 위협을 방지하기 위한 데이터 보안 시스템을 강화하고, 정기적으로 보안 점검을 실시함으로써 업무 연속성을 확보하기 위해 노력해야 한다. 재난 발생 시 기업이 운영을 지속할 수 있도록 비상 자금을 마련하고, 재정적 유연성을 확보하는 것이 중요하다.

제2절 산업재해

1 산업재해의 의의

산업재해 방지는 기업이 안전한 작업 환경을 제공하여 직원들의 생명과 건강을 보호하는 것을 목표로 한다. 산업재해가 발생하는 것을 막음으로써 기업은 법적 책임과 의무를 다하고, 사회적 책임을 이행하는 것으로 이해할 수 있다. 바이오기업은 연구개발(R&D) 및 생산 과정에서 다양한 화학물질, 생물학적 위험요소, 실험 장비 등을 사용하기 때문에 위험요소로부터 직원을 보호하기 위해 최선을 다해야 한다. 안전한 근무 환경을 조성하면 직원들의 만족도와 생산성이 높아질 것이다. 또한 산업재해로 인한 작업 중단 및 재정 손실을 예방할 수도 있다.

바이오기업에서 산업재해를 방지하는 것은 기업의 생존성과 지속가능한 경영을 하는 데 있어서 매우 중요한 요소로 작용한다. 특히 중대재해처벌법의 법적 규제가 강화되면서, 산업재해가 발생하는 경우, 바이오기업은 과거와 달리 심각한 법적, 재정적, 평판의 위기에 처할 가능성이 커졌다. 바이오기업의 종사자들은 고위험 작업 환경에서 활동하는 경우가 많아 산업재해를 방지하는 것은 기업의 경쟁력 유지와 지속적인 성장에 필수적이다. 중대재해처벌법에 따르면 중대산업재해가 발생할 경우 사업주나 경영 책임자는 강력한 법적 책임을 진다. 바이오기업이 법적 기준을 준수하지 않으면 막대한 벌금, 기업 이미지 손상, 그리고 경영진의 형사 처벌로까지 이어질 수 있다.

바이오기업에서 중대산업재해가 발생하는 경우 언론은 기업의 안전 관리 부족의 문제점 등을 보도할 것이고, 이는 고객과 파트너의 신뢰를 손상시킬 수 있다. 특히 바이오기업은 인간의 건강과 안전을 직접 다루는 분야이기 때문에 기업의 안전관리 수준이 기업의 이미지와 직결된다. 중대산업재해는 기업에 막대한 재정적 부담을 준다. 재해로 인한 작업 중단, 피해 보상, 법적 비용 등은 모두 기업의 재정에 큰 타격을 줄 수 있는 것으로서, 장기적으로는 기업의 지속가능한 생존성에 심각한 위협이 될 수 있다. 안전한 작업 환경을 조성함으로써 바이오기업은 지속가능한 경영을 이룰 수 있다. 이는 직원의 안전을 보장하고, 사회적 책임을 다하며, 장기적으로 건강한 조직 문화를 구축하는 데 필수적인 요소다(문성현, 2004: 155-169; 박경돈, 2013: 1-22; 김유창, 1998: 145-150; 황동혁, 2022: 1-29; 심재진, 2021: 39-73).

2 바이오기업에서 발생할 수 있는 산업재해의 종류

바이오기업은 연구실이나 생산 시설 등에서 다양한 형태의 위험요소에 노출되어 있기 때문에 산업재해가 발생할 가능성이 매우 높다.

1) 화학물질 노출

바이오기업에서는 연구개발 및 생산 과정에서 다양한 화학물질을 사용하게 된다. 이들 화학물질이 적절하게 관리되지 않으면 화상, 중독, 호흡기 손상 등의 재해가 발생할 수 있다. 특히 위험성이 높은 화학물질을 취급하는 경우에는 엄격한 안전 관리가 필요하다.

바이오기업 연구실 종사자들은 바이러스, 박테리아, 기타 병원체 등 생물학적 위험요소에 노출될 가능성이 크다. 실험 과정에서 이런 병원체들이 유출되거나, 실험 장비에 의해 감염이 발생할 수 있기 때문이다.

바이오기업은 의약품 개발, 실험 및 생산 과정에서 다양한 화학물질을 취급한다. 화학물질은 연구와 생산에서 필수적인 역할을 하지만, 제대로 관리되지 않으면 직원들에게 큰 위험을 초래한다. 그리고 화학물질들을 살펴보면 유해성이 높은 화학물질의 경우에는 발암 물질, 독성 물질, 부식성 화학물질 등이 포함되며, 이러한 물질이 피부에 접촉하거나 흡입될 경우 심각한 건강 문제가 나타난다. 화학물질은 증기, 가스, 분진 등의 형태로 공기 중에 퍼지거나, 액체 상태로 유출되었을 때 노출될 수 있다. 장기적으로는 만성 질환을 유발할 수 있으며, 단기 노출로도 화상, 호흡기 손상, 중독 등의 증상을 일으킬 수도 있다.

그러므로 화학물질을 취급하는 경우에는 적절한 환기 시스템을 갖추고, 개인 보호 장비(PPE)를 착용하며, 위험 물질 취급 절차를 엄격하게 준수하는 것이 중요하다. 또한 화학물질의 저장 및 처리 규정을 철저히 준수해야 하며, 사고 발생 시 즉각 대응할 수 있는 안전 시스템 구축도 필요하다.

2) 생물학적 위험요소

바이오기업은 다양한 생물학적 위험요소들인 병원체, 세포주, 바이러스, 박테리아 등을 다룬다. 생물학적 물질이 실험이나 생산 과정에서 유출되거나 관리 소홀로 사람에게 노출되는 경우에 산업재해로 이어진다.

바이오기업에서는 병원체와 감염의 위험성이 크다. 바이러스나 박테리아, 기생충, 세균 등과 같은 병원체는 실험실에서 유출될 경우, 작업자에게 감염될 위험성이 있다. 특히 인체에 감염될 수 있는 병원체나 유전자 조작 생물체(GMO)는 더욱 신중하게 다루는 것이 필수적이다.

유전자 조작 생물이나 재조합 DNA 기술을 사용하는 경우에 이러한 물질이 외부 환경으로 유출되면 생태계에 영향을 미치거나 사람에게 건강 위험을 초래할 수 있다.

생물학적 위험요소를 다루는 작업자에게는 고도로 통제된 실험 환경을 제공하고, 적절한 생물안전 등급(Biosafety Level, BSL)에 맞는 장비와 보호 장치를 마련해야 한다. 또한 병원체 및 위험 물질 취급 절차를 엄격히 준수하며, 생물학적 위험요소의 유출 사고 시에 신속한 대응 방안을 마련하는 것이 필요하다.

3) 실험 장비 사고

바이오기업이 연구개발이나 임상시험 등에서 사용하는 실험 장비는 고도로 정밀하고 복잡한 장비가 많다. 이들 장비를 잘못 다루거나 유지관리를 소홀히 하는 경우에는 심각한 사고를 유발한다.

기계적 결함으로 인해 문제가 발생할 수 있는데, 원심 분리기, 고압 장치, 레이저 장비 등은 사용자에게 물리적 손상을 입힐 수 있다. 원심 분리기의 경우 회전하는 동안 부품이 파손되거나 과부하가 걸리면 파편이 발생해 부상을 입을 수 있다. 또한 고온 및 고압 장비와 관련하여 고온을 유지해야 하는 실험 장비나 고압 가스를 사용하는 장비는 관리 소홀로 인해 화상, 폭발 등의 사고로 이어질 수 있다. 그렇기 때문에 실험 장비를 정기적으로 점검하고 유지 관리하며, 장비 사용법을 철저히 교육하는 것이 필수적이다. 또한, 사용자가 장비를 올바르게 다루도록 훈련하고, 안전 장치가 제대로 작동하는지 수시로 확인하도록 매뉴얼을 갖추는 한편 지침 교육을 실시해야 한다.

4) 화재 및 폭발 사고

바이오기업에서는 인화성 물질이나 가스가 사용되는 경우가 많다. 그러다보니 화재 및 폭발 사고가 발생할 위험성도 커진다. 이같은 화재 및 폭발 사고는 대규모 재산상 손실뿐만 아니라 많은 인명 피해도 초래한다.

실험실이나 생산 과정에서 사용하는 인화성 물질이나 가스가 누출되면 공기 중에서 폭발성 혼합물을 형성할 수 있다. 이 경우에 작은 불꽃이나 정전기 만으로도 폭발이 발생할 수 있다.

연구실이나 실험실에서 인화성 물질이나 고압 가스통을 부주의하게 다루거나, 장비가 오래되어 제대로 작동하지 않을 경우 화재나 폭발로 이어질 수 있다. 화재 및 폭발 사고를 방지하기 위해서는 가스 누출을 감지할 수 있는 시스템을 설치하고, 인화성 물질을 안전하게 저장할 수 있는 환경을 갖춰야 한다. 또한, 화재 발생 시 신속하게 대응할 수 있는 소방 설비와 비상 대피 계획을 마련해 두어야 한다.

5) 물리적 사고

물리적 사고는 연구소나 생산 시설에서 무거운 물체를 옮기거나, 이동 중 미끄러짐, 넘어짐 등의 사고로 인해 발생한다. 이는 상대적으로 빈번하게 일어나는 산업재해 유형 중 하나인데, 낙하물 사고의 경우가 전형적인 물리적 사고로 볼 수 있다. 실험실에서 무거운 장비나 화학물질을 잘못 설치하거나, 높은 곳에 쌓여 있던 물체가 떨어지는 경우 작업자가 큰 부상을 당할 수 있다.

미끄러짐이나 넘어짐의 경우도 물리적 사고로서 빈번하게 발생한다. 연구실이나 실험실 바닥에 물이나 화학물질이 엎질러져 있거나, 정리되지 않은 장비 등으로 인해 작업 공간이 깨끗하게 정돈되어 있지 못하면 미끄러짐이나 넘어짐과 같은 사고들이 발생하기 쉽다.

제3절 중대시민재해

1 중대시민재해의 의의

중대시민재해는 기업의 제품이나 서비스, 또는 기업 활동의 결과로 인해 다수의 일반 시민이 건강이나 생명, 안전에 위협 받는 상황이다. 바이오기업의 의료 제품이나 의약품, 생명공학 기술과 관련된 제품이 인체에 직접적으로 영향을 미치기 때문에, 중대시민재해가 발생하면 기업의 법적 책임뿐만 아니라 사회적 책임도 크게 부각된다. 중대시민재해가 발생하는 것은 주로 사고나 제품 문제로 인해서 일반 시민이 큰 피해를 입는 경우인데, 기업 생존과 지속가능한 경영에도 심각한 위협이 될 수 있다.

바이오기업은 사람들의 건강과 생명을 직접적으로 다루는 산업 분야이기 때문에, 제품 안전성 문제는 시민의 생명과 건강에 영향을 준다. 만일 제품이나 서비스의 결함으로 인해 시민이 피해를 입으면 기업은 도덕적 비난과 함께 심각한 법적 책임을 진다. 또한 중대시민재해가 발생하면 바이오기업은 신뢰성과 평판에 치명적인 손상을 입는다. 대중과 주주, 신규 투자자의 신뢰를 잃게 될 것이며 결국 장기적인 생존성과 지속가능 경영, 기업의 성장에 위협을 받게 될 것이다.

이처럼 중대시민재해는 단순하게 안전 사고의 범위를 넘어서서 기업의 존립에 심각한 위협을 줄 수 있다. 바이오기업은 제품의 안전성을 준수해야 할 높은 수준의 책임성을 요구받기에, 중대시민재해가 발생할 경우에는 경영자나 기업에게 법적, 사회적, 재정적인 차원에서 큰 책임을 요구한다.

중대시민재해가 발생하면 법적 소송이 뒤따르게 된다. 중대재해처벌법의 규정에 의거하여 바이오기업 경영진 역시 형사 책임을 질 수 있고, 경영진의 형사 처벌로 인한 리더십의 공백에 따른 기업의 재정적 부담 또한 커질 것이다. 특히, 중대시민재해 발생에 따른 피해 보상금, 벌금, 소송 비용, 제품 리콜 비용 등은 바이오기업이 감당하기 어려운 재정적 한계에 봉착할 수 있을 정도로 심각한 타격을 줄 수 있는데, 기업 파산으로까지 이어질 수 있다. 이와 동시에 중대시민재해는 소비자와 시민, 방송, 소셜미디어 등의 폭발적인 관심을 받게 되어 바이오기업의 사회적 책임성에 대한 논란에 직면한다. 이로 인해 바이오기업의 이미지 손상은 물론 평판 위기로 이어져 고객과 파트너의 신뢰를 잃을 수 있다(김한균, 2021: 95-117; 김영국, 2021: 111-147; 안요환, 2021: 63-88; 한성훈, 2022: 99-124; 김진영, 2021; 43-66).

2 바이오기업에서 발생할 수 있는 중대시민재해의 종류

바이오기업은 주로 의약 관련 제품과 생명공학 기술을 중심으로 활동하기 때문에, 다양한 유형의 중대시민재해에 직면할 수 있다. 바이오기업에서 중대시민재해가 발생할 수 있는 경우는 기업의 제품이나 서비스가 일반 시민의 건강과 안전에 심각한 영향을 미치는 상황이다. 바이오기업에서 발생하는 중대시민재해가 건강과 안전에 심각한 영향을 준다는 것은 결국 시민의 생명에 대한 직접적인 위협으로 연결되기 때문에, 이는 곧 바이오기업의 생존과 지속가능한 경영에 큰 위협인 것이다. 의약품은 물론 의료기기, 백신, 생물학적 치료제, 유전자 치료제와 같은 제품들은 바이오기업의 핵심 사업이자 대중들에게 직접적인 영향을 미치는 요소다. 이들 제품에서 문제가 생기면, 법적 소송, 대규모 리콜, 브랜드 이미지 손상과 같은 심각한 결과가 수반된다.

1) 의약품 부작용 및 안전성 문제

바이오기업은 의약품을 개발하는 과정에서 규제기관에서 요구하는 다양한 임상시험과 안전성 검증을 거친다. 하지만 새로운 의약품을 출시한 후에도 예상하지 못한 부작용이 나타날 수 있는데, 부작용이 심할 경우에는 대중의 건강과 안전을 위협하는 중대시민재해로 이어질 수 있다.

임상시험을 하는 과정이나 결과에서 발견되지 않았던 부작용이 제품 출시 후에 일반 소비자나 환자에게서 나타날 수 있다. 이는 특별하게 장기 복용 의약품이나 임산부나 노인과 같은 특정 집단에게서 문제가 발생할 가능성이 큰데, 부작용으로 인해 심각한 건강 문제나 사망 사례가 발생하는 경우에는 대규모 소송과 리콜 사태로 이어질 수도 있다.

제품을 제조하는 과정에서 오염되거나 불순물이 섞여 들어가 약물이 안전 기준에 미달할 경우, 이를 복용한 시민들에게 심각한 건강 문제를 초래한다. 오염된 의약품이나 불순물이 포함된 제품으로 인해 인체 장기가 손상되거나 심장에 이상이 생기는 경우, 신경 손상 등 다양한 부작용이 발생할 수 있다.

바이오산업에서는 바이오기업이 신약을 개발하는 초기 단계에서 관련된 충분한 데이터 축적이 없는 상태에서 의약품을 시장에 출시하면 장기적인 부작용을 예측하기 어렵다. 이에 의약품 안전성에 대한 의문이 제기될 것이고, 시민의 건강에 위험을 초래할 수도 있다.

2) 의료기기 결함

바이오산업 부문에서 만들어지는 의료기기는 환자의 생명과 직결된 장치들이 많기 때문에, 결함이 발생할 경우 중대한 인명 피해로 이어지기 쉽다. 만일 인공심장, 인공관절, 페이스메이커와 같은 이식형 의료기기에 결함이 발생하면 환자에게 치명적인 결과를 초래한다. 기기가 제대로 작동하지 않으면 심각한 신체적 손상이나 생명에 위협을 줄 수 있고, 즉각적인 수술이나 교체가 필요한 상황이 발생할 수도 있다.

의료기기를 사용하는 중에 고장이 나거나 제대로 작동하지 않으면 환자의 치료가 지연되거나 잘못된 치료가 이루어질 수도 있다. 예를 들면, 수술 중에 사용하고 있는 의료기기가 작동을 멈추면 이는 환자의 생명이 끊어지는 것을 의미한다. 결국 이러한 의료기기의 작동 중단은 중대한 법적 문제로 이어진다.

특히 오늘날에는 대부분의 많은 의료 기기들이 디지털화되고 있는데, 이는 소프트웨어 결함은 물론 사이버 보안의 취약성으로 인해 기기가 오작동하거나 환자의 데이터를 제대로 처리하지 못하는 상황을 가져올 수도 있다. 이러한 결함은 환자의 생명과 안전에 직접적이고 치명적인 위협이 될 수 있다.

3) 바이오제품 오염 및 유출

바이오제품은 생명공학 기술을 통해 개발된 제품으로, 세포주, 바이러스, 백신, 항체 등이 있다. 이들 제품이 오염되거나 잘못 관리되어 외부로 유출되는 경우에는 심각한 중대시민재해로 이어질 수 있다. 바이오제품을 생산하는 과정에서 오염이 되면 이를 사용한 환자에게 감염이나 심각한 건강 위험을 초래한다. 생물학적 그리고 생물학적 물질인 연구소나 생산 시설에서 만든 바이러스나 세균과 같은 병원체가 유출되면, 이는 시민들의 건강에 직접적인 위협이 된다. 이러한 유출은 바이오테러와 마찬가지의 영향을 미치며, 대규모 전염병 확산을 초래할 수도 있다. 특히 바이오 의약품을 개발하는 과정에서 유출된 물질은 큰 재해로 이어질 수 있다.

4) 백신 및 생물학적 치료제 문제

백신과 생물학적 치료제는 질병 예방과 치료를 위해서 매우 중요한 역할을 하지만, 그만큼 안전성 문제에 민감하며, 문제가 발생하는 경우에는 대규모의 피해를 가져온다. 백신은 다수의 시민이 접종하는 만큼, 안전성 문제가 발생하는 경우에 피해 규모가 클 수 있다. 심각한 백신 부작용은 의약품에 대한 시민들의 대규모 불신을 가져오며, 이는 질병 확산을 방지하려는 노력에도 차질을 빚는다.

유전자 변형, 재조합 단백질 등을 사용하는 생물학적 치료제는 신체의 면역 반응을 변화시키기 때문에 예상치 못한 부작용이 나타날 수 있다. 특히 면역체계에 영향을 주는 치료제는 일부 환자들에게 급성 면역 반응을 일으킬 수 있으며, 이는 생명에도 치명적인 위협이 될 수도 있다.

5) 유전자 치료 및 조작의 부작용

유전자 치료제는 특정 질병을 치료하기 위해 환자의 유전자를 조작하는 기술이다. 유전자 치료제 기술은 매우 혁신적인 것이지만, 잘못 적용되는 경우에는 시민들의 건강에 심각한 영향을 미친다. 유전자 치료제는 환자의 DNA를 수정하는 것이기 때문에 돌연변이와 같은 부작용이 발생할 수 있다. 이러한 돌연변이는 암을 유발하거나 생명을 위협하는 질병으로도 이어질 수 있다.

유전자 치료제가 환자의 면역 체계에 의해 공격을 받을 경우, 급성 면역 반응이 발생해 환자의 상태가 악화된다. 유전자 치료제가 새로운 기술로서 장기적인 안전성이 충분히 검증되지 않은 경우에는 문제가 될 수 있다. 유전자 조작 생물체(GMO)와 관련된 제품이 인체에 예기치 않은 영향을 미치거나 환경에 악영향을 미칠 가능성이 있다. 이러한 제품이 적절히 관리되지 않으면 대규모 건강 문제를 초래할 수 있기 때문이다.

참고문헌

[국내 문헌]

강길모 · 염재호 · 도성재 · 이미진 · 권석재(2007). 생물다양성보전을 위한 지적재산권의 역할 연구: 유전자원과 전통지식 보호를 위한 특허법의 역할 중심으로. Ocean and Polar Research. 29(1): 43-53.

강수미(2010). 지적재산권분쟁에 있어서 중재의 대상적격. 민사소송. 14(1): 127-155.

강준봉 · 우요섭(2021). 블록체인 환경에서 임상시험 데이터 관리방안. 한국정보기술학회논문지. 19(10): 137-143.

계인국 · 이성엽(2021). 보건의료 데이터 활용의 법적 쟁점과 과제. 공법연구. 50(2): 145-169.

구미영(2023). 직장 내 성희롱 예방교육 관련 법 · 제도 개선 방안. Institute for Legal Studies. 56: 30.

권건주(2005). 지방정부 재난관리조직의 효율화 방안: 삼척시 사례를 중심으로. Crisisonomy. 1(2): 79-92.

김길정 · 김래현(2019). 하수처리장 바이오가스 플랜트의 가스엔진 최적 운영 방안. 에너지공학. 28(2): 18-35.

김난영 · 이혜영 · 최성락(2015). 규제의 불만 원인에 대한 연구: 민원인 및 공무원에 대한 인식조사를 중심으로. 행정논총. 53(2): 269-293.

김대진 · 김동헌 · 이동원(2019). 재난대응훈련이 훈련참가자에게 미치는 효과에 관한 연구: 제조기업의 훈련사례 중심으로. 한국방재안전학회 논문집. 12(1): 35-44.

김도연 · 김연배 · 송창연(2020). 창업가의 배태조직과 창업경험이 형성하는 창업기업의 핵심 경영자원에 관한 연구: 한국의 바이오메디컬 산업을 중심으로. 벤처창업연구. 15(1): 269-284.

김동률 · 한군희(2013). 스마트 폰을 이용한 멀티미디어 콘텐츠 보안에 관한 연구. 디지털융복합연구. 11(11): 675-682.

김동욱(2009). 국내 바이오 안전 관리 동향. 환경과 안전 지킴이. 22: 84-92.

김범성(2005). 경영자의 갈등관리 유형과 경영성과에 관한 연구. 인적자원관리연구. 12(4): 65-84.

김병삼 · 이혜옥 · 김지영 · 윤두현 · 차환수 · 권기현(2009). 신선편이 채소류 가공작업장 내

시설 및 제품의 미생물 오염 실태. 한국식품저장유통학회지. 16(4): 573-578.
김봉섭・신명희・임도경・이인희(2013). 소셜미디어 이용자 유형에 따른 소셜미디어 이용동기 및 활동 유형에 대한 차이 연구. 사회과학연구. 29(2): 105-134.
김상중(2014). 지적재산권 침해로 인한 손해배상책임: 손해배상법의 현대적 발전경향의 관점에서. 재산법연구. 31(3): 249-290.
김선태(2008). 내부 정보유출 방지. KSCI Review. 16(1): 37-51.
김소연・성민정(2010). 기업의 위기 이력과 평판이 공중의 위기 커뮤니케이션 전략 평가에 미치는 영향: 식품 사고를 중심으로. 광고학연구. 21(2): 81-105.
김수연・박혜영(2019). 기업 위기 관리 커뮤니케이션에서 신뢰 회복과 불신 강화 구성 차원에 관한 연구. 한국언론학보. 63(5); 319-363.
김승범・신호상(2015). 사회윤리학적 접근을 통한 기업의 윤리문제 해결과 지속가능 성장에 관한 탐색적 연구. 한국시스템다이내믹스 연구. 16(3): 49-75.
김영국(2021). 중대재해처벌법의 법적 쟁점과 법정책 과제-기업의 안전보건조치 강화의 관점에서. 입법학연구. 18(1): 111-147.
김영철・현병환(2012). OECD 생명공학작업반 활동 및 주요국의 바이오경제 분석을 통한 국내 발전방향 및 시사점 도출. 한국기술혁신학회 학술대회 논문집.
김용권(2016). 유전자변형생물체 연구시설 안전관리의 법적 효율성에 관한 고찰: 현장지도점검 및 연구활동종사자 교육・훈련을 중심으로. 한국기술혁신학회 춘계학술대회 발표논문집. 584-590.
김용균・장효선・최윤조・손홍규(2015). 최적 재난대응을 위한 재난유형 구분. 한국방재학회 논문집. 15(6): 179-188.
김유창(1998). 소규모 사업장의 산업재해 특성과 예방대책에 대한 연구. 한국안전학회지. 13(2): 145-150.
김인혁・여은태・조영진(2021). 재난관리 관점에서 본 유해화학물질 유출사고 예방기능 강화의 필요성과 법적 과제: 화학물질관리법제의 개선방안을 중심으로. 공법학연구. 22(2): 275-298.
김일중・김진호・변재욱(2010). 규제위반에 대한 행정부의 금전적 제재: 공정거래법상 과징금 수준의 결정요인에 관한 실증분석. 서울대학교 법학. 51(1): 147-189.
김정규(2015). 위기관리 커뮤니케이션 전략과 뉴스 사진이 수용자의 뉴스 평가에 미치는 영향력 연구. 한국소통학보. 26: 162-183.
김주현・맹영재・양대헌・이경희(2009). 피싱 및 파밍 방지를 위한 인지 기반의 접근 방법. 정보보호학회논문지. 19(1): 113-124.
김진수(2023). 군 위기 시 디지털 이미지를 활용한 커뮤니케이션 전략 효과 연구: 메시지 형태와 위기 유형 및 전략의 상호작용 효과를 중심으로. 정신전력연구. 75: 3-51.
김진영(2021). 중대재해처벌법의 제정과 향후 과제. 법이론실무연구. 9(4): 43-66.

김찬호 · 고창룡 · 설성수(2012). 기술사업화 실패 사례 연구. 기술혁신학회지. 15(1): 203-223.
김창수(2009). 기업의 사회적 책임 활동과 기업가치. 한국증권학회지. 38(4): 507-545.
김태호 · 김학선(2018). 오피니언 마이닝과 상황적 위기 커뮤니케이션 전략 이론을 활용한 외식 프랜차이즈 기업의 오너리스크 위기대응 전략에 대한 연구. 관광학연구. 42(8): 129-146.
김한균(2021). 안전 · 보건확보의무의 형법적 부과-중대재해처벌법과 그 제정의 형사정책적 평가. 형사정책. 33(1): 95-117.
김해룡 · 김나민 · 유광희 · 이문규(2005). 기업의 사회적 책임에 대한 척도 개발. 마케팅연구. 20(2): 67-87.
김형주 · 강호영(2013). 산업별 연구개발비 효과에 관한 시계열분석. 회계정보연구. 31(1): 393-426.
나관식(2006). 업무 연속성계획 사례연구. 과학과 문화. 3(1): 75-92.
대구신문(2016.10.24). 신천하수처리장 소화조 폭발 1명 사망 · 1명 부상. https://www.idaegu.co.kr/news/articleView.html?idxno=210014
대한민국 정책 브리핑(2024.3.4.). 2024년 통합 바이오가스화 사업 대상 지자체 8개 선정. https://korea.kr/briefing/pressReleaseView.do?newsId=156618285
데이비드 블룩(2023). 상위 5개 제약산업의 윤리적 논란. phaemaoffer.com; https://pharmaoffer.com/ko/blog/the-top-5-ethical-controversies-in-the-pharmaceutical-industry/
라공우(2015). 중국의 의료기기 수입통관 · 안전관리규정과 통관애로에 따른 한국기업의 시사점. 관세학회지. 16(1): 23-46.
류병운(2014). 인간복제를 규제하는 국제규범: 생명윤리 및 안전에 관한 법률의 문제점과 개정방향 모색. 홍익법학. 15(1): 809-834.
류화신(2009a). 국가위기관리와 생명윤리. 보건행정학회지. 19(2): 1-20.
______(2009b). 임상시험 법률관계에서 미성년자 동의능력의 문제. 한국의료윤리학회지. 12(2): 165-176.
마케팅플러스(2023). 신제품의 시장 진입 실패 원인 4가지 원인 분석과 이에 따른 마케팅 전략. 2023.1.5. https://marketingplus.kr/15
문성용(2017). 화학실험 시 사고예방을 위한 안전대책. 한양대학교 석사학위논문.
문성재(2014). 가습기살균제로 인한 피해와 국가의 위험관리책임. 소비자문제연구. 45(1): 67-88.
문성현(2004). 산업재해발생의 요인분석. 사회복지정책. 20: 155-169.
문재연 · 장영현(2016). 랜섬웨어 분석과 피해 최소화 방안. The Journal of the Convergence on Culture Technology. 2(1): 79-85.
박강우(2010). 지적재산권침해범죄의 실태와 형법적 규제. 형사정책. 22(2): 103-142.
박경돈(2013). 산업재해와 산업재해예방정책의 수용성. 지방정부연구. 17(3): 1-22.

박근완・배지원・유승호(2019). 기업의 위기관리 유형에 따른 성과 분석: 고객경험을 중심으로. 한국생산관리학회지. 30(3): 227-250.
박성은(2001). 학교의 안전사고 및 안전관리 실태. 중앙대학교 사회개발대학원 석사학위논문.
박세화(2016). 내부통제제도에 관한 한국 기업법제의 현황과 과제. 기업법연구. 30(1): 39-76.
박영현(2016). 식품수출기업의 SCM과 CSR이 식품안전에 미치는 영향에 관한 실증분석. 성균관대학교 박사학위논문.
박용규(2013). 사이버대피소를 통해 본 '12년도 DDoS 공격동향 분석'. KISA, Internet & Security Focus. 2: 28-38.
박원형・국윤주・이수연・김귀남(2009). SNS 를 이용한 분산서비스거부(DDoS) 공격 분석 및 탐지 방안 연구. 융합보안논문지. 9(1): 151-159.
박준형・류법모・오효정(2017). 사회적 재난에 대한 트위터 여론 수렴 모델: '가습기 살균제' 사건을 중심으로. 정보처리학회 논문지. 6(4): 177-184.
박지용(2012). 환자의 프라이버시 및 정보보호의 법적 근거 고찰. 한국의료법학회지. 20(2): 163-190.
박흥식(2001). 투명성 가치: 개념적 구조와 의미, 개념적 구조와 의미. 한국사회와 행정연구. 12(3): 103-118.
배영민・홍유진・강동현・허성기・이선영(2011). 한국에 유통중인 신선편이 채소류의 미생물 품질 및 병원성 세균의 오염도 조사. 한국식품과학회지. 43(2): 161-168.
백자국(2018). 오너 CEO 기업과 비오너 CEO 기업과의 경영실적 비교분석. 산업경제연구. 31(4): 1313-1329.
서울경제(2024.10.14). 바이오기업 71% 투심 위축이 가장 문제. https://m.sedaily.com/NewsViewAmp/2DFKFCPX36
손혁・최성호・강유정・최관(2021). COVID-19 위기와 회계정보의 가치관련성. 회계학연구. 46(5): 281-320.
송혜숙・김재중・최재규・천성현・이난희(2018). 연구실 사고 유형분석 및 관리방안에 관한 연구. 한국안전학회지. 33(6): 157-162.
신중경・하규수(2013). 창업실패 요인 분류 및 실패 패턴 분석. 디지털융복합연구. 11(5): 257-265.
심재진(2021). 중대재해처벌법 제정에 따른 산업안전보건법의 과제. 노동법연구. 51: 39-73.
안요환(2021). 우리나라 중대재해처벌 관련 법제의 개선방안 연구:? 중대재해처벌법?을 중심으로. 입법과 정책. 13(1): 63-88.
양기근(2024). 재난관리학. 서울: 윤성사.
양만식(2010). 기업의 윤리경영과 사회적 책임. 기업법 연구. 24(1): 245-275.
양종모(2019). 랜섬웨어 공격에 대한 형사법적 고찰. 홍익법학. 20(1): 31-55.
연합뉴스(2016.10.25). 하수・폐수처리장 가스 사고 빈발…작업장 안전불감증 '심각'. https://

www.yna.co.kr/view/AKR20161025080600053
오광석 · 장정희 · 이교성 · 김기동 · 정진도(2010). 독일의 바이오가스 이용 현황 및 전망. 기계저널. 50(9): 39-42.
오두환 · 최두식 · 김기현 · 오수현 · 하재철(2011). TPM 명령어 인가 프로토콜에 대한 내부자 공격 취약점 분석 및 대응책. 한국산학기술학회 논문지. 12(3): 1356-1366.
오윤지 · 박금덕 · 이인숙 · 권상호 · 정윤화(2009). 유통 생식제품의 미생물 오염 분석. 동아시아식생활학회지. 19(5): 798-802.
우보현(2011). 사례분석을 통한 기업위기관리에 관한 연구. 동의대학교 석사학위논문.
유로 · 최유진(2020). CEO 위기책임성과 SNS 상호작용성이 위기 대응 전략 인식에 미치는 영향. 한국콘텐츠학회논문지. 20(3): 59-72.
유재형 · 이동휘 · 양재수 · 박상민 · 김귀남(2008). 피싱공격 차단을 위한 PSMS 설계 및 구현. 정보보증논문지. 8(1): 49-56.
유천권(2007). 우리나라의 생물안전. 미생물과 산업. 33(3): 14-15.
이광수 · 홍진태 · 한연주(2021). 제약바이오 산업의 SCM 조기경보 체계 구축에 따른 KPI 연간 발생빈도 변화에 관한 연구. 한국창업학회지. 16(5): 29-42.
이근원 · 이정석(2012). 실험실의 사고사례 분석에 관한 연구. 한국가스학회지. 16(5): 21-27.
이근원(2012). 화학물질 사용 실험실의 사고사례 분석 비교. 한국가스학회 춘계학술발표회 논문집. 45-46.
이도희 · 김서윤(2016). 윤리경영 인식에 대한 주관성 연구. 국제회계연구. 66: 219-244.
이동규 · 민연경(2016). 대규모 재난의 정책실패 현저성에 관한 탐색적 연구: 자연 · 사회재난의 언론보도를 중심으로. 지방정부연구. 19(4): 119-142.
이명화 · 이혜진(2016). 바이오 분야에서의 새로운 규제 방식에 대한 모색. 규제연구. 25(2): 113-137.
이병엽 · 임종태 · 유재수(2013). 빅 데이터를 이용한 소셜 미디어 분석 기법의 활용. 한국콘텐츠학회논문지. 13(2): 211-219.
이상민 · 최인철(2002). 재인식되는 기업의 사회적 책임. 연구보고서. 삼성경제연구소.
이세정(2009). 식품 의약품 안전관련법제 개선방안. 한국법제연구원.
이수경 · 윤여송 · 엄석화(2014). 화학실험실 사고 Data를 이용한 근본원인분석 Map 개발 및 원인 분석.
이영재(2013). Special Theme: 기업의 성장과 가치 지속: 어떻게 업무연속계획(BCP)을 수립할 것인가? 방재와 보험. 2023(1): 19-26.
이일섭(1991). 신약 임상시험의 필요성과 문제점: 법적 규제조건 만족으로 해결 안돼. The Science & Technology. 24(5): 32-34.
이재은(2002). 지방자치단체의 자연재해관리정책과 인위재난관리정책 비교 연구: AHP 기법을 이용한 상대적 중요도 및 우선순위 측정을 중심으로. 한국행정학보. 36(2): 165-186.

이재은(2018). 위기관리학. 서울: 대영문화사.
이재일・이용준・권혁진(2020). 피싱 메일 공격조직에 대한 프로파일링 사례 연구. Journal of Internet Computing & Services. 21(2): 91.
이정수・길부종・전희성(2013). 국가연구개발사업 성실실패제도 개선방안. 기술혁신학회지. 16(1): 346-366.
이정임・이시은(2017). 기업의 녹색소비・생산 활성화 방안. 정책연구 2017-28. 경기연구원.
이종원(2014). GMO의 윤리적 문제. 철학탐구. 36: 243-272.
이주량・주원・임재혁・정윤정・김석관・정기철・박미영(2011). 바이오 경제시대 과학기술 정책의제와 대응전략. 과학기술정책연구원 정책연구 2011-28.
이준복(2014). 산업스파이 및 M&A에 따른 산업기술유출 대응방안에 관한 법적 연구. 경찰학연구논문지. 14: 89-120.
이진수・김두원・박원형・국광호(2009). 네트워크 기반 DDoS 사이버 테러 분석 및 대응 방안 연구. 융합보안논문지. 9(3): 43-51.
이코노미스트(2021.5.19). 품질관리 구멍에 검찰 수사, 위기의 제약・바이오업계. https://economist.co.kr/article/view/ecn202105190007
이한준・박종철(2009). 기업의 사회적 책임활동이 제품 및 기업평가에 미치는 영향: 신뢰의 매개역할을 중심으로. 마케팅연구. 24(1): 231-250.
임동균・네모토 마사쯔구(2021). 일본사례를 통한 기능연속성계획 활성화 방안에 관한 연구. 법이론실무연구. 9(4): 107-127.
임영균・김경운(2016). 윤리경영에 관한 소고: 신의성실의 원칙과 윤리강령의 준수를 중심으로. 프랜차이징저널. 2(1): 68-102.
임의영・전영평(2007). 바이오테크 시대의 윤리 원칙과 정책적 함의. 정부학연구. 13(2): 133-162.
전영주(2012). 의료정보 유출의 문제점과 의료정보보호. 한국컴퓨터정보학회논문지. 17(12): 251-258.
전용희・장종수・오진태(2009). DDoS 공격 및 대응 기법 분류. 정보보호학회지. 19(3): 46-57.
전인석・김동원・한근희(2018). 의료산업에서의 랜섬웨어 대응 방법. 정보보호학회논문지. 28(1): 155-165.
정대(2010). 주식회사의 내부통제제도에 관한 연구. 연세 글로벌 비즈니스 법학연구. 2(1): 106-160.
정대용・박권홍(2010). 중소기업 최고경영자의 변혁적리더십이 기업성과에 미치는 영향. 경영교육논총. 62: 245-270.
정용균・정종수(2023). 업무연속성관리체계(BCMS) 평가지표 개발에 관한 연구-ISO 22301 Plan 의 '리더십'을 중심으로. Crisisonomy. 19(3): 97-106.
정은경(2017). 국가 감염병 공중보건위기 대비와 대응체계. Journal of the Korean Medical

Association. 60(4): 296-299.

정재승(2015). 중소기업 기술유출 및 기술인력 방지제도에 관한 연구. 통상정보연구. 17(3): 133-152.

정창호(2009). 금융기관의 업무연속성계획(BCP) 기반하에서 재해복구시스템 개선방안에 관한 연구. 한양대학교 석사학위논문.

조보슬(2023). 개인생성 건강데이터의 임상활용에 대한 의료인들의 인식 조사. 박사학위논문. 서울대학교.

조수영 · 정민희(2011). 기업의 부정적 루머에 대한 사실 인식에 미치는 댓글의 영향력. 한국언론학보. 55(5): 312-339.

지준형(2015). 제품결함에 대한 기업의 위기관리 방식이 소비자의 브랜드태도 및 구매의도에 미치는 영향: 브랜드 연상 네트워크를 중심으로: 브랜드 연상 네트워크를 중심으로. 한국광고홍보학보. 17(1): 273-307.

지혜정 · 신승중 · 김정일(2008). 인터넷 환경에서의 의료정보화와 환자개인정보보호 방안. 한국인터넷방송통신학회 논문지. 8(5): 235-241.

최명길(2016). 업무연속성 계획 수립을 위한 정보시스템 평가 연구. Journal of Information Technology Applications & Management. 23(1): 119-128.

최원균 · 조범호 · 설민아 · 엄순재 · 박준형 · 송해룡(2014). 유전자변형생물체(Living Modified Organisms, LMOs)의 자연생태계 위해성 평가심사 현황 및 신기술 개발에 따른 향후 과제. 한국국제농업개발학회지. 26(3): 297-302.

최진봉(2015). 위기관리 커뮤니케이션. 서울: 커뮤니케이션북스.

최진아 · 이재은(2012). 국립대학교 실험실의 안전관리 실태와 연구. 한국위기관리논집. 8(6): 107-127.

최현재 · 김종업(2012). 한 · 일 지방정부의 위기관리 체계에 관한 연구: 업무연속성계획(BCP)을 중심으로. Crisisonomy. 8(2): 48-71.

하동명(2013). 화재 예방을 위한 바이오 실험실의 안전관리. 한국화재소방학회 학술대회논문집. 143.

한경Business(2013). [기업 위기관리] 위기 대응 매뉴얼 어떻게 만드나, '예방 · 대응 · 후속' … '현장 목소리' 담아야.

한국경제(2022.2.24.). https://www.hankyung.com/article/202202234173i

한성훈(2022). 중대재해처벌법상 기업의 형사법적 책임에 관한 연구. 법과기업연구. 12(1): 99-124.

한정화 · 최경철(2007). 회생기업 최고경영자의 리더십과 전략에 관한 탐색적 사례 연구. 전략경영연구. 10(2): 91-113.

황동혁(2022). 중대재해처벌법에 대한 헌법적 고찰: 중대산업재해를 중심으로. 법학연구. 63(2): 1-29.

황인창 · 김고운 · 백종락 · 이윤혜(2022). 환경 · 사회 · 지배구조(ESG) 경영 확대 위한 서울시 정책방안. 서울연구원 정책과제연구보고서.

Devon Maloney(2019). 기업의 투명성: 회사를 진화시키는 큰 변화. slack; https://slack.com/intl/ko-kr/blog/collaboration/transparency-in-business-company-evolution

Emily May외 3인(2024). 글로벌 제약바이오 기업 신약개발 수익성 동향. Deloitte Insights. 2024(8): 1-29.

[국외 문헌]

Claire B. Rubin.(2012). *Emergency Management: The American Experience 1900~2000*. New York: Routledge.

Deloitte.(2020). 위기(Crisis): 예방해야 하는가, 대응해야 하는가. Crisis Management Newsletter. March 2020.

Farazmand, Ali.(2014). Crisis and Emergency Management: Theory and Practice. Ali Farazmand. *Crisis and Emergency Management: Theory and Practice*. 2nd ed. New York: CRC Press. 1-9.

Herek, Gregory M., Irving L. Janis, Paul Huth.(1987). Decision Making During International Crises: Is Quality of Process Related to Outcome? *Journal of Conflict Resolution*. 31(2): 203-226

Hermann, Charles F.(1963). Some Consequences of Crisis Which Limit the Viability of Organizations. *Administrative Science Quarterly*. 8(1): 61-82.

Mitroff, Ian I. & Gus Anagnos.(2001). *Managing Crises before They Happen: What Every Executive Needs to Know about Crisis Management*. New York: AMACOM.

Papia, Giuseppe, Barry A. McLellan, Philippe El-Helou, Marie Louie, Anita Rachlis, John—Paul Szalai, Andrew E. Simor. 1999. Infection in Hospitalized Trauma Patients: Incidence, Risk Factors, and Complications. *The Journal of Trauma: Injury, Infection, and Critical Care*. 47(5): 923.

Pearson, Christine M. & Judith A. Clair.(1998). Reframing Crisis Management. *The Academy of Management Review*. 23(1): 59-71.

Wooley, Dawn P. and Karen B. Byers. eds.(2017). *Biological Safety: Principles and Practices*. 5th ed. Washington, D.C.: ASM Press.

World Health Organization.(2004). *Laboratory Biosafety Manual*. 3rd ed.

찾아보기

ㄱ

ㅇ

ㅈ

저자 소개

이재은

충북대학교 행정학과 교수
충북대학교 국가위기관리연구소 소장

- 연세대학교 독어독문학과 · 행정학과 졸업(문학사, 행정학사)
- 연세대학교 대학원 졸업(행정학석사, 행정학박사)
- 일본 교토대학 방문교수
- 미국 University of Texas, Dallas 방문교수
- 중국 하남이공대학 겸직교수
- 위기관리 이론과 실천 대표
- International Society for Crisis & Emergency Management(ISCEM) 공동회장
- Asian Association for Crisisonomy(AAC) 회장
- 국가위기관리학회 회장
- 한국재난관리학회 회장
- 이재민사랑본부 공동대표
- 청주충북환경운동연합 공동대표
- 풀꿈환경재단 이사장
- 한국정책포럼 회장
- 행정자치부, 소방방재청, 식품의약품안전처, 행정안전부 등 정책자문위원
- 재난관리론(2006, 공저), 위기관리학(2판, 2018), 현대 사회와 정부 조직 관리(2018) 등 저서 20권 및 학술논문 250편

바이오기업 위기관리

펴낸날 제1판 제1쇄 2025년 1월 31일
지은이 이재은
펴낸이 임춘환
펴낸곳 도서출판 **대영문화사**
주소 (본사) 사무실: 경기도 고양시 일산서구 주화로 70
우신프라자 307호 (우) 10387)
(본사) 물류센터: 경기도 고양시 일산서구 덕산로
107번길 68-50 (우) 10205)
등록 1975년 12월 26일 제3-16호
전화 (031) 913-3062, (031) 914-3884~5
팩스 (031) 913-3839
홈페이지 http://www.dymbook.co.kr

ISBN 978-89-7644-979-5
값 20,000원

해당 저서는 산업통상자원부 및 한국산업기술진흥원(KIAT) 연구비 지원에 의한 연구임(P0013990)
This work was supported by the Industrial Strategic Technology Development Program(P0013990), Convergence technology diffusion type Professional Human Resources Development Project funded By the Ministry of Trade, Industry & Energy.